国务院发展研究中心金融研究所
中 国 建 设 银 行 研 究 院

2019

中国金融展望

在推动高质量发展中防范化解风险

主　编◇王一鸣 黄　毅
副主编◇吴振宇 尹　龙

CHINA FINANCIAL OUTLOOK 2019

Preventing and Defusing Risks in Promoting High-quality Development

中国发展出版社
CHINA DEVELOPMENT PRESS

图书在版编目（CIP）数据

中国金融展望2019：在推动高质量发展中防范化解风险 / 王一鸣，黄毅主编．—北京：中国发展出版社，2019.5

ISBN 978-7-5177-1007-3

Ⅰ．①中… Ⅱ．①王… ②黄… Ⅲ．①金融事业—经济发展—研究—中国 Ⅳ．①F832

中国版本图书馆CIP数据核字（2019）第090659号

书　　名：中国金融展望2019：在推动高质量发展中防范化解风险
著作责任者：王一鸣　黄　毅
出 版 发 行：中国发展出版社
（北京市西城区百万庄大街16号8层　100037）
标 准 书 号：ISBN 978-7-5177-1007-3
经　销　者：各地新华书店
印　刷　者：河北鑫兆源印刷有限公司
开　　本：787mm×1092mm　1/16
印　　张：20.5
字　　数：268千字
版　　次：2019年6月第1版
印　　次：2019年6月第1次印刷
定　　价：86.00元

联 系 电 话：（010）68990630　68990692
购 书 热 线：（010）68990682　68990686
网 络 订 购：http://zgfzcbs. tmall. com//
网 购 电 话：（010）88333349　68990639
本 社 网 址：http://www.develpress. com. cn
电 子 邮 件：370118561@qq. com

《中国金融展望2019：在推动高质量发展中防范化解风险》

编 写 组

主　编：王一鸣　黄　毅

副主编：吴振宇　尹　龙

统　稿：吴振宇　朱鸿鸣

编写组成员：

国务院发展研究中心方面：王一鸣　吴振宇　张丽平　陈道富
郑醒尘　刘　煊　兰宗敏　朱俊生
石　光　王　刚　孙　飞　朱鸿鸣
薄　岩　王　洋　陈　宁　柯　静
宋毅成

中国建设银行方面：黄　毅　尹　龙　宋效军　李一阳
蒋　帅　赵　晗　程　垒　朱　红

各章节执笔

第一章：王一鸣

第二章：吴振宇　朱鸿鸣

第三章：王　刚　王伯英

第四章：郑醒尘　石　光

第五章：朱俊生

第六章：王　洋　朱鸿鸣　孙　飞

第七章：陈　宁　柯　静

专题一：王　洋

专题二：朱　红

专题三：宋效军　李一阳

专题四：赵　晗

专题五：程　垒　李一阳

附　录：薄　岩　朱鸿鸣　宋毅成

在推动高质量发展中防范化解金融风险

2018年，在习近平新时代中国特色社会主义思想指导下，防控金融风险攻坚战开局良好，结构性去杠杆取得阶段性成效，各类风险得到有序有效防控。也要看到，我国经济金融发展面临的国际环境和国内条件都在发生深刻而复杂的变化，金融风险在未来一段时间内仍然十分突出，必须纵深推进防控金融风险攻坚战，坚决守住不发生系统性风险的底线。当前，我国正处于“三期叠加”阶段，金融风险的累积和爆发，既有周期性和结构性因素的原因，更有深刻的体制性根源，是经济金融发展方式亟待转变的集中反映。继续打好防控金融风险攻坚战，关键是要深化供给侧结构性改革，在推动金融业高质量发展和经济高质量发展中防范化解金融风险。具体到2019年，就是要更多采取改革的办法，在“巩固、增强、提升、畅通”八个字上下功夫。

在巩固“三去一降一补”成果中防范化解金融风险

一是继续推进去产能和坚决出清僵尸企业。去产能有利于治理实体经济内部供需结构失衡，避免产能过剩对价格水平、盈利能力和投资意愿带来过度冲击，进而阻滞实体经济内部循环和危害宏观经济稳定。清理僵尸企业则有利于破除政府隐性担保、严肃市场纪律、强化竞争中性，优化金融资源配置结构，提高金融服务实体经济的效率。去产能要进一步提升市场化法治化精细化水平，发挥好市场和政府的合力。出清僵尸企业，关键是要破除清理僵尸企业过程中的启动难、人员安置难和债务处置难等难题。

二是维护房地产市场平稳运行。金融体系与房地产市场相互交织，房地产市场平稳运行对于防范化解金融风险至关重要。要稳妥推动房地产市场健康发展长效机制实施方案，坚持房子是用来住的、不是用来炒的定位，落实好一城一策、因城施策、城市政府主体责任的长效调控机制。大力发展住房租赁市场。着力化解商业用房和办公用房高库存问题。

三是着力推进结构性去杠杆。高杠杆是宏观金融脆弱性的总根源。要分类型、有重点地推进企业部门去杠杆，着力化解股权质押融资风险、债券违约风险等关联度高、传染性强、对市场预期影响大的金融风险；从降低资产负债率和抑制债务增速两方面推动国有企业高杠杆化解。要抑制居民部门杠杆率过快上涨，通过强化金融监管和完善住房金融宏观审慎政策等方式，抑制个人住房贷款过快上涨和其他居民部门贷款流入房市。要防范化解地方政府隐性债务，建立健全地方政府隐性债务动态监测体系，继续强化地方政府举债约束机制，推动地方政府融资平台公司市场化转型。

四是进一步有效降低实体经济成本。成本是决定实体经济效益和偿债能力的重要因素。要落实好减税降费政策，特别是降低增值税和降低社会保险单位缴费比例。要通过实施稳健货币政策、优化金融监管、加大财政支持、发挥国有大行“头雁效应”等方式，着力降低实体经济特别是小微企业融资成本。要推动能源成本、物流成本和制度性交易成本等其他成本的降低。

五是低成本推进基础设施补短板。在经济面临较大下行压力的背景下，要注重在稳增长基础上防风险，确保经济运行在合理区间。基础设施补短板有助于保持有效投资力度、提升基础设施供给质量和优化供给结构，助力稳投资和稳增长。基础设施补短板的关键是要做到量力而行，确保资金低成本和操作规范性。要根据地方财政承受能力和地方政府投资能力，严格项目审核，避免重复投资和盲目投资。发挥结构性货币政策、开发性政策性金融机构和商业银行的作用，拓宽低成本、规范性的基础设施项目资本金补充渠道。避免以补短板为借口，过度增加地方政府隐性债务。

在增强微观主体活力中防范化解金融风险

一是以“清欠”为突破口，着力优化营商环境。实体经济面临严重的应收账款积压问题。2019年3月末，工业企业应收款项已达到15.9万亿元。应收账款积压，既破坏信用，形成“拖欠有理”“不拖欠吃亏”的不良文化；更会直接破坏企业资金循环，带来资金链问题，降低企业活力和诱发金融风险。推动“清欠”，要有效开展专项“清欠”活动，拓宽低成本“清欠”资金来源，切实解决地方政府和国有企业拖欠民营企业账款问题。推动制定《及时付款条例》，以法治化的方式解决应收账款积压问题。

二是发挥股票市场功能，发展更多优质企业。上市公司是我国优质企业的代表，上市公司的质量很大程度上代表着微观主体的活力。要深化资本市场改革和完善资本市场监管，在打造一个规范、透明、开放、有活力、有韧性的资本市场过程中，着力提升上市公司质量。推动设立科创板和注册制试点稳步起步，提高上市标准的包容性和政策可预期性。强化信息披露，严厉打击破坏资本市场秩序行为，加大惩戒力度，增强监管震慑力。完善并购重组和破产重整等机制，增强资本市场更好发挥存量重组方面的功能。

三是确立竞争中性原则，确保微观主体在融资市场上的公平竞争。政府隐性担保是造成金融资源配置结构不合理，金融风险累积的重要体制性因素。打破政府隐性担保，确立竞争中性原则，为微观主体创造公平的融资环境，有助于在提高金融服务实体经济效率过程中防范化解金融风险。要在要素获取、准入许可、经营运营、政府采购和招投标等方面，对各类所有制企业平等对待。在市场准入上为非公有制经济扫清障碍、降低门槛，在融资等生产要素的可获性上为民营企业创造公平条件，在法律保护的制度上对民营企业一视同仁。坚持政企分开、政资分开和公平竞争原则，改革国有资本授权经营机制，加快实现从管企业向管资本转变，完善宏观审慎管理，约束国有企业负债增速。

在提升产业链水平中防范化解金融风险

一是把制造业高质量发展放在更加突出的位置。制造业高质量发展是提升产业链水平的关键，也是防范化解制造业金融风险的必由之路。当前，制造业不良贷款率大幅高于公司类贷款平均不良贷款率，这与制造业低水平竞争、发展质量不高，受产业链两端挤压严重等因素相关。面对外部经贸环境的变化，制造业领域的金融风险可能继续呈现多发态势。要重塑银企关系，重建银企互信，在严厉打击恶意逃废债的同时，引导金融机构不抽贷不压贷，形成金融业与制造业的良性循环，为制造业高质量发展创造适宜的货币金融环境。

二是提升金融支持技术创新和新兴产业的能力。推动技术创新和发展新兴产业是提升产业链水平的战略支撑。要推进金融供给侧结构性改革，构建创新友好型金融体系，增强金融支持创新和新兴产业的能力。大力推动创业风险投资发展，提高耐心资本类创业风险投资比重，避免创业风险投资短期化；完善政府类创业风险投资基金激励约束机制。要着力增强股票市场支持创新和培育新兴产业的能力。

在畅通国民经济循环中防范化解金融风险

一是优化金融监管，畅通金融体系内部循环。资金空转、自我循环是金融风险累积的重要原因。在前期治理影子银行、同业业务、资管业务、交叉性金融取得积极成效的同时，要继续坚持完善监管制度和维持严监管态势，消除套利空间，避免资金空转和自我循环再度反弹。

二是完善住房金融政策，畅通金融和房地产良性循环。金融和房地产都是具有系统重要性的部门，两者相互联系，相互强化，一旦脱离良性循环轨道，就容易酿成重大风险。要以完善抵押贷款制度设计、住房金融宏观审慎政策和提升住房金融监管质效为重点，为畅通金融和房地产良性循环营造适宜的住房金融环境，着力改变房地产金融化和金融房地产化的倾向。

三是推动行业报酬结构再平衡，畅通金融和实体经济循环。行业报酬结构失衡，导致包括资金、企业家才能和人才等在内的创新要素脱实向虚，是金融和实体经济失衡的本质特征。要通过去杠杆抑制金融业资产规模过度扩张，避免持续推高金融部门收益率。引导金融风险有序及时释放，缓解收益当期化和风险滞后性问题，避免金融业利润长期虚高。改革金融业薪酬激励机制，提高奖金延迟支付比例和延长延期支付年限，健全和落实绩效薪酬追回机制。

国务院发展研究中心是直接为党中央、国务院决策服务的政策咨询研究机构。作为国务院发展研究中心的直属事业单位，金融研究所自成立以来，聚焦金融领域宏观性、战略性、政策性的重大理论和实践问题开展研究，取得了一批有影响力的成果。本书以防范化解金融风险为主题，回顾2018年经济金融运行情况，展望2018年金融发展改革，具有重要的现实意义。

本书主要分为两部分：第一部分是回顾与展望篇，系统回顾梳理2018年经济金融整体运行情况并对2019年进行展望；第二部分是专题研究部分，按照防范化解金融风险这一主题精选了金融研究所和建设银行专家学者2018年撰写的部分可公开发表的研究成果，以深化对问题的研究，加强同各界的交流。本书按照“全面覆盖”和“重点解剖”相结合的研究方法，对金融业各领域的发展进行回顾和展望。限于经验和水平，难免有不足之处，恳请各位专家和读者批评指正。

本书是国务院发展研究中心和中国建设银行战略合作的年度性成果之一。在此，对中国建设银行给予国务院发展研究中心的支持致以诚挚的谢意，并祝愿双方的合作不断深化，取得更多高质量的研究成果。

国务院发展研究中心副主任　王一鸣

防范金融风险　推进金融改革

2018年是改革开放40周年。我国金融业也经历了极不平静的一年。外部有中美贸易摩擦、美联储加息、新兴市场货币贬值等冲击，内部有实体经济持续下行、资本市场宽幅波动等不利影响。在2008年金融危机十周年之际，金融业再次响起警报。2019年，金融机构的经营发展或将更加困难，但在困难中我们必须继续奋进：切实有效地防范金融风险，助力金融供给侧结构性改革，推动金融的高质量发展，提升服务实体经济水平。在我看来，有以下几点需要注意。

要在持续服务实体经济中巩固防风险的根本保障

金融是经济的血脉，服务好实体经济是防范风险的根本举措，也是金融业长远发展的基础。金融机构与实体经济关系紧密，你中有我、我中有你。实体经济基本面只有得到本质性改善，即实现高质量发展，金融机构内在风险状况才能从根本上好转。在宏观经济寻找到新动能之前，我们面临的风险形势都会较为严峻。

从存量的角度，我们要保障实体经济的正常运转，大力支持结构优化。我们金融业经历了“去杠杆”“稳杠杆”的过程，但这主要是我们过去的一些业务脱离了实体经济。无论何种政策导向，保障实体经济正常运转是前提。在此基础上，金融业要进一步适应经济发展趋势，结合实体经济的产业调整方向、技术进步路径，开展前瞻性布局，优化金融支持结构；要引导金融资本脱离过剩产能和同业空转，增强服务实体经济的效率。

从增量的角度，我们要集中支持民营和小微企业，挖掘新动能。实体经济的薄弱环节主要在创新动能上，而创新动能的拓展主体又集中在民营和小微企业。但长期以来，民营和小微企业都处于金融弱势地位。去年开始，中央的各项经济金融会议、央行和银保监会的政策安排，都将支持民营和小微企业放在了举足轻重的位置。金融机构要丰富、完善服务手段，解决民营企业后顾之忧，对有潜力、有关键技术、立足长远成长、能带动产业升级的民营和小微企业保证持续的金融支持。

大型银行更要利用自身的资金优势和渠道优势，发挥服务实体经济的排头兵作用。如果我们的金融服务对实体经济切实有效发挥推动作用，防风险任务的长远基础和价值创造功能就将不断强化，银行高质量发展也将水到渠成。建设银行一直强调“跳出金融做金融”。我们将继续从协同发展的角度，提升服务实体经济能力，牢筑风险防范基础。

要在开放和发展中提升金融系统抵御风险能力

多年来的实践表明，开放和发展是我们攻坚克难的法宝，也是我们取得辉煌成绩的关键所在。我们要继续以开放促改革，以改革促发展，在发展中提升防范金融风险的能力。

金融业在上一轮的对外开放中，吸收和积累了许多宝贵经验，但由于种种原因，我们的金融系统还是以银行业为主导的格局。要让我们的金融系统更加稳健，在做强、做优银行业的同时，构建更加多层次的金融服务体系是十分必要的。本轮金融开放，我们更加具有针对性，主要让有特色、“小而精”的机构加入国内金融业，弥补现有金融体系、金融服务中的空缺和短板，推动金融生态向更丰富、更完善层级迈进。在这样的体系中，内部的风险吸收、化解能力将会大幅提升；市场风险转移、处置、腾挪空间也将更大；而更加多元化的金融产品和投资渠道也十分有利于风险分散。

在个体层面，开放也将推动现有机构在风险管理能力上全面升级。金融开放后，各个机构需要在更加复杂的国内外环境中寻找生存空间，存在提高经营水平和风险管控能力的内生动力和紧迫感。而风险管控能力又是我们获得高水平发展的基础，这就势必促使机构着力增强风险管控能力。当然，经营水平提升后，又会减少我们业务发展中的薄弱环节，增强抗风险能力，从而形成良性循环。由个体到整体，系统稳定性也将在机构的转型发展中得到持续巩固。

当前，我国正在不遗余力地推动金融向民营资本开放、向国际资本开放。微众、网商已经成为互联网企业和民营资本进军银行业的优秀代表；银保监会又推出了对外开放的12条举措。金融开放对金融发展和金融稳定意义重大。

要在变与不变中发挥大型银行风险锚定作用

作为我国金融系统主体，银行业是风险防范的重点，大型银行又是重中之重。2018年，大型银行资产规模占银行业机构比重达到36.7%。相对而言，中小机构生存空间狭窄，市场影响力较低，不确定性较高。2018年，股权质押风险暴露后，大型银行从资金和政策上予以支持，率先稳定了市场信心，避免了大面积信用坍塌事件出现，有力承担了市场稳定的托底作用。按照当前的市场结构，我们大型银行一定程度上代表了国家，大型银行行动也在某种意义上成为了市场风向标。

因此，大型银行首先要管理好自身的风险，确保不输出风险。大型银行要回归本源，逐步改变规模和利润驱动的发展惯性。就目前而言，重点需要关注住房抵押、消费金融、普惠金融等领域的风险暴露问题，相关的信用风险、集中度风险、流动性风险较为关键。内部要做好资产配置，优化客户结构，调整产业、资金、业务布局，在资本、拨备等方面预留好充足空间。

大型银行不仅要“独善其身”，还要帮助其他金融机构抵御风险。大型银行风险管理体系相对较为完善，管理经验、技术手段都较为丰富，可在制度建设、风险管理、科技应用等方面协助其他金融机构理清风险边界，正确识别、管理风险，让经营发展建立在稳健的基础上。当前阶段，中小银行信用违约、影子银行风险溢出需要引起高度关注。在关键时点，大型银行还要勇于担当，以系统稳定为前提，帮助化解其他金融机构引发的市场扰动。

今天我们有幸回顾过去，展望未来。身处银行业，2018年的一些现象也确实令人振奋。在金融科技的推动下，同质化问题明显分化。如建行的住房租赁金融、普惠金融；工行和招行的零售银行；中行以“一带一路”为特色的国际化业务等。而开放式银行、平台银行等新理念、新模式也在持续探索中不断深化。2019年，我们银行人将继续秉承改革传统，勇担时代重任，稳健经营，努力走出具有中国特色的金融发展之路。

中国建设银行与国务院发展研究中心一道，对过去一年金融业的重大事件进行了梳理，并对未来的趋势进行了分析，形成《中国金融展望2019：在推动高质量发展中防范化解风险》一书。作为智库研究成果，我们期望能够站在客观中立的立场表达观点，为中国新一轮改革发展贡献自己的金融智慧。

中国建设银行副行长　黄　毅

目　录

Contents

回顾与展望篇

专 题 篇

附 录 篇

回顾与展望篇

第一章　在应对复杂变局中保持经济持续健康发展

——2018年经济形势和2019年展望

2018年，我国经济保持总体平稳、稳中有进的发展态势。与此同时，经济运行稳中有变、变中有忧，我国经济面临近年来少有的复杂局面。2019年，我国经济发展仍将面临多方面挑战，全球经济增势减弱，不确定性增多；我国经济面临下行压力，结构性矛盾仍然突出。我们要正确把握经济运行的“变”与“不变”，坚持稳中求进工作总基调，强化宏观政策逆周期调节，坚定不移深化供给侧结构性改革，继续打好三大攻坚战，加强政策协调和配合，努力变经济下行压力为加快改革开放的动力，推动经济高质量发展。

一、2018年我国经济保持总体平稳、稳中有进的发展态势

2018年，我国经济发展的外部环境发生明显变化，特别是美国单方面挑起经贸摩擦，成为影响我国经济运行的最大不确定因素。与此同时，国内结构调整和去杠杆的阵痛效应显现，经济面临下行压力。面对外部环境的复杂变化和国内经济运行面临的挑战，全国上下贯彻落实中央的决策部署，齐心协力，

主动作为，有效应对各种风险和挑战，保持了经济总体平稳、稳中有进的发展态势。

（一）主要宏观指标实现预期目标

2018年，我国经济增长、就业、物价和国际收支等宏观指标均实现年初预期目标，核心指标之间匹配度提高。经济增速稳中趋缓。全年经济增长6.6%，实现6.5%左右的预期目标。国内生产总值突破90万亿元，比上年增加了近8万亿元。按平均汇率折算，经济总量达到13.6万亿美元，稳居世界第二位。城镇就业保持平稳。全年城镇新增就业1361万人，连续6年保持在1300万人以上，12月份城镇调查失业率为4.9%，全年都保持在5%左右。价格涨幅低于预期。全年CPI比上年上涨2.1%，低于3%左右的预期目标。国际收支基本平衡。货物贸易再创新高，进出口总额突破30万亿元，保持世界第一；外汇储备稳定在3万亿美元以上。

（二）经济结构调整取得积极进展

需求结构持续改善，消费对经济的拉动作用增强。2018年最终消费对经济增长贡献率达到76.2%，比上年提高18.6个百分点，比资本形成总额高43.8个百分点。产业结构持续升级，服务业占比提高。2018年服务业增加值占GDP比重达到52.2%，比上年提高0.3个百分点，对经济增长的贡献率为59.7%，比第二产业高23.6个百分点。工业结构调整升级，高技术制造业和装备制造业增加值增速分别快于规模以上工业5.5和1.9个百分点，占规模以上工业增加值的比重分别达到13.9%和32.9%，比上年分别提高1.2个和0.2个百分点。新产业新产品新业态新模式保持较快增长，新能源汽车、光纤、智能电视产量分别比上年增长40.1%、23.0%和18.7%，平台经济、智能经济快速发展。

（三）三大攻坚战开局良好

防范化解金融风险初显成效。宏观杠杆率企稳态势逐步确立。2018年M2/GDP为202.9%，比上年下降3个百分点。企业部门杠杆率有所下降，2018年规模以上工业企业资产负债率为56.5%，比上年降低0.5个百分点。规范金融秩序力度加大，影子银行规模继续萎缩，金融乱象治理成效显现。脱贫攻坚持续推进。2018年，约280个贫困县脱贫摘帽，280万人完成易地扶贫搬迁，全年农村贫困人口减少1386万人。污染防治取得明显进展。全国338个地级及以上城市空气质量平均优良天数比例为79.3%，比上年提高1.3个百分点，PM2.5浓度为39微克/立方米，下降9.3%。2018年万元国内生产总值能耗比上年下降3.1%，清洁能源消费量占能源消费总量的比重比上年提高约1.3个百分点。

（四）供给侧结构性改革深入推进

去产能持续推进。2018年共压减钢铁产能3000万吨以上，退出煤炭产能1.5亿吨以上，完成全年目标任务。全国工业产能利用率为76.5%，仍保持在近年来的高位。商品房库存继续下降。2018年末商品房待售面积52414万平方米，比上年末下降11.0%。继续推进减税降费使企业成本下降。2018年规模以上工业企业每百元主营业务收入中的成本比上年减少0.2元。补短板力度加大。2018年，生态保护和环境治理业、农业、社会领域投资分别比上年增长43.0%、15.4%和11.9%，增速分别快于全部投资37.1个、9.5个和6.0个百分点。

（五）人民生活持续得到改善

居民收入增长与经济增长保持同步。2018年全国居民人均可支配收入实际增长6.5%，快于人均GDP增速0.4个百分点。农村居民收入实际增长6.6%，高于城镇居民1.1个百分点，城乡居民人均收入倍差2.69，比上年缩小0.02。2018年全国居民人均消费支出实际增长6.2%，增速比上年加快0.8个百分点，恩格尔系数比上年下降0.9个百分点至28.4%。居民消费结构加快升级，服务消费占比提高，在国民核算的居民消费中占比为49.5%，比上年提高0.3个百分点。

综上所述，在内外环境复杂变化、挑战和不确定性增大的情况下，我国经济发展取得这样的成绩殊为不易。

二、正确认识经济运行的“变”与“不变”

2018年季度特别是下半年以来，随着外部环境的复杂变化和国内经济调整，我国经济运行稳中有变、变中有忧，经济面临下行压力。正确认识经济运行的“变”与“不变”，把握长期向好的发展大势，是分析研判经济走势的重要前提。

（一）我国经济面临近年来少有的复杂局面

经济运行稳中有变，主要表现在：外部环境发生明显变化，特别是美国单方面挑起经贸摩擦，给我国经济发展带来严峻挑战；国内结构调整和去杠杆的阵痛效应显现，需求端部分指标回落幅度较大并逐步向供给端传导，内外压力交互作用使市场预期走弱。这些变化，使我国经济面临近年来少有的复杂局面。

一是需求侧部分指标回落幅度较大。从投资看，2018年固定资产投资增长5.9%，比上年回落1.3个百分点，投资增速已低于GDP增速。特别是随着去杠杆控债务力度加大，基础设施投资大幅回落，虽然去年下半年新开工一批基础设施项目，但全年基础设施投资仅增长3.8%，增速回落15.2个百分点。从消费看，受居民可支配收入增速放缓、居民家庭债务负担上升、汽车等耐用品消费意愿回落等因素影响，全年社会消费品零售总额增长9%，比上年回落1.2个百分点，11月、12月当月仅分别增长8.1%和8.2%。从出口看，虽然全年按美元计价外贸出口增长9.9%，但进入第四季度，随着“抢出口”和人民币贬值效应减弱，外贸出口增速大幅回调，11月当月仅增长5.4%，12月下降4.4%，11月、12月环比增速分别下降10.2个百分点和9.8个百分点，呈现较大的边际变化。

二是需求侧走弱逐步向供给侧传导。从工业生产看，规模以上工业增加值增速逐步放缓，全年实际增长6.2%，比上年回落0.4个百分点，11月、12月同比增长5.4%、5.7%，比全年增速分别低0.8和0.5个百分点。需求端走弱还使产品销售价格下降，企业盈利空间受到挤压，规模以上工业企业利润增速大幅回落，全年规模以上工业企业利润增长10.3%，比上年回落10.7个百分点，特别是下半年呈现逐月回落态势，11月当月增速由正转负，下降1.8%，12月下降1.9%。随着企业利润增速下滑，资产负债表可能出现逆向调整，企业扩大生产、新增产能的投资意愿将受到影响。

三是内外压力交互作用使市场预期走弱。国内股市持续低迷，汇市出现较大幅度波动，房市出现调整，新房和二手房交易量下降，土地流拍增多。企业避险情绪上升，投资意愿下降。出于对中美贸易战前景不确定的担心，部分外向型企业将生产线转移到东南亚等地区。防控金融风险压力增大，上市公司股票质押风险尚未解除，企业债券违约风险易发高发，房地产贷款风险或明显上升，银行不良贷款反弹压力加大，平衡稳增长和防风险的难度增大。

（二）我国经济长期向好的发展大势没有变

认识我国经济形势，需要准确把握内外环境的“变”与“不变”，坚持两点论，既要看到面临的困难和挑战，更要看到我国经济长期向好的发展大势。

当前，我国经济面临的矛盾和问题，都是结构调整和转向高质量发展进程中遇到的阵痛，有些变化很大程度上也是主动调整的结果。

从发展趋势看，我国经济长期向好的基本面和韧性好、潜力足、回旋空间大的基本特质没有变。我国有近14亿人口的内需市场，中等收入群体规模迅速扩大，随着工业化、城镇化进程加快和消费结构升级，高品质的产品需求和日益多元化的服务需求将持续释放，正在形成全球最大的商品消费市场和迅猛发展的服务市场，孕育着巨大的发展潜力。城乡区域发展不平衡也蕴藏着发展的回旋空间。我国拥有全球最完整的产业体系和不断增强的科技创新能力，220多种工业品产量世界第一，近年来新能源汽车、工业机器人、集成电路等增势强劲，生产方式数字化、网络化、智能化水平加快提高，供给体系质量不断提升，支撑高质量发展的条件不断改善。更进一步看，我国人民群众追求美好生活的强烈愿望没有变，推进改革开放的决心更没有变。

随着国内外形势深刻复杂变化，有人担心，这会不会影响和改变我国发展的重要战略机遇期？从国内外发展大势看，我国重要战略机遇期不会因为内外环境的变化而改变。如果说，过去我们所处的发展战略机遇期主要来自比较有利的外部环境，今后内外环境变化将赋予战略机遇期新的条件和内涵，也将伴随更多挑战。世界变局中危和机同时并存，我国发展困难和机会相伴相生。克服了危即是机，战胜了困难就是机会。只要我们保持战略定力，保持锲而不舍的韧劲，抓住和用好发展战略机遇期，主动作为，化危为机，就可以变压力为加快改革开放步伐、推动经济高质量发展的动力。

三、2019年我国经济发展仍将面临多方面挑战

2019年，全球经济增势减弱，外部不确定性增多，我国经济面临下行压

力，结构性矛盾仍然突出，经济发展仍将面临多方面挑战。

（一）全球经济增势减弱，不确定性增多

全球经济增势减弱。在贸易摩擦负面影响增大以及对经济前景担忧的背景下，主要经济体复苏动能减弱，全球经济在达到本轮复苏顶部后逐步回调。2019年4月份，国际货币基金组织再次下调全球增长预测，预计2019年全球经济增长3.3%，比2019年1月份的预测调低0.2个百分点。发达经济体的增长率预计将从2018年2.3%下降到2019年的2.0%。其中，美国经济强劲增长势头渐弱，随着减税政策效应衰减和联邦基金利率超过中性利率水平，2019年增长率将由上年的2.9%下降到2.5%。欧元区经济增长放缓，增长率将从2018年的1.8%下降到2019年的1.6%。日本经济持续低迷，2019年增长1.1%。新兴市场和发展中经济体2019年的总体增长率预计将由2018年的4.6%小幅降至4.5%。如果全球流动性继续收紧，利率中枢水平进一步提升，新兴经济体汇率风险将持续上升，经济运行波动压力将进一步增大。

外部环境的不确定性增多。一是国际金融市场可能出现振荡。受货币政策收紧预期影响，主要国家债券收益率下降的趋势可能逆转，国际金融市场的波动性和脆弱性逐步增强。全球主要国家股市的估值均攀升至历史相对高位，2019年高位振荡的可能性明显上升，不排除出现较大幅度回调的风险。二是全球经济治理体系加快重构。国际金融危机以来，全球经济治理体系处于大变革之中并呈现加速态势。美国退出跨太平洋伙伴关系协定（TPP）、巴黎协定，签订新的美墨加协定，并使用关税、非关税贸易保护措施四面出击，现行多边治理体系和规则面临严峻挑战。在世贸组织规则改革中，以美国为首的发达国家意欲围绕技术转让、政府补贴、国有企业、市场经济认定条件等议题制定标准，挤压我国的发展空间。三是全球供应链配置面临调整。过去一个时期全球

制造业供应链向亚太地区集中的态势可能发生调整，部分制造业有可能向东南亚、南亚转移，甚至有可能向发达国家回流。

（二）我国经济面临下行压力，结构性矛盾仍然突出

我国经济面临下行压力。消费增长将稳中趋缓。受居民部门高杠杆对消费挤出作用制约，加之房地产和汽车等消费需求受到基数和政策调控影响，市场扩张放慢，虽然通讯设备、智能化产品、个性化产品、网络消费等消费扩张将对冲部分下行压力，但消费增长仍将小幅回调，预计2019年社会消费品零售总额增长8.5%左右。需要指出的是，我国服务消费在国民核算的居民消费中占比已接近一半，随着服务消费比重继续提高，将成为消费稳定增长的重要力量。投资增速将有所回调。受房地产市场销售回落和政策调控影响，房地产开发投资增速将明显回落；企业盈利水平下降和投资能力减弱，制造业投资增速将有所回调；在政策支持和重点项目资金保障力度加大的情况下，基础设施投资增速将明显反弹，但难以对冲房地产开发和制造业投资下行，预计2019年固定资产投资增速将回调至4.5%左右。出口增速下行压力加大。受到全球经济放缓、贸易摩擦和去年高基数的影响，出口增速将明显回调，增长区间受中美经贸谈判和人民币汇率影响较大，预计在3%～5%之间。综合判断，全年经济增速将有所放缓，预计经济增长6.3%左右。

结构性矛盾仍然突出。一是淘汰落后产能的任务仍然艰巨。上游煤炭、钢铁淘汰了一大批落后产能，但部分落后产能没有出清，特别是“僵尸企业”出清仍面临债务处置、人员安置等约束条件，而随着上游产品价格回升，下游加工制造企业原材料成本上升，加之市场需求变化，生产经营面临的困难增多。二是企业科技创新能力不足的矛盾显现。随着市场需求结构升级，推动企业加快产品更新换代，提高产品质量和工艺水平，增强企业创新能力和核心竞

争力的任务更加紧迫。中美贸易摩擦向科技领域延伸，也使企业关键核心技术“卡脖子”的问题凸显。三是市场主体活力不强。在推动经济转型过程中，去杠杆、控债务、严监管、强环保等举措，对习惯于原有发展方式和盈利模式的企业冲击较大，加之这些政策调整具有不对称效应，民营企业和中小企业受到的冲击较大，市场主体预期走弱，企业投资意愿和行为模式发生变化。四是经济循环不畅。资金、土地、技术等要素市场化配置改革滞后，生产要素流动不畅，配置不合理，要素价格形成机制不健全，市场配置资源功能难以有效发挥。

总体上看，我国既面临外部需求增长放缓、国际金融市场波动风险传导、全球供应链调整加大产业外移压力等不利影响，又将面对国内经济下行压力、结构性矛盾突出的挑战。我们既要创新和完善宏观调控，有效应对短期经济下行压力，又要坚持供给侧结构性改革为主线不动摇，保持经济中长期持续健康发展。

四、加大宏观政策逆周期调节力度

经济下行压力增大，既有总量性因素也有结构性因素，既有周期性变化也有趋势性变化。对于总量性、周期性因素，主要应采取稳定总需求的办法，加大逆周期调节力度，熨平经济周期性波动。

（一）积极的财政政策要加力提效

积极的财政政策要由过去扩大投资为主转向减税降费为主，充分调动市场主体的积极性。要实施更大规模的减税降费，特别是较大幅度降低制造业和小微企业增值税税率和下调养老保险费率；更大力度优化财政支出结构，严格压缩一般性支出，增加对结构调整和脱贫攻坚、三农、科技创新、生态环保、民生等领域的投入；较大幅度增加地方政府专项债券规模，支持重点项目建设，政府投入要更大程度发挥“四两拨千斤”的作用；盘活财政存量资金，提高财政资金使用效率。

（二）稳健的货币政策要松紧适度

稳健的货币政策要保持流动性合理充裕，继续适时降低银行准备金率，使货币供应增速恢复到名义GDP增速水平；完善货币政策传导机制，加强对民营企业和小微企业的融资支持，加强货币政策与金融监管的协调配合；提高直接融资比重，支持企业拓展直接融资渠道。增强汇率弹性，保持人民币汇率在合理均衡水平上的基本稳定。

（三）努力实现最优政策组合

发挥好结构性政策和社会政策的作用，努力实现最大政策效果。结构性政策要强化体制机制建设，强化竞争政策的基础性地位，规范政府行为，打破行政性垄断和地方保护，优化和完善技术、环保、质量、安全等标准，降低市场准入门槛，创造公平竞争的制度环境；社会政策要强化兜底保障功能，实施就业优先政策，逐步提高社会保障统筹层次，确保群众基本生活底线。

（四）加强政策协调配合

强化政策协调，优化政策组合。出台新的政策举措，要避免各部门政策不配套、一刀切和叠加效应，避免目标太多，造成新的预期不稳。合理界定顶层设计和基层创新的边界，鼓励各地方根据当地实际进行探索和实践，避免顶层设计过多过细，约束基层创新的空间和活力，给基层探索创新更大的空间。

五、变压力为加快改革开放和推动高质量发展的动力

面对经济下行压力，要变压力为动力，坚持深化供给侧结构性改革，继续打好三大攻坚战，加快重点领域改革，进一步扩大对外开放，推动经济高质量发展。

（一）坚持深化供给侧结构性改革

2015年以来，供给侧结构性改革取得积极进展，特别是钢铁、煤炭等行业去产能使供求矛盾有所缓解，工业品价格明显回升，企业盈利能力和资产负债表明显改善。从近些年全要素生产率止跌回升态势看，供给侧结构性改革对提高资源配置效率和经济发展质量也发挥了重要作用。当前我国经济运行面临的问题，既有需求侧走弱和部分指标回落幅度较大的问题，也有供给侧产能过剩、产业技术创新能力不足、市场主体活力不强和国民经济循环不畅的问题，但主要矛盾仍然是供给侧结构性的，强化需求侧刺激，短期可能起作用，但难以解决深层次结构性问题，必须抓住主要矛盾，在稳定总需求的情况下，坚持以供给侧结构性改革为主线不动摇。

深化供给侧结构性改革，必须更多采取改革的办法，更多运用市场化法治化手段，在“巩固、增强、提升、畅通”上下功夫。要巩固“三去一降一补”成果，重在推动过剩产能和“僵尸企业”加快出清，将沉淀的资源解放出来；增强微观主体活力，重在激发企业家能动性，让企业家创新源泉充分涌流，创造活力充分迸发；提升产业链水平，重在提升科技创新能力，培育产业竞争新优势；畅通国民经济循环，重在培育生产要素市场，形成国内市场和生产主体、经济增长和就业扩大、金融和实体经济良性循环。这八个字，强调的是发挥市场配置资源的决定性作用，强调的是激发市场主体活力，强调的是生产要

素市场化改革，强调的是营造公平竞争环境。从根本上说，就是要进一步推进深度市场化，让市场机制在更大范围更深层次上发挥作用。

（二）继续打好三大攻坚战

今年是三大攻坚战实现攻坚目标的关键一年，攻坚的难度更大，必须按照既定部署，针对突出问题，打好重点战役。打好防范化解重大风险攻坚战，要坚持结构性去杠杆的基本思路，以企业特别是国有企业去杠杆为重点，加大不良债务处置力度，有效处置风险点，防范金融市场异常波动和共振，避免发生系统性风险。打好脱贫攻坚战，要加大“三区三州”等深度贫困地区和特殊贫困群体脱贫攻坚力度，重点解决好实现“两不愁三保障”面临的突出问题，确保如期实现目标任务。打好污染防治攻坚战，要聚焦打好打赢蓝天保卫战、城市黑臭水体治理、农业农村污染防治等重点战役，加大投入力度。环境治理不可能毕其功于一役，要久久为功，避免政策“一刀切”和处置措施方式简单化。

（三）加快重点领域改革

缓解经济下行压力，必须进一步加大改革力度，激发市场主体活力。要加快国资国企改革，加快实现从管企业向管资本转变，改组成立一批国有资本投资和运营公司，积极推进混合所有制改革；建立市场化法治化退出机制，加快“僵尸企业”出清；深化农村土地制度改革，深化集体经营性建设用地入市改革，建设城乡统一的建设用地市场，稳妥推进宅基地“三权分置”改革，促进城乡要素双向流动，进一步释放乡村发展活力；推进财税体制改革，健全地方税体系，规范政府举债融资机制；以金融体系结构调整优化为重点深化金融体制改革，发展民营银行和社区银行，推动城商行、农商行、农信社业务逐步回归本源；进一步健全以公平为核心的产权制度，营造法治化制度环境，保护民营企业家人身安全和财产安全，增强民营企业信心和投资热情。

（四）进一步扩大对外开放

适应对外开放新形势新要求，推动由商品和要素流动型开放向规则等制度型开放转变。进一步放宽外商投资市场准入，扩大服务业开放，加快落实已经承诺的金融业开放和制造业取消股比限制的举措。保护外商在华合法权益特别是知识产权，允许更多领域实行独资经营。构建市场化、法治化、国际化的营商环境，营造更有吸引力的投资环境。积极参与世贸组织改革，促进贸易和投资自由化便利化，推动建设开放型世界经济，为我国经济发展营造更好外部环境。

（五）推动经济高质量发展

以科技创新带动制造业转型升级，瞄准世界科技前沿，强化基础研究和应用基础研究，创新科技攻关模式，构建更具活力的创新生态，强化科技成果产权激励，最大程度地释放科技人员创新潜能，实现关键核心技术突破，有效解决“卡脖子”问题。充分发挥企业家的创新主体作用，推动互联网、大数据、人工智能和实体经济深度融合，加快创新产品的迭代，发展智能制造，增强制造业国际竞争力，促进我国制造业迈向全球价值链中高端。提升京津冀、粤港澳大湾区、长三角等创新策源能力，推动这些地区成为引领高质量发展的重要动力源。

执笔人：王一鸣

第二章　2018年宏观金融运行回顾与2019年展望

2018年是打好防范化解重大风险攻坚战的开局之年，防范化解风险工作取得积极进展。宏观杠杆率出现2012年以来的首次下降，金融规模扩张速度进一步放缓，主要风险点的防范化解有效推进。但是，金融资源配置结构不合理，金融和实体经济失衡的情况仍然存在。为支持去杠杆和金融风险防控，金融调控部门坚持货币政策稳健取向，保持流动性总体充裕，通过创新货币政策工具和强化货币政策结构性功能，着力防范化解去杠杆过程中的金融风险，引导金融资源配置到薄弱环节。展望2019年，宏观金融调控主要目标在于实现稳增长和去杠杆的统一，保持广义货币和社会融资规模增速与名义GDP增速相匹配。预计2019年社会融资规模存量增速将出现一定幅度回升并高于名义GDP增速；宏观杠杆率大概率出现较明显的反弹；金融业增加值占GDP比重有可能结束近年来持续小幅下降态势而保持稳定。

一、2018年宏观金融运行回顾

2018年，金融规模扩张速度进一步放缓，宏观杠杆率出现了2012年以来的首次下降，金融风险累积态势得到遏制。与此同时，金融资源配置结构不合理，金融和实体经济失衡等问题仍然存在。

（一）金融规模扩张速度进一步放缓

受监管补短板和结构性去杠杆政策影响，金融机构和金融市场规模扩张均呈放缓态势。一是金融机构资产规模扩张速度进一步放缓。2018年末银行业金融机构资产余额268.2万亿元，较2017年末增加15.8万亿元，同比增长6.3%，增速较上年末下降2.4个百分点，继续低于同期名义GDP增速（见图2–1）。股权及其他投资大幅负增长（即同业业务收缩）是银行业资产规模增速持续放缓的主要原因。2018年末，银行股权及其他投资余额为20.9万亿，同比下降9.4%，降幅扩大8.6个百分点。考虑到证券业和保险业，2018年末金融机构资产规模为292.8万亿元，同比增长6.4%，增速比去年同期下降2.3个百分点（见图2–1）。

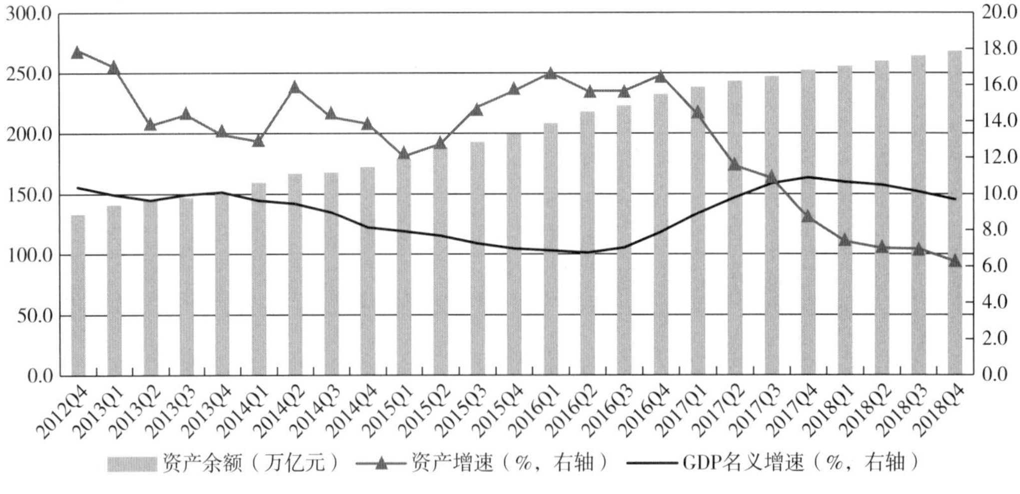

图2-1　银行业金融机构资产规模及增速

资料来源：中国银保监会，国家统计局。

二是资本市场规模出现萎缩。2018年末，境内上市公司市值和债券托管余额合计为86.4万亿元，较2017年末下降0.6%（见图2–2）。其中，2018年末股市市值为43.5万亿元，较2017年末下降23.3%；债券市场托管余额为86.4万亿元，较2017年末增长16.8%。债券市场规模较快增长的主要原因是公司信用债券及同业存单增速明显回升，地方政府债券余额继续保持较快增速。

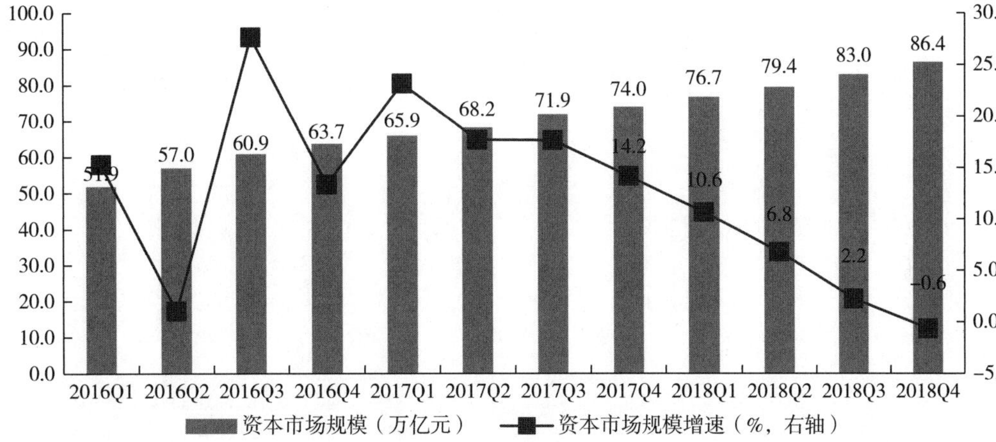

图2-2　资本市场规模及增速

注：资本市场规模=境内上市公司总市值+债券市场托管余额。

资料来源：中国人民银行。

三是资管市场规模首次出现年度性下降。2018年末，资管市场规模（不考虑交叉持有因素）为108.4万亿元，较2017年末下降2.7%。资管市场规模下降的主因，从政策环境看在于资管新规的出台和实施，从行业看在于券商资管、基金子公司专户和信托资产规模出现较大幅度萎缩（见表2-1）。

表2-1　资管市场规模　单位：万亿元

	总规模	银行理财	信托资产	证券业资管合计	其中：基金公司及基金子公司专户	券商资管	公募基金	私募基金	期货资管	保险资管
2016Q1	84.1	24.5	16.6	41.7	14.3	13.7	7.8	5.7	0.1	1.4
2016Q2	91.5	26.3	17.3	46.5	16.5	15.0	8.0	6.8	0.2	1.4
2016Q3	97.3	28.6	18.2	48.9	17.4	15.8	8.8	6.7	0.3	1.5
2016Q4	102.7	29.1	20.2	51.8	16.9	17.6	9.2	7.9	0.3	1.7
2017Q1	106.2	29.2	22.0	53.5	16.4	18.8	9.3	8.8	0.3	1.7
2017Q2	106.1	28.4	23.1	52.8	14.9	18.1	10.1	9.5	0.2	1.8
2017Q3	109.6	29.8	24.4	53.5	14.4	17.4	11.1	10.3	0.2	1.9
2017Q4	111.4	29.5	26.3	53.6	13.7	16.9	11.6	11.1	0.2	2.1
2018Q4	108.4	32.8	22.7	50.4	11.3	13.4	13.0	12.7	0.1	2.5

资料来源：中国银行业理财登记托管中心，中国证券基金业协会，中国信托业协会，中国保险资管协会。

（二）宏观杠杆率出现2012年以来的首次年度性下降

维持宏观杠杆率基本稳定是推进结构性去杠杆，打好防范化解金融风险攻坚战的基本任务。2018年4月2日召开的中央财经委第一次会议要求“努力实现宏观杠杆率稳定和逐步下降”。国务院政府工作报告也将其列为年度经济社会发展预期目标之一。

2017年，中国宏观杠杆率已出现企稳态势。2018年，该趋势得以延续。初步测算，2018年末宏观杠杆率为249.6%，较2017年末下降1.5个百分点[①]（见图2–3）。

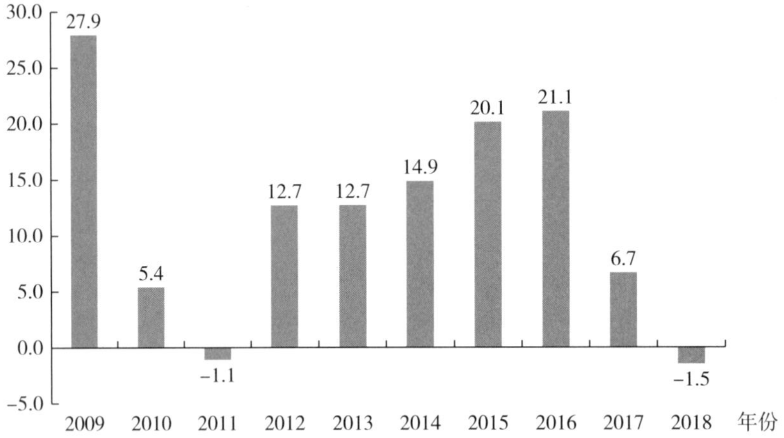

图2-3　全球金融危机以来历年中国宏观杠杆率增幅（百分点）

资料来源：笔者测算。

2018年中国宏观杠杆率下降的主要原因在于债务余额增速大幅放缓。2018年末非金融部门债务余额增速下降4.8个百分点至9.1%，较2018年名义GDP增速低0.6个百分点（见图2–4）。非金融部门债务增速下降的主要原因在于企业部门债务增速大幅下降。初步测算，2018年末企业部门债务余额为132.8万亿元，

① 人民银行行长易纲在2019年3月10日记者会上披露，2018年我国宏观杠杆率为249.4%，较2017年末下降1.5个百分点。由于人民银行未披露宏观杠杆率的时间系列数据和分部门数据，为了进行纵向比较研究，本章对于宏观杠杆率的分析采用的是我们的测算数据。

同比增长6.2%，增速较2017年同期水平大幅下降6.3个百分点，低于2018年名义GDP增速3.5个百分点。受此影响，2018年末企业部门杠杆率较2017年末下降4.9个百分点至147.4%（见图2-5）。

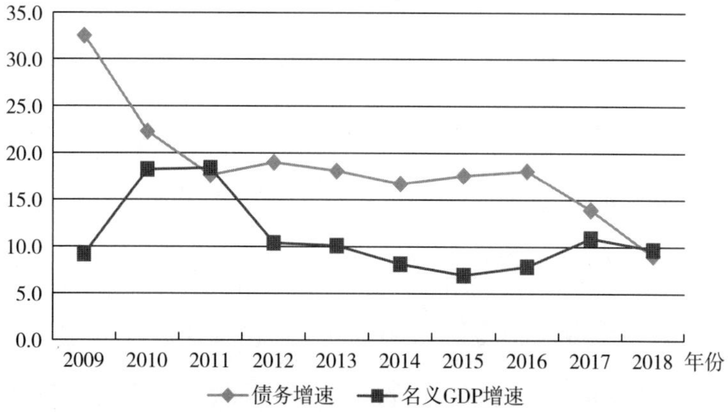

图2-4　全球金融危机以来历年债务余额及名义GDP增速（%）

资料来源：笔者测算。

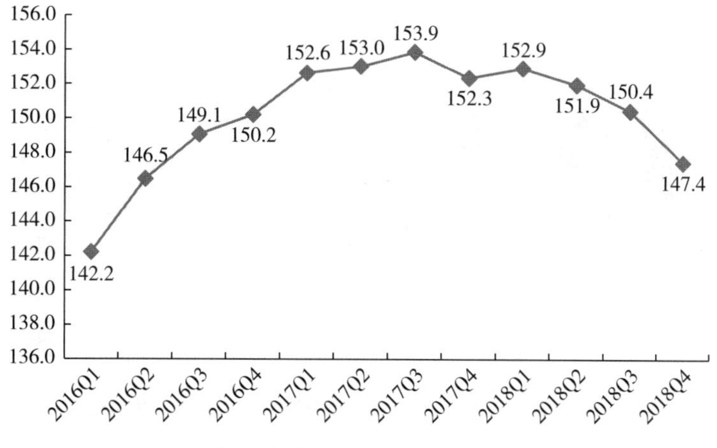

图2-5　2016年以来各季度中国企业部门杠杆率（%）

资料来源：国家统计局、笔者测算。

2018年一～四季度，宏观杠杆率分别上升0.8个[①]、下降0.6个、上升0.9个和下降2.6个百分点（见图2-6）。2018年四季度宏观杠杆率之所以出现较大幅度

① 一季度宏观杠杆率上升有季节性因素，主要是因为信贷投放集中在一季度。以人民币贷款为例，2008～2018年，一季度贷款投放占全年贷款投放比重平均为32.9%，2018年为30.9%。

下降，既与地方政府债券在三季度集中发行导致三季度宏观杠杆率上升相关，也与四季度非金融企业及机关团体贷款增幅萎缩相关。2018年下半年经济下行压力明显加大，2018年7月31日中央政治局会议提出“稳中有变”的论断，明确了“六稳”任务（稳就业、稳金融、稳外贸、稳外资、稳投资、稳预期）。为支撑“六稳”特别是稳投资，财政部于2018年8月14日发布《关于做好地方政府专项债券发行工作的意见》（财库〔2018〕72号），要求加快地方政府专项债券发行进度，不再对地方政府债券发行进度做季度均衡的限制，强调各地至9月底累计完成新增专项债券发行比例原则上不得低于80%。受此影响，2018年三季度，地方政府专项债券发行进度大幅加快，当季新增2万亿元，而四季度新增额不足1000亿元。此外，2018年四季度非金融企业及机关团体贷款余额仅新增9600亿元，较三季度少增9000亿元左右。

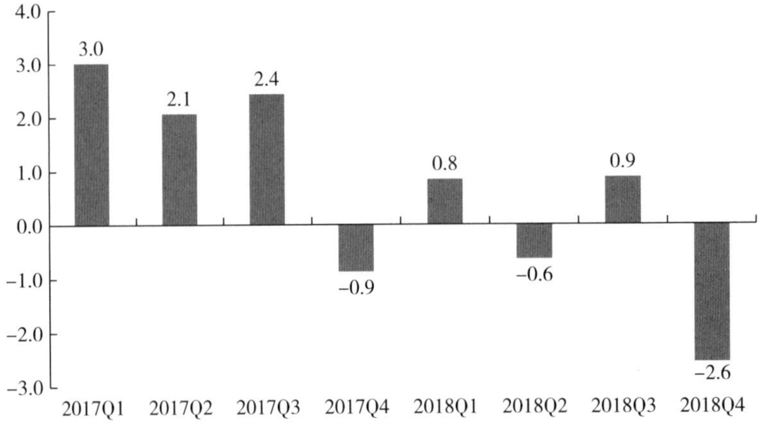

图2-6　2017～2018年各季度宏观杠杆率增幅（百分点）

资料来源：笔者测算。

（三）主要风险点得到较好防控

一方面，风险累积态势得到遏制，杠杆结构优化。一是影子银行类债务萎缩，债务的规范性和透明度上升。2018年末，信托贷款和委托贷款余额合计

20.21万亿元，同比下降10.2%，增速较2017年末低25.5个百分点（见图2-7）。影子银行债务萎缩的同时，规范度相对较高的银行表内贷款保持较快增速。2018年末，人民币贷款余额134.7万亿元，增速达到13.2%，显著高于同期非金融部门债务余额增速（9.1%）和社会融资规模存量增速（9.8%）。受此影响，人民币贷款余额占非金融部门债务余额和社会融资规模存量的比重均有明显上升。

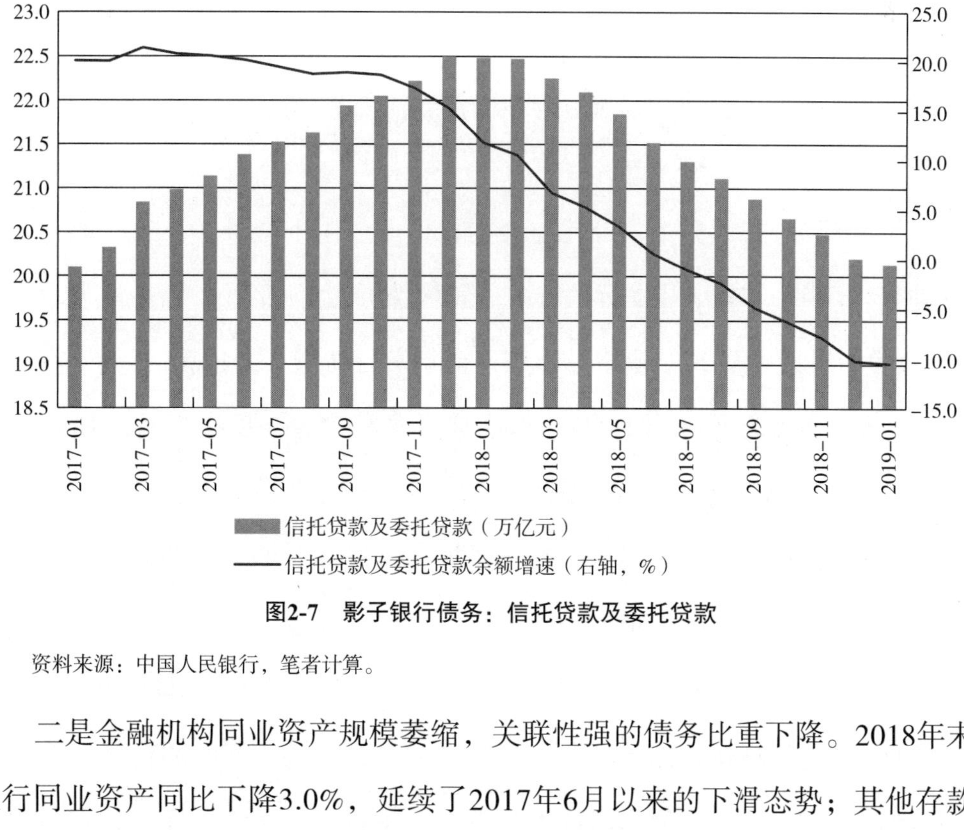

图2-7 影子银行债务：信托贷款及委托贷款

资料来源：中国人民银行，笔者计算。

二是金融机构同业资产规模萎缩，关联性强的债务比重下降。2018年末，银行同业资产同比下降3.0%，延续了2017年6月以来的下滑态势；其他存款性公司对其他金融机构债权（即银行对非银行金融机构债权）同比下降7.8%，增速较2017年末下降13.6个百分点。受此影响，同业资产占银行总资产比重出现明显下滑。2018年末，银行同业资产占比为20.5%，已降至2012年左右的水平（见图2-8）。

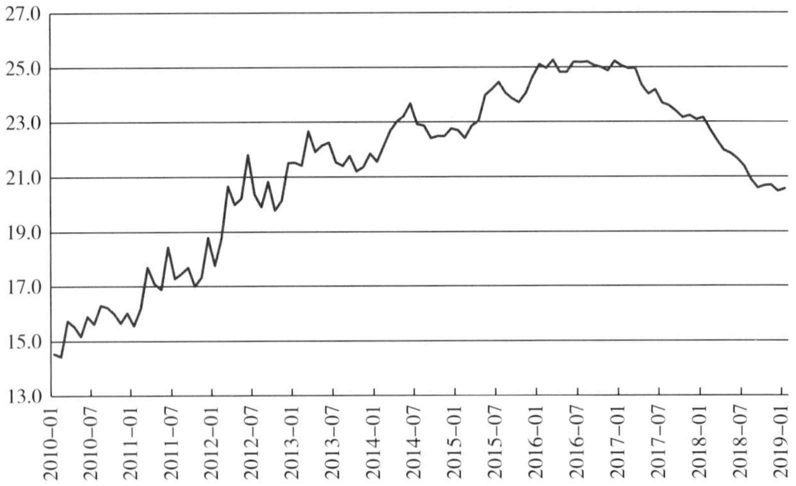

图2-8　银行同业资产占银行总资产比重（%）

资料来源：中国人民银行，笔者计算。

三是地方政府的债券类债务比重提高，债务成本下降。2018年，地方政府债务置换继续推进，全年共发行地方政府置换债券近2万亿元；新增地方政府债务均通过发行一般债券或专项债券筹集，全年发行新增债券也在2万亿元左右。根据财政部公布的数据，2018年末非政府债券形式的存量地方政府债务仅为3151亿元，占地方政府债务比重已降至1.71%。

另一方面，存量风险处置取得积极进展，金融体系的融资功能保持正常。一是不良资产处置力度进一步加强，银行不良资产存量风险下降。2018年末，银行业累计贷款核销规模达3.01万亿元（见图2-9）。初步测算，2018年全年银行业核销不良贷款高达1.02万亿元。在严格不良贷款确认标准的背景下，商业银行不良贷款率虽有所反弹，但幅度并不大，不良贷款率和关注类贷款占比合计值出现明显下降。2018年末，商业银行不良贷款率为1.83%，较2017年末上升0.09个百分点；商业银行不良贷款率和关注类贷款占比合计为4.86%，较2017年末下降0.27个百分点（见图2-10）。

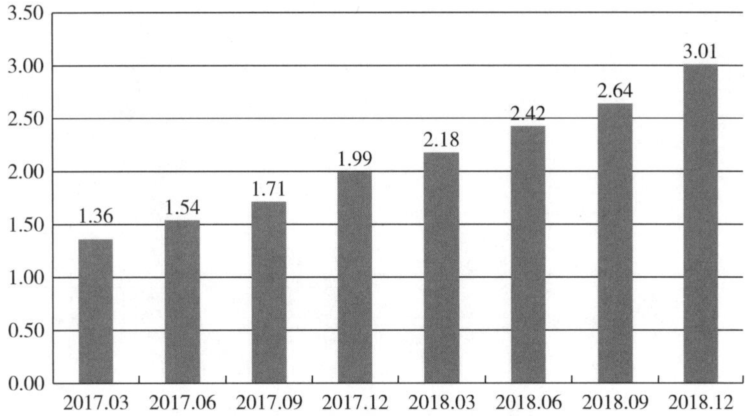

图2-9　贷款核销累计规模（万亿元）

资料来源：人民银行。

二是债券违约风险集中爆发，但风险总体可控。2018年，债券违约只数和违约金额均大幅上升，分别达到125只和1209.6亿元，违约只数和违约金额均超过2015～2017年的总和（见图2–11）。在风险集中暴露背景下，金融管理部门通过设立民营企业债权融资支持工具，加大中期借贷便利对信用债的定向支持等措施，维持了债券市场融资功能的基本稳定。2018年末，企业债券余额为20.13万亿元，较2017年末增长了10.7%，高于同期社会融资规模存量增速。

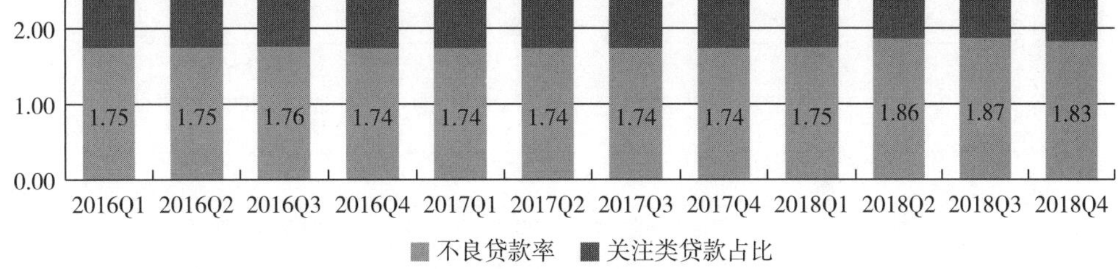

图2-10　商业银行不良贷款率及关注类贷款占比（%）

资料来源：银保监会。

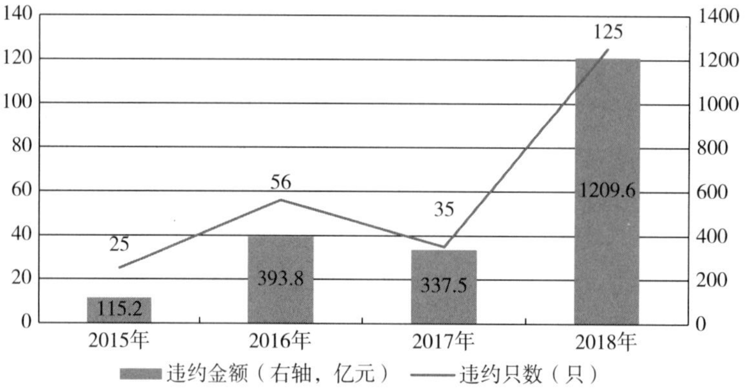

图2-11　企业债券违约情况

注：企业债券除企业债外，还包括公司债、短期融资票据、中期票据、定向债务工具、资产支持证券等。
资料来源：Wind资讯。

（四）金融资源配置结构不合理问题仍然突出

2018年金融资源配置结构不合理的问题仍然突出。一是个人住房贷款和居民部门贷款增速过快，大量信贷流向房地产市场的状况并没有得到改观。2018年末，个人住房贷款余额和居民部门贷款余额分别为25.8万亿元和47.9万亿元，同比增速分别达到17.8%和18.2%，大幅高于同期非金融企业及机关团体贷款增速（9.9%）。2018年全年，新增居民部门贷款7.4万亿元，占全年新增贷款的比重达46.6%，仍然处于高位（见图2–12）。

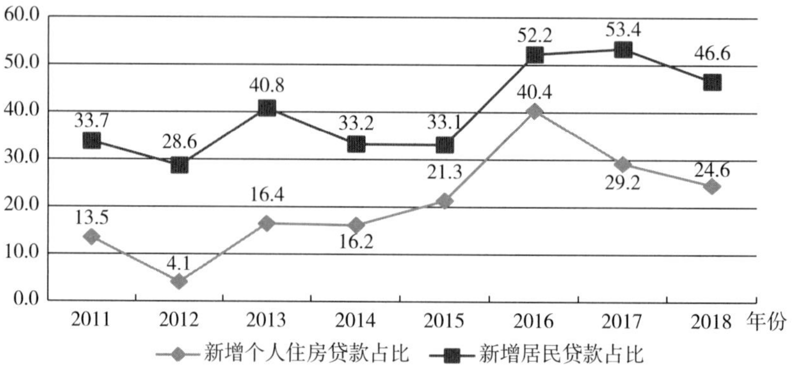

图2-12　新增个人住房贷款和消费贷款占新增境内贷款比重（%）

资料来源：中国人民银行。

二是新增公司类贷款大量投向广义基础设施和房地产领域。由于缺乏2018年商业银行层面的总体数据，我们以公司类贷款规模前十的上市银行为样本，观测新增公司类贷款中基础设施和房地产类贷款所占比重。交通运输、仓储和邮政业，水利、环境和公共设施服务业，电力、热力、燃气及水生产和供应业是三大基础设施行业。2018年，前十大上市银行新增贷款中，三大基础设施行业和房地产行业新增贷款占比接近70%。此外，大量的PPP（政府和社会资本合作）贷款和国有资产运营平台贷款在统计时被归入租赁和商务服务业贷款，租赁和商务服务业贷款也可归为广义基础设施行业。若将此考虑在内，配置到基础设施行业和房地产行业的贷款比重更高。相反，批发零售业和制造业贷款余额则出现负增长（见表2–2）。

（五）金融与实体经济失衡局面仍然突出

尽管金融资产和业务规模膨胀速度减缓、实体经济效益回升，但金融与实体经济失衡局面仍然突出。一方面，实体经济运行的金融成本仍然过高。由于我国金融业主要服务于国内市场，金融业增加值一定程度上反映了实体经济运行的金融成本。2018年中国金融业增加值占GDP比重虽继续回落但仍然达到7.7%，既高于美国和英国等金融高度国际化的发达国家，更高于日本和德国等以实体经济见长的国家（见图2–13）。

受金融业高回报的影响，创新要素“脱实向虚”依然突出。以人才配置结构为例，2018年北京大学应届硕士毕业生中就职金融业的比重高达27.3%，虽然较2017年下降1.9个百分点，但在所有行业中仍排名第一，高出排名第二行业比重3.8个百分点；全体毕业生中就职金融业的比重为21.4%，虽然在所有行业中退居第二，但仅比排名第一行业比重低0.1个百分点。

表2-2　2018年公司类贷款规模前十大上市银行公司类贷款增量结构

单位：亿元

银行	公司类贷款（A）	交通运输仓储和邮政业（B）	水利环境和公共设施服务业（C）	电力热力燃气及水生产和供应业（D）	租赁和商务服务业（E）	房地产业（F）	基础设施及房地产业合计（G=B+C+D+F）	基础设施及房地产业合计占比（H=G/A）	制造业（I）	批发零售业（J）
工行	4953	2018	1102	328	1275	1103	4551	91.88%	-529	-761
建行	1652	59	140	-274	665	1080	1005	60.84%	-586	-505
中行	3749	1257	69	490	-407	949	2765	73.75%	-108	—
农行	5216	1422	656	559	1204	459	3096	59.36%	-310	-200
交行	1716	498	146	233	—	298	1175	68.47%	128	-350
中信	143	-18	295	24	609	-201	100	69.93%	-290	-424
浦发	1135	45	455	31	-471	65	596	52.51%	20	-554
招商	1439	564	116	178	-118	555	1413	98.19%	165	-504
民生	1277	-117	128	-31	694	1318	1298	101.64%	-294	-363
邮储	2734	369	-59	34	285	106	450	16.46%	171	89
合计	24014	6097	3049	1572	3736	5729	16449	68.50%	-1634	-3572

注：中国银行租赁和商务服务业贷款数据实际上为“商业及服务业贷款数据”，其中含有批发零售业数据。

资料来源：各上市银行2017年和2018年年报，Wind资讯。

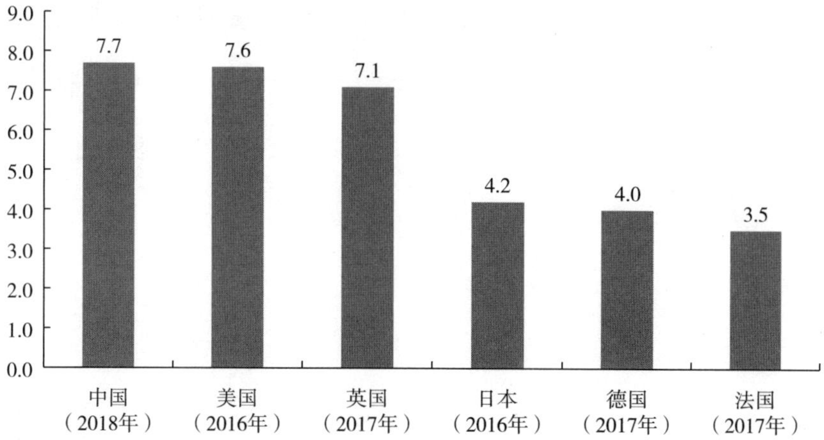

图2-13 主要经济体金融业增加值占GDP比重（%）

资料来源：经济合作与发展组织（OECD）。

二、2018年宏观金融调控回顾

2018年，宏观金融调控为结构性去杠杆提供了重要支撑。在中美经贸摩擦升级，经济运行出现稳中有变的新情况下，为支持稳就业、稳金融、稳外贸、稳外资、稳投资、稳预期工作，宏观金融调控进行了预调微调。总体上看，2018年宏观金融调控呈现出四大特征：货币政策维持在稳健范畴，流动性保持总体充裕格局；货币政策的结构性功能进一步强化；强调宏观金融调控政策对去杠杆防风险的支撑作用；继续推动利率市场化和货币政策框架转型。

（一）货币政策维持在稳健范畴，流动性保持总体充裕格局

社会融资规模存量增速与名义GDP增速同步，货币政策维持在稳健范畴。2018年末社会融资规模存量为200.75万亿元，较2017年末新增17.88万亿元，比2017年末增幅少增9万亿元；同比增长9.8%，增速较2017年末回落了3.6个百分

点（见图2–14）。尽管如此，由于社会融资规模存量增速与同期名义GDP增速（9.7%）基本持平，货币政策并未滑出稳健货币政策的范畴。社会融资规模增速明显下滑的主因是委托贷款和信托贷款余额萎缩，增速由正转负。此外，2018年末广义货币M2余额为182.67万亿元，增速为8.1%；2018年全年，M2增速均保持在不低于8%的水平运行。

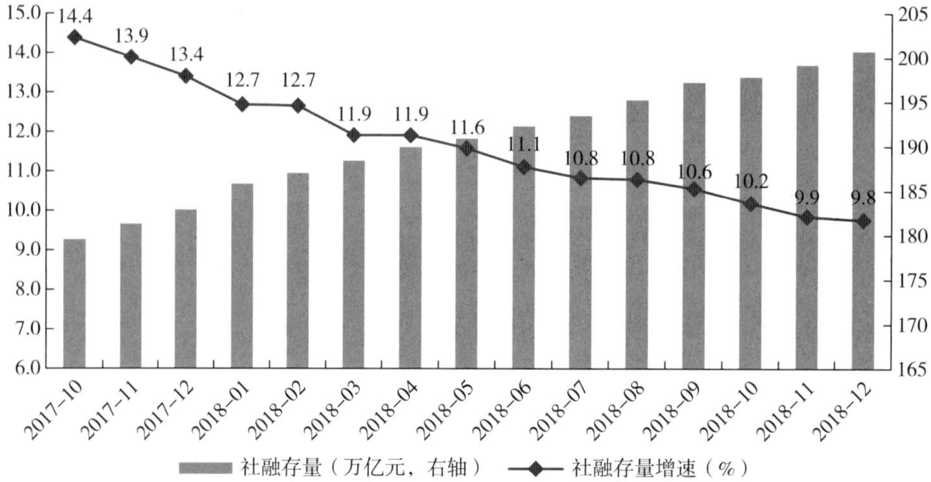

图2-14 社会融资规模存量及其增速

资料来源：中国人民银行。

银行间市场流动性保持充裕，货币市场利率整体下行。2018年，人民银行分别于1月、4月、7月和10月四次降低法定存款准备金率，向市场释放流动性，并以低成本的长期流动性置换高成本的中期流动性，支持小微企业、民营企业、创新企业和“债转股”（见表2–3）。此外，人民银行还通过中期借贷便利、抵押补充贷款、常备借贷便利、公开市场操作等货币政策工具投放流动性（见表2–4）。受此影响，货币市场利率整体下行。2018年12月，银行间7天期质押式回购利率（DR007）平均为2.65%，较2017年12月下降22个基点；从全年来看，货币市场利率下行主要发生在下半年（见图2–15）。

表2-3　　2018年人民银行历次降低存款准备金率情况

时间	举措	效果
2018年1月	普惠金融定向降准全面实施	释放资金4500亿元。
2018年4月	下调大型商业银行、股份制商业银行、城市商业银行、非县域农村商业银行和外资银行人民币存款准备金率1个百分点以置换中期借贷便利并支持小微企业融资	合计净释放资金1.15万亿元
2018年10月	下调大型商业银行、股份制商业银行、城市商业银行、非县域农村商业银行和外资银行人民币存款准备金率1个百分点，置换其所借央行的中期借贷便利（MLF）并支持小微企业、民营企业及创新型企业融资	
2018年7月	下调大型商业银行、股份制商业银行、城市商业银行、非县域农村商业银行和外资银行人民币存款准备金率0.5个百分点，以支持市场化、法治化“债转股”和小微企业融资	释放资金7000亿元，其中大型商业银行和股份制商业银行释放5000亿元，其他金融机构释放2000亿元左右

资料来源：2018年货币政策大事记，《中国货币政策执行报告（2018年第四季度）》。

表2-4　　2018年央行其他货币政策工具投放流动性情况　　单位：亿元

时间	常备借贷便利余额	常备借贷便利累计新增	中期借贷便利余额	中期借贷便利累计新增	抵押补充贷款余额	抵押补充贷款累计新增
2018-01	243	-1062	46300	1085	27596	720
2018-02	213	-1091	47795	2580	29106	2230
2018-03	482	-822	49170	3955	29914	3038
2018-04	391	-914	40170	-5045	30446	3570
2018-05	228	-1077	40170	-5045	31247	4371
2018-06	570	-734	44205	-1010	31852	4976
2018-07	32	-1272	49225	4010	32155	5279
2018-08	7	-1297	51180	5965	32246	5370
2018-09	475	-830	53830	8615	32371	5495
2018-10	290	-1014	49315	4100	33111	6235
2018-11	151	-1153	49315	4100	33366	6490
2018-12	928	-376	49315	4100	33795	6919

资料来源：中国人民银行，Wind资讯。

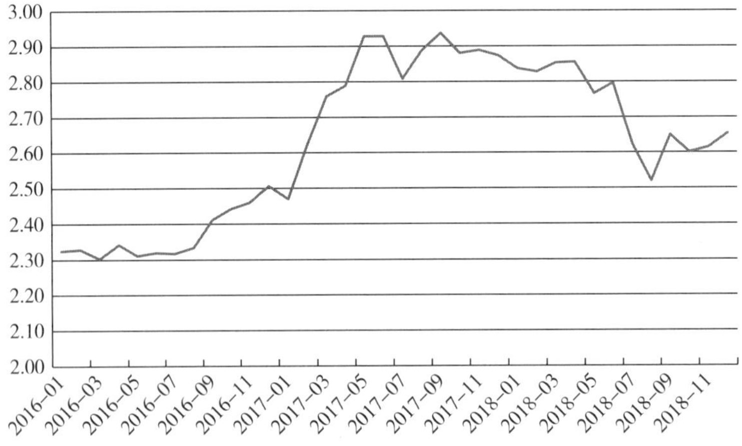

图2-15 银行间7天期质押式回购利率（DR007）（%）

注：DR007月度利率为各月交易日利率的算术平均值。
资料来源：中国货币网，笔者计算。

（二）货币政策的结构性功能进一步强化

去杠杆可能会对民营企业、小微企业等薄弱环节产生信贷紧缩。为应对这一非对称效应，强化金融对薄弱环节的支持，宏观金融调控从以下方面强化了货币政策的结构性功能。

一是发挥定向降准对特定金融目标的支持作用。2018年4次降准均有支持小微企业融资的“定向”属性。特别是2018年7月的定向降准所释放的大部分资金，被要求主要用于支持市场化、法治化“债转股”。与此同时，人民银行扩大普惠金融考核口径，将普惠金融小微企业贷款考核口径从单户授信500万元以下扩至1000万元以下。

二是进一步发挥抵押补充贷款（PSL）对开发性及政策性银行特定业务[①]的定向支持作用。2018年，人民银行继续通过PSL提供了低成本、中长期资金。PSL利率继续维持在2.75%，远低于同期3年期国开债收益率（4.41%）、进出口

① 主要是棚改贷款、重大水利工程贷款、人民币“走出去”项目贷款。

行债收益率（4.43%）和农发行债收益率（4.43%）。2018年末，PSL余额3.38万亿元，较2017年末增加6919亿元。

三是创新货币政策工具支持薄弱环节。2018年12月，人民银行创设定向中期借贷便利（TMLF）。TMLF主要用于定向支持金融机构扩大对小微企业、民营企业的信贷投放①。

四是运用再贷款再贴现工具加强对普惠金融的支持。截至2018年末，再贷款再贴现余额8332亿元，较2017年末增长56.6%。其中，全国支农再贷款、支小再贷款和再贴现余额分别为2870亿元、2172亿元和3290亿元（见图2–16），分别较2017年末上升11.9%、133.8%和77.9%。此外，人民银行还下调支小再贷款利率0.5个百分点。

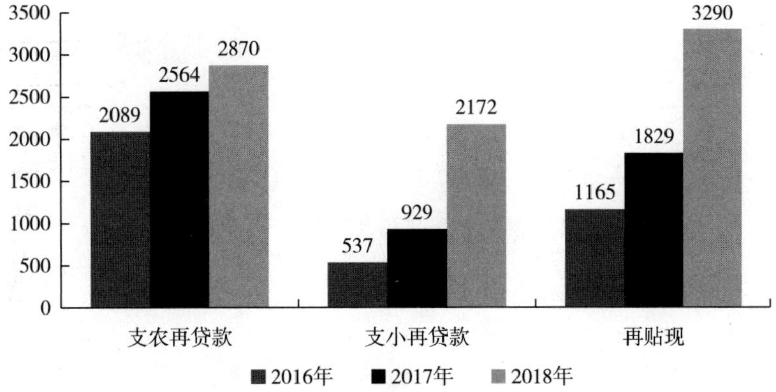

图2-16　再贷款再贴现余额（亿元）

数据来源：中国人民银行。

五是扩大合格抵押品范围。人民银行将不低于AA级的小微企业金融债、未经央行内部评级的正常类普惠小微贷款、民营企业贷款、绿色贷款纳入合格抵押品范围。

六是发挥宏观审慎评估的结构性功能。人民银行在宏观审慎评估中增设小

① 2019年1月，人民银行已开展首次定向中期借贷便利操作，操作利率为2.15%，较中期借贷便利利率低15个基点，操作规模达2575亿元。

微企业和民营企业融资、债转股情况等专项指标，引导金融机构加大相关领域的支持。

从结构性工具规模占央行资产比重看，2018年货币政策的结构性功能继续强化。2018年末，PSL和再贷款再贴现余额合计达4.2万亿元，同比增长30.8%，占同期央行总资产和央行对其他存款性公司债权比重分别为11.3%和37.8%，较2017年末提高2.4个和6.3个百分点（见图2-17）。

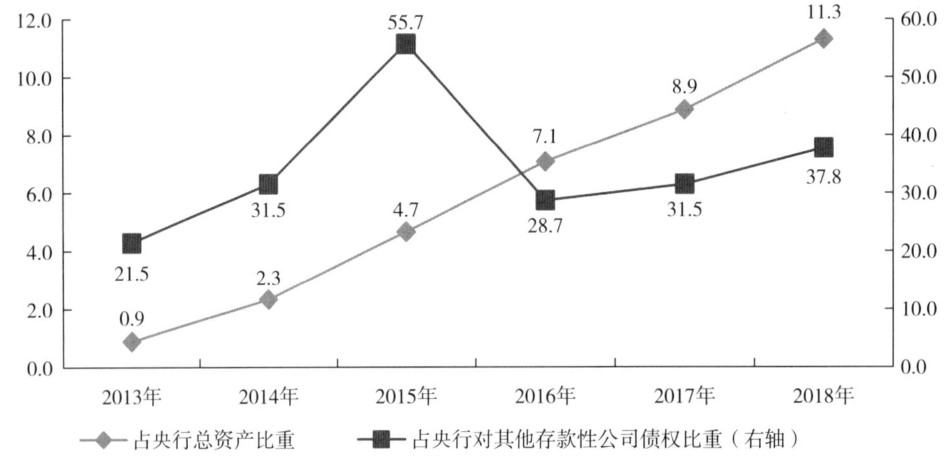

图2-17　结构性货币政策工具余额占央行资产比重（%）

资料来源：中国人民银行。

（三）强化宏观金融调控政策对去杠杆防风险的支撑作用

去杠杆本身就是一个风险释放的过程。为确保风险有序释放，为去杠杆营造一个适宜的货币金融环境，人民银行强化了宏观金融调控政策对去杠杆防风险的支撑作用。

一是创设新的货币政策工具。为应对民营企业债券违约频发，化解民营企业面临的债券市场流动性风险，人民银行于2018年10月创设民营企业债券融资支持工具，由人民银行通过再贷款提供部分初始资金，由专业机构进行市场化运作，通过出售信用风险缓释工具、担保增信等多种方式，对暂时遇到困难，但有市场、有前景、技术有竞争力的民营企业债券融资提供支持。为化解股权质押融资风险，人民银行研究创设民营企业股权融资支持工具，由人民银行提供初始引导资金，带动金融机构、社会资本共同参与，为出现资金困难的民营企业提供阶段性的股权融资支持。

二是优化货币政策操作。比如，通过保持流动性合理充裕，避免“资管新规”实施对金融市场的冲击。又如，针对企业债券市场出现的流动性风险，通过提供中期借贷便利的方式引导金融机构增持企业债券。

三是完善宏观审慎政策。影子银行业务“表外”转“表内”有利于优化杠杆结构，降低杠杆关联性，提高杠杆透明性。为对冲影子银行业务萎缩可能对实体经济带来的冲击，支持符合条件的表外资产“回表”，人民银行调整宏观审慎评估（MPA）政策参数，扩大金融机构广义信贷增长空间。此外，还调整外汇风险准备金率，优化跨境资本流动宏观审慎管理。为应对2018年二季度以来外汇市场的顺周期波动和潜在金融风险，人民银行于2018年8月将远期售汇业务的外汇风险准备金率从零调整为20%。

（四）继续推动利率市场化和货币政策框架转型

一是渐进式推动利率“双轨并一轨”。虽然我国存贷款基准利率上限已经放开，但仍然存在着存贷款基准利率和货币市场利率的利率双轨制。2018年，人民银行通过大力发展大额存单市场，扩大金融机构负债产品市场化定价范围，渐进地推动存款类产品向货币市场利率并轨。2018年，大额存单发行主体由2017年末的503家大幅扩大至1197家。2018年全年，金融机构发行大额存单4.0万期，发行规模9.23万亿元，发行量较2017年增加2.99万亿元，增速达到47.9%。

二是健全市场利率定价机制。2018年，进一步扩宽自律机制成员范围，自律机制成员已扩大至2051家，包括15家核心成员、1182家基础成员和854家观察成员[①]。

三是继续推动货币政策调控方式转型。比如，完善利率走廊机制，探索发挥常备借贷便利利率作为利率走廊上限的作用，提高人民银行对市场利率的调控和引导效率。

三、2019年宏观金融运行展望

2019年国务院政府工作报告要求广义货币和社会融资规模增速要与名义GDP增速相匹配，以更好满足经济运行保持在合理区间的需要，并保持宏观杠杆率基本稳定。实现2019年宏观金融调控目标，关键在于实现稳增长和去杠杆的统一，主要挑战是如何在金融服务实体经济意愿下降背景下，有效顺畅货币政策传导机制。展望2019年，社会融资规模存量增速将出现一定幅度回升并高于名义GDP增速；宏观杠杆率将出现较明显的反弹；金融业增加值占GDP比重可能结束近年来持续小幅下降态势而保持稳定。

（一）2019年的宏观金融调控展望

1. 2019年宏观金融调控的任务与目标

今年的国务院政府工作报告，明确了2019年货币政策的稳健或松紧适度取向，从中介目标、传导机制和最终目标等方面确定了宏观金融调控的目标和任务。

中介目标方面，一是广义货币M2和社会融资规模增速要与国内生产总值名

① 见《中国人民银行货币政策执行报告（2018年第四季度）》。

义增速相匹配，二是降低实际利率水平。考虑到M2增速及社会融资规模增速等数量型中介目标可控性、可测性和相关性的下降，今年的国务院政府工作报告延续了去年不设定具体定量目标的做法，但要求与名义GDP增速相匹配（见表2–5）。此外，今年还首次将降低实际利率水平确定为货币政策目标，这一定程度上反映了我国货币政策调控框架向价格型的转型。

传导机制方面，就是要疏通货币政策传导渠道，缓解实体经济特别是民营和小微企业融资难融资贵问题。

最终目标方面，一是确保经济运行保持在合理区间，二是防范化解金融风险。值得说明的是，今年明确提出货币政策要更好满足经济运行保持在合理区间的需要，凸显了强化货币政策逆周期调节和稳增长的取向。同时，将防范化解金融风险也作为货币政策的重要目标，一方面意味着强化货币政策在金融稳定方面的职能，另一方面意味着宏观金融调控要把握好稳增长、防风险和去杠杆的统一。

表2-5　2009年以来国务院政府工作报告关于货币政策预期目标的表述

年份	2009	2010	2011	2012	2013	2014	2015	2016	2017	2018	2019
M2增速	17%左右	17%左右	16%	14%	13%左右	13%左右	12%左右	13%左右	12%左右	合理增长	与国内生产总值名义增速相匹配
社会融资规模（余额）	—	—	合理	合理增长	适度扩大	适度增长	平稳增长	13%左右	12%左右	合理增长	
新增人民币贷款	5万亿元以上	7.5万亿元左右	—	—	—	—	—	—	—	—	—

资料来源：2009～2018年国务院政府工作报告。

2. 实现2019年宏观金融调控目标面临的挑战

实现2019年宏观金融调控目标，关键在于实现稳增长、防风险及去杠杆的统一。总体而言，这一目标的实现面临国内外两方面的挑战。

国外方面，国际经贸关系和地缘政治不确定性仍然较大，主要经济体经济增长乏力，全球经济可能进一步放缓。同时，在全球债务风险和资产泡沫风险持续累积的背景下，新兴经济体乃至个别发达经济体面临爆发大规模金融风险的风险，其引发的国际金融动荡是需要关注的重大外部风险。

国内方面，主要挑战在于顺畅货币政策传导机制。2019年，顺畅货币政策传导机制，既要求提升金融机构服务实体经济的意愿和能力，也要求避免金融资源过度流向房地产领域和大量形成地方政府隐性债务。在金融风险持续暴露，金融机构风险偏好和风险识别能力下降，资本约束愈发凸显的背景下，金融机构服务实体经济的意愿和能力都有下降。只有有序有效处置金融风险、重建金融和实体经济互信，重塑金融和实体经济关系，才能提升金融服务实体经济的意愿和能力。同时，只有及时健全住房金融宏观审慎政策和稳妥实施房地产市场健康发展长效机制方案，实施真正积极的财政政策并强化地方政府举债约束机制，才能避免金融资源过度流向房地产领域和大量形成地方政府隐性债务。值得注意的是，在宏观杠杆率已经高企，实体经济已存在大量高债务主体背景下，不能将畅通货币政策传导机制单纯地理解为保持较快的信贷扩张速度，而在于使资金顺畅地流向合格融资主体。

3. 实现2019年宏观金融调控目标面临的有利条件

2019年，实现稳增长和去杠杆的统一，也存在不少有利条件。一是积极财政政策的实施。在经济下行压力加大背景下，实现稳增长和去杠杆的统一需要财政政策的有效配合，以避免财政问题金融化，防范地方政府隐性债务膨胀，同时还有助于通过减轻实体经济负担的方式提升微观主体活力，为稳增长提供内生动力。从一季度情况看，今年积极的财政政策已体现出加力提效的基本取向。二是房地产市场健康发展长效机制的稳妥实施。信贷过度向房地产领域（特别是以二手房为代表的存量房地产）配置，既降低信贷投入的产出效率，在短期内加大稳增长和去杠杆的冲突；还会引发资产泡沫，在长期内抑制内生增长动力的形成。房地产市场健康发展长效机制的稳妥实施将有助于避免资金过度向房地产领域配置，减少稳增长和去杠杆的冲突。三是供给侧结构性改革的深化。2019年，供给侧结构性改革降围绕“巩固”“增强”“提升”“畅通”八字方针深化，对于提升微观主体活力，畅通国民经济循环，顺畅货币政策传导机制具有重要意义。四是全球货币政策收紧步伐明显放缓，美联储2019年加息步伐将大大趋缓甚至可能暂停，“缩表”计划也很可能提前结束。

（二）2019年宏观金融主要指标展望

1. 社会融资规模存量增速将回升至高于名义GDP增速水平

2018年末，社会融资规模存量增速下滑至9.8%。其主要原因在于影子银行债务萎缩，以及经济下行压力不大所营造的有利去杠杆环境。这两个因素在2019年都将发生变化。2019年，影子银行债务增速将会回升，从而对社会融资规模存量增速产生拉升效应。更为重要的是，2019年经济下行压力明显加大，宏观政策强调强化逆周期调节和在稳增长的基础上防风险。若国际环境不出现大的好转，更好满足经济运行保持在合理区间的需要，通常意味着更多的信贷支持。预计2019社会融资规模存量增速将会较2018年出现一定幅度回升，并高于名义GDP增速水平。实际上，一季度社会融资规模增速已经回升至10.7%，高于同期名义GDP增速。

2. 宏观杠杆率将有所回升

2018年，宏观杠杆率超预期下降，主要原因在于债务大幅少增和价格指数下降幅度较低。从历史经验看，在内生增长动力仍然不足和难出现外部环境明显改善的背景下，宏观杠杆率的下滑通常只是暂时的，经济下行压力一旦加大就可能导致宏观杠杆率的再次上升。比如，2011年宏观杠杆率暂时下降后，由于内生增长动力仍然不足，宏观杠杆率再次上升。由于主导2018年宏观杠杆率下降的因素大概率将不复存在，在内生增长动力不足背景下，2019年宏观杠杆率将有所回升。一方面，2019年债务余额增速很可能有不小幅度的反弹。2019年一季度，社会融资规模存量增加7.66万亿元，同比多增2.16万亿元。另一方面，价格指数可能继续出现一定幅度下降，这将导致名义GDP增速降幅大于实际GDP增速降幅，从而推高宏观杠杆率。

3. 金融业增加值占GDP比重可能保持稳定

2018年，金融业增加值占GDP比重仍高达7.7%，金融与实体经济失衡依然明显，金融业增加值占GDP比重仍有内在下降压力。不过，2019年金融业增加值占GDP比重有可能结束近年来持续小幅下降态势，保持稳定甚至出现反弹。一方面，与社会融资规模存量增速回升、宏观杠杆率回升相伴随，2019年金融业的生息资产规模将回升，信用风险暴露速度也会有所放缓，银行业金融增加值增速可能反弹。另一方面，股票市场活跃度的提高也将支撑金融业增加值增速。

执笔人：吴振宇　朱鸿鸣

第三章　2018年银行业运行回顾与2019年展望

2018年，银行业以供给侧结构性改革为主线，不断优化信贷结构，加强对重点领域和薄弱环节金融服务，服务实体经济质效显著提升。银行业继续深化改革，机构体系持续优化，公司治理机制不断完善，对外开放形成新格局。

2019年，中国金融发展面临的外部环境依然复杂严峻。金融宏观调控方面，将更加注重采取逆周期调节措施，做到既保持流动性合理充裕，又不形成“大水漫灌”。银行业监管方面，将合理把握防风险与稳增长、调结构的平衡，精准有效处置重点领域风险。在外部监管督促、对外开放水平提升和内部转型动力等多因素推动下，银行业将进一步回归本源，专注主业，深入推进金融供给侧结构性改革，改善金融供给质量，优化金融机构体系、市场体系、产品体系，为实体经济发展提供更高质量、更有效率的金融服务。

一、2018年银行业运行情况

（一）行业概况

2018年，银行业总体运行平稳，机构数量稳步增加，资产规模增速继续回落，各项经营指标整体稳中向好，守住了不发生系统性金融风险的底线，服务实体经济质效持续提升，转型升级取得新进展。

1. 机构数量稳步增加

截至2018年底，银行业法人机构共4588家，较2017年增加39家。主要变化包括：一是邮储银行划入国有大型银行。主要是考虑从股权结构、整体规模等指标看，邮储银行与五家大型银行更为相近，但由于邮储银行在网点管理模式、资产负债结构和系统重要性等方面与其他大型银行差异较大，未来在监管要求上可能会有差异化安排。二是农村金融机构数量稳步增长。农信社改制为农商行的工作继续推进，首批“多县一行”制村镇银行试点启动，年内农村商业银行、村镇银行分别增加135家、54家；农村合作银行、农村信用社、农村资金互助社数量分别减少3家、153家、3家。三是新批设一批非银行金融机构。其中新设企业集团财务公司6家、消费金融公司1家，新设的厦门金美信消费金融有限责任公司成为首家两岸合资消费金融公司。四是银行业对外开放进程加快，新设立外资银行2家（见附表1）。

2. 资产负债规模增速持续下降

2017年以来，按照党中央、国务院“防风险、治乱象、补短板”的要求，银行业持续、坚决清理整顿脱实向虚、资金空转活动，金融生态逐步好转。银行业总资产增速从“十二五”期间的15%左右回落到近两年的7%左右，体现出银行业沿着“回归本源、专注主业”路径稳健经营的态势，野蛮生长、无序发展现象得到遏制。

在资产端，一是总体资产规模增速继续下行。截至2018年末，我国银行业金融机构本外币资产合计268.2万亿元，资产增速仅为6.3%，较上年同期下降2.4个百分点。二是贷款增速保持较高水平。截至2018年末，银行业金融机构境内各项贷款同比多增1.8万亿元，增速达12.6%，高于同期资产增速6.2个百分点。银行业金融机构各项贷款占总资产比重回升至53.9%，空转资金明显减少，经营活动更趋正常。2018年社会融资规模增量19.3万亿元，其中新增人民币贷款贡献81%，有效发挥了金融支持实体经济主渠道的作用。三是分机构类别看，各类商业银行资产增速都跌至个位数，机构间资产增速差异缩小，趋于收敛。大型商业银行的资产总额占比远高于其他类型商业银行，大型银行资产规模增速有所放缓，城市商业银行和农村金融机构资产增速明显下降，股份制银行资产规模增速回升至4.58%，但仍低于其他三类商业银行（见图3-1）。四是从行业分布看，信贷投放结构有所优化。小微企业、民营企业以及消费、民生领域资金供给增多，金融普惠性、可得性明显提升。

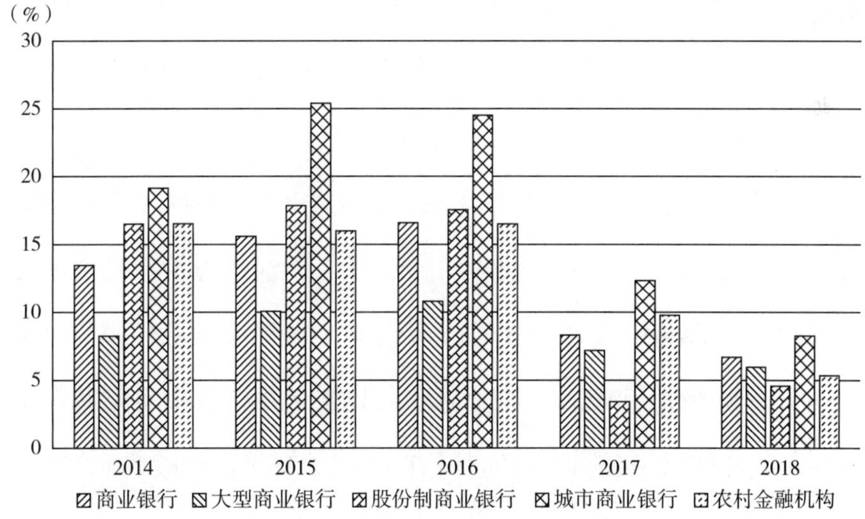

图3-1　各类银行机构资产规模增速（2014～2018年）

数据来源：银保监会。

在负债端，一是规模增速继续下降。截至2018年末，银行业总负债247万亿元，同比增长5.9%，增速较2017年下降2.5个百分点。二是存款增长乏力。人民银行数据显示，2018年末，金融机构人民币各项存款余额为177.5万亿元，同比增长8.2%，增速继续下降，比上年末低0.8个百分点。一方面，居民收入增长放缓但消费、购房等支出增多，导致储蓄存款减少。另一方面，银行理财、货币基金等渠道仍在分流存款。

重点业务方面，2018年，资管新规、理财新规、理财子公司办法相继落地，银保监会持续指导银行理财业务整改和转型发展，稳步推进银行理财子公司改革，促进理财业务新旧规则的有序衔接和平稳过渡。银行理财业务呈现出回归本源、规范发展的良好态势。一是总体保持平稳运行。截至2018年末，银行理财产品余额为32万亿元，同比增加2.5万亿元；同比增长8.5%，增速较上年同期提高6.8个百分点。二是结构有所优化。在发行端，同业理财规模和占比持续下降，2018年末同业理财余额为1.2万亿元，同比减少2万亿元，下降63%，占全部理财产品余额的比重由11%下降至4%，表明“资金空转”现象明显减少。三是理财产品嵌套投资情况有所改善。2018年末非保本理财资金直接投资存款、债券及货币市场工具的占比较4月末资管新规发布时上升9个百分点，投向公募基金以外的资管产品占比较4月末降低7个百分点。四是银行理财产品已成为我国金融市场的重要投资者。2018年末，非保本理财的债券投资余额为13.4万亿元，占非保本理财产品总资产的53%；较4月末资管新规发布时增加9000多亿元，增长7.4%。全部理财资金的债券投资余额占债券市场总规模的18%。在股票市场方面，理财新规延续原有监管制度，继续允许私募理财产品直接投资股票，并进一步放开理财子公司发行的公募理财产品直接投资股票。

3. 设立一批专业化金融机构

一是设立金融资产投资公司助力市场化债转股。2016年10月，国务院发布《关于积极稳妥降低企业杠杆率的意见》及《关于市场化银行债权转股权的指导意见》，提出“支持银行充分利用现有符合条件的所属机构，或允许申请设立符合规定的新机构开展市场化债转股”。截至2018年末，工农中建交五家大型银行均已设立金融资产投资公司，作为商业银行市场化债转股专门机构。为规范金融资产投资公司业务行为，推动提高债转股效率，切实防范金融风险，银保监会于2018年6月发布《金融资产投资公司管理办法（试行）》。二是设立理财子公司推动银行理财业务回归本源。2018年9月，银保监会发布《商业银行理财业务监督管理办法》，要求商业银行应当通过具有独立法人地位的子公司开展理财业务。截至2019年2月，五家大型商业银行理财子公司已全部获批筹建。其他银行结合自身战略规划和市场定位，也在积极开展申设理财子公司工作。三是成立金融科技子公司推动银行业与金融科技深度融合。近年来，以大数据、云计算、人工智能、区块链、物联网等为代表的新兴科技与金融业的深度融合推动传统金融业步入转型发展轨道。商业银行以成立银行系金融科技子公司为契机，深化金融科技在各个业务场景中的应用。2018年4月，建设银行金融科技子公司建信金科宣告成立，这是国内首家由国有大行发起成立的金融科技公司。自2015年以来，已有兴业、平安、招商、光大、建行、民生、北京银行等多家银行相继成立金融科技子公司。

（二）经营情况

2018年，银行业金融机构经营指标整体稳中向好。具体表现为：

1. 净利润增速放缓

伴随着中国经济增速平稳回落，银行业盈利能力有所下滑，净利润低速增长逐渐成为常态。2018年，受不良资产认定趋严、经济下行压力增大等因素影响，商业银行不良贷款率继续攀升，影响了利润增长。与此同时，央行通过定向降准政策维持流动性合理充裕，货币市场利率下行、净息差有所上升等因素对利润增长发挥了积极作用。总体来看，2018年商业银行累计实现净利润18302

亿元，较2017年增长825亿元，同比增长4.72%，增速较去年同期下降1.26个百分点。商业银行利润增速尽管有所反复，但整体判断仍处于上升趋势。商业银行净利润增速低于资产规模增速，表明银行单位资产盈利能力继续下降。2018年，大型银行实现净利润9573亿元，贡献了商业银行总体净利润的52.3%，高于其资产占比；股份制商业银行的净利润占比与其资产占比基本相当；城市商业银行利润占比低于其资产占比。

2. 资产利润率和资本利润率继续下降

2018年，商业银行资产利润率沿袭2011年以来缓慢下行的态势，从年初的1.05%小幅回落至四季度末的0.9%，比上年同期下降0.02个百分点；资本利润率从年初的14%回落至四季度末的11.73%，较上年同期下降0.83个百分点，但仍高于国际平均水平（见图3–2）。

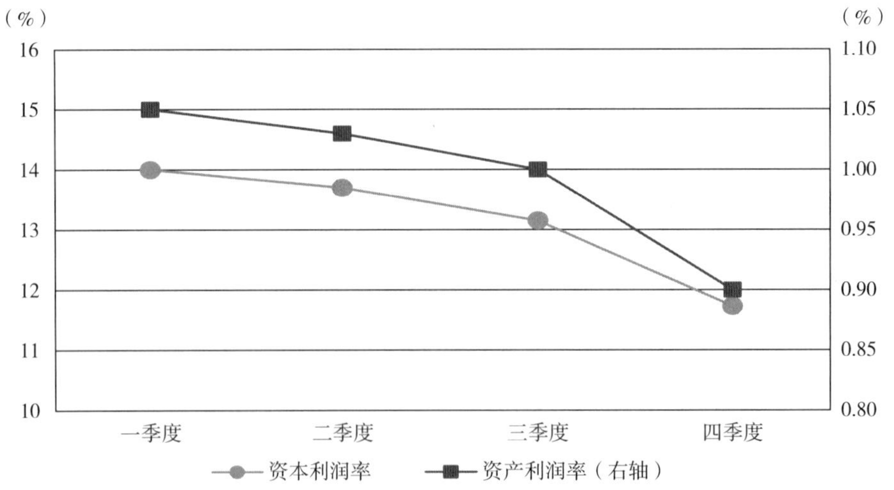

图3-2　2018年各季度商业银行资产利润率与资本利润率

数据来源：银保监会。

分机构类别看，2018年股份制银行、外资银行资产利润率上升，较去年同期分别上升0.01个百分点、0.27个百分点。其他银行资产利润率同比均有下降，大型银行、城市商业银行和农村商业银行分别下降0.02个百分点、

0.09个百分点和0.06个百分点。横向比较看，大型银行的资产利润率最高，为1%，表现出较强的资产盈利能力（见图3-3）。

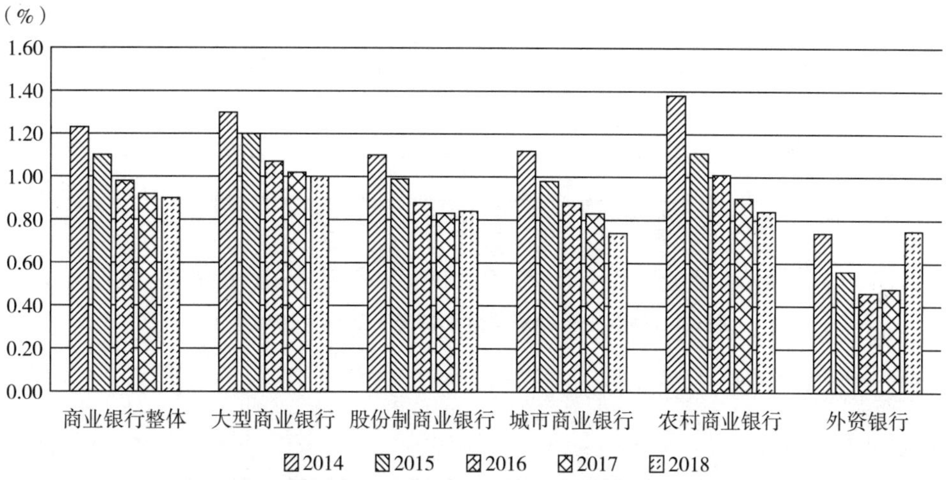

图3-3　各类银行资产利润率（2014～2018年）

数据来源：银保监会。

3. 净息差继续改善

2014年11月以来人民银行多次降息，加上受利率市场化带来的存款利率浮动区间调整政策的影响，商业银行净息差持续缩窄。2017年，净息差有所改善，2018年四季度净息差2.18%，比去年同期上升0.08个百分点（见图3-4）。净息差改善，一方面主要得益于央行定向降准、资产收益水平提升和资产负债结构持续优化等原因。另一方面，2018年前三季度，金融机构人民币贷款加权平均利率持续回升，是推动商业银行净息差小幅回升的原因之一。上半年，货币环境总体宽松，但市场利率下行未能传导至贷款利率，货币政策传导不通畅，商业银行风险偏好上升。四季度，金融管理部门发挥“几家抬”合力，疏通货币政策传导机制，缓解民营、小微企业融资难融资贵成效逐步显现，贷款利率明显下行（见图3-5）。

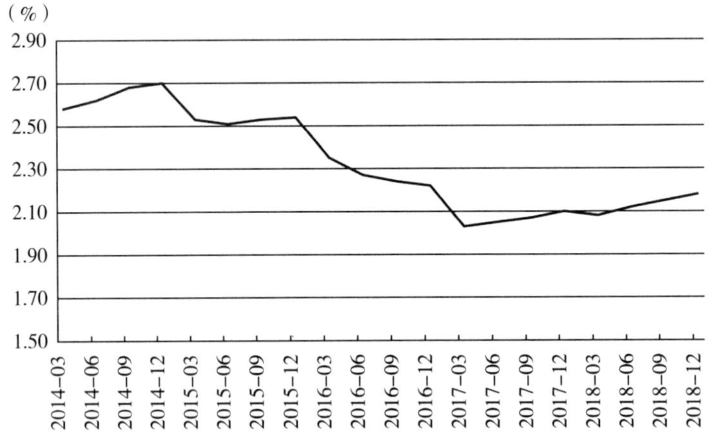

图3-4　商业银行净息差变动情况（2014～2018年）

数据来源：Wind资讯。

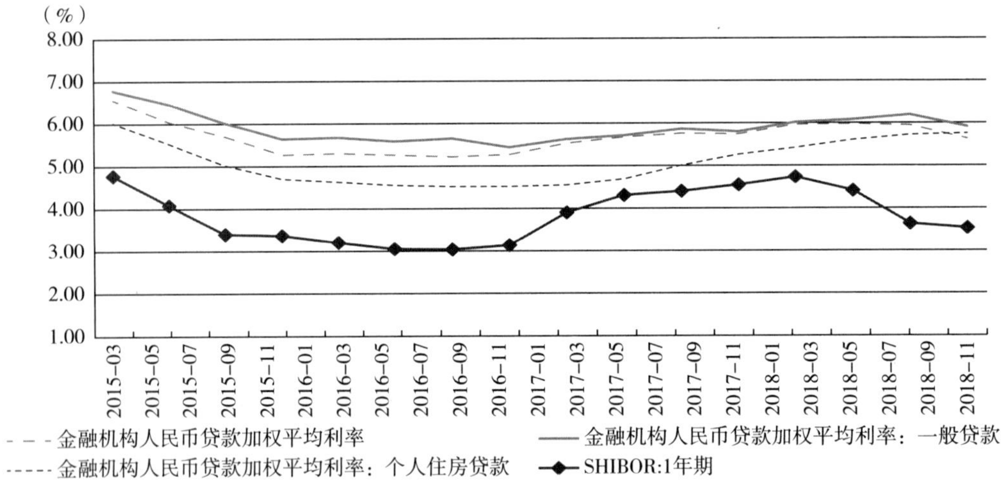

图3-5　2018年贷款利率先升后降（2017～2018年）

数据来源：Wind资讯。

分机构类别看，各类银行净息差均有改善。受益于存款等稳定资金来源占比较高的优势，近两年大型银行净息差持续改善，从2017年一季度的1.99% 上升至2018年四季度的2.14%。股份制银行、城市商业银行、农村商业银行净息差在2018年一季度有所回落，此后也呈现逐渐改善态势，分别从2018年一季度的1.76%、1.90%和2.85%上升至四季度的1.92%、2.01%和3.02%（见图3-6）。

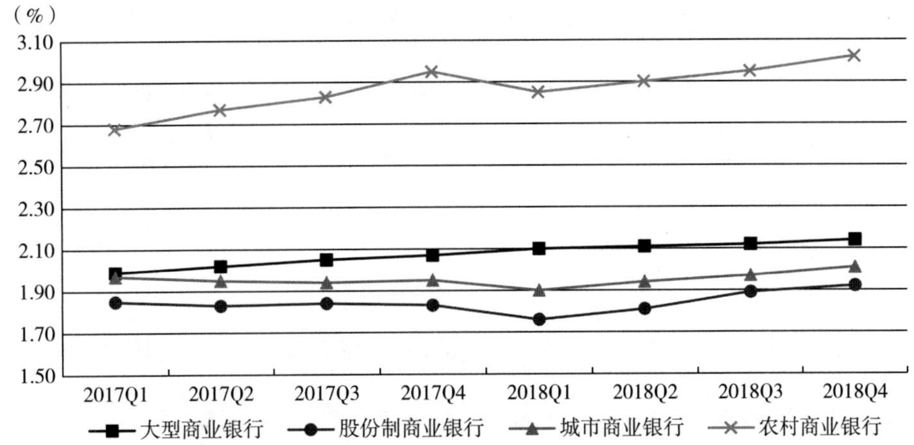

图3-6　不同类别银行各季度净息差变动情况（2017～2018年）

数据来源：银保监会。

4. 非利息收入占比沿袭下降趋势，成本收入比有所改善

在监管趋严和政策督促银行减费让利的大环境下，我国商业银行近两年的非利息收入占比持续下降。2017年商业银行非利息收入占比首次出现下降。2018年，受进一步整治影子银行、交叉性金融风险，资管新规落地等影响，商业银行非利息收入占比继续下降，从2017年四季度的22.7%下降至2018年四季度的22.1%（见图3–7）。

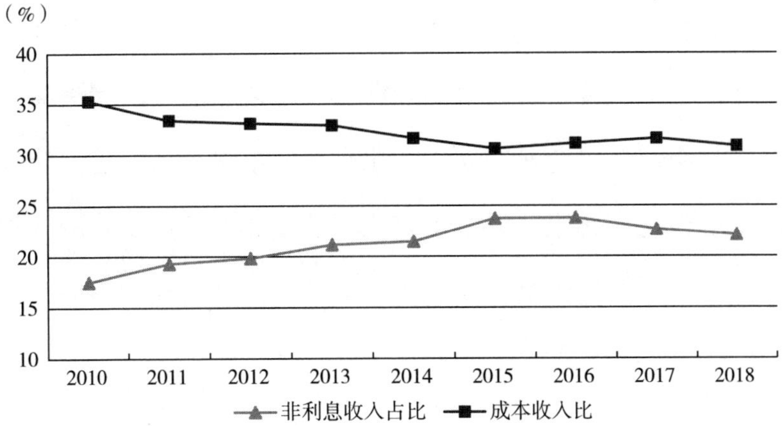

图3-7　商业银行非利息收入占比、成本收入比变动情况（2010～2018年）

数据来源：Wind资讯。

2016～2017年，商业银行成本收入比连续两年抬升，2018年成本收入比出现下降，商业银行控成本压力略有缓解。四季度商业银行成本收入比30.8%，比去年同期下降0.7个百分点。

（三）服务实体经济情况

2018年，银行业以服务供给侧结构性改革为主线，不断优化信贷结构，加强对重点领域和薄弱环节金融服务，大力缓解民营、小微企业融资难融资贵问题，服务实体经济质效显著提高。

1. 服务深化供给侧结构性改革

重点在“破”“立”“降”三个方面下功夫。一是破除无效供给。建立健全联合授信和债权人委员会机制，引导信贷资金有序退出“僵尸企业”，防止过度融资和多头融资。通过债务重组、兼并收购、不盲目抽贷断贷，帮助和支持了一批符合国家产业发展方向、主业相对集中于实体经济、技术先进、产品有市场、暂时遇到困难的企业渡过难关。截至2018年末，已有近500家大中型企业开展联合授信试点，建立债委会1.9万家，帮扶企业4854家。持续推进市场化法治化债转股，截至2018年末，已签订债转股协议金额超过2万亿元，落地金额6200多亿元。二是支持培育新动能。深入实施创新驱动发展战略，加大对产业转型升级、战略性新兴产业和现代文化产业的金融支持。进一步促进消费金融，满足居民多样化金融服务需求。三是降低实体经济成本。减少银行通道业务和融资中间环节，促进银企直接对接。继续加大减费让利力度，清理整理不规范收费，把各项优惠政策落实到位。

2. 加强对重点领域和薄弱环节金融服务

银行业金融机构聚焦重大战略，支持重大工程和重点项目，发展科技金融、绿色金融、普惠金融，加快金融基础设施建设。一是国民经济重点领域贷款增长较快。截至2018年末，制造业、基础设施行业、保障性安居工程贷款余额分别为17.1万亿元、26.46万亿元、5.95万亿元，21家主要银行机构①战略性新兴产业贷款余额3万亿元。二是小微企业、民营企业以及消费、民生领域资金供给增多，金融普惠性与可得性明显提升。截至2018年末，乡镇银行机构覆盖率达96%，全国行政村基础金融覆盖率为97%。小微企业贷款余额33.5万亿元，同比增长8.9%。涉农贷款余额32.7万亿元，同比增长5.6%。扶贫小额信贷余额2488.9亿元，支持建档立卡户641万户。此外，银行业金融机构大力支持住房租赁市场发展，主动探索多渠道、市场化手段发展住房租赁业务的新模式。如，2018年建设银行进一步发挥金融优势，从房源供给、渠道建设和平台管理等多个方面协同发力，住房租赁综合服务平台上线城市315个，基本形成了覆盖全国的管理网络；平台上线房源数量和注册用户均超1000万，积聚效应逐步显现；住房租赁业务支持贷款平稳有序投放，金额超过600亿元，以金融力量激活市场供需，推动了住房租赁市场健康发展。

3. 多措并举缓解民营、小微企业融资难融资贵

破解民营企业融资难融资贵问题，为民营企业解困，是激发市场活力、促进创新创业、推动高质量发展的重要举措。2018年，金融管理部门多措并举督促金融机构加大民营企业支持力度，银行业服务民营企业发展取得初步成效。一是民营企业信贷稳步增长。截至2018年末，民营企业贷款余额42.9万亿元，同比增长7.2%，增速同比上升0.9个百分点；普惠型小微企业贷款余额9.4万亿元，同比增长21.8%，比各项贷款增速高9.2个百分点；有贷款余额的户数1723

---

① 21家主要银行机构包括：国家开发银行、2家政策性银行、6家大型商业银行（含邮政储蓄银行）、12家股份制商业银行。

万户，同比增加455万户。二是企业融资成本有所下降。2018年四季度银行业新发放普惠型小微企业贷款平均利率7.02%，较一季度下降0.8个百分点。其中，5家大型银行和邮储银行新发放普惠型小微企业贷款平均利率5.06%，12家全国股份制银行平均利率6.71%，较一季度下降均超过1.1个百分点。

（四）风险防控情况

2018年，防范化解金融风险攻坚战初战告捷，银行业运行总体平稳，商业银行不良贷款有所增加，但拨备水平持续提高，风险防御能力进一步增强，资产质量呈现企稳趋势。总的看实现了打好防范化解金融风险攻坚战与服务实体经济相辅相成、相互促进。

1. 不良率持续攀升后企稳，信用风险整体可控

2018年末，商业银行不良贷款余额2.03万亿元，同比增加3197亿元，增长18.7%。不良贷款率1.83%，较去年同期上升0.09个百分点。从季度变化来看，不良贷款余额、不良贷款率均先升后降，前三季度不良率从1.75%上升至1.87%，四季度回落至1.83%。受不良贷款认定标准趋严和核销进度放缓等因素影响，2018年上半年不良贷款增幅较为明显。下半年较大规模的核销处置是商业银行降低存量不良贷款，推动不良率企稳的主要原因之一。前三季度，商业银行综合运用资产证券化、债转股等多种手段加大不良资产处置力度，共处置不良贷款1.2万亿元，同比多处置2300多亿元，其中利用拨备核销7000多亿元，同比多核销1900多亿元。此外，尽管商业银行不良贷款率总体上升，但关注贷款率持续下降。这进一步反映了银行不良贷款率的上升主要受不良率口径加严推动，商业银行信用风险整体可控（见图3–8）。

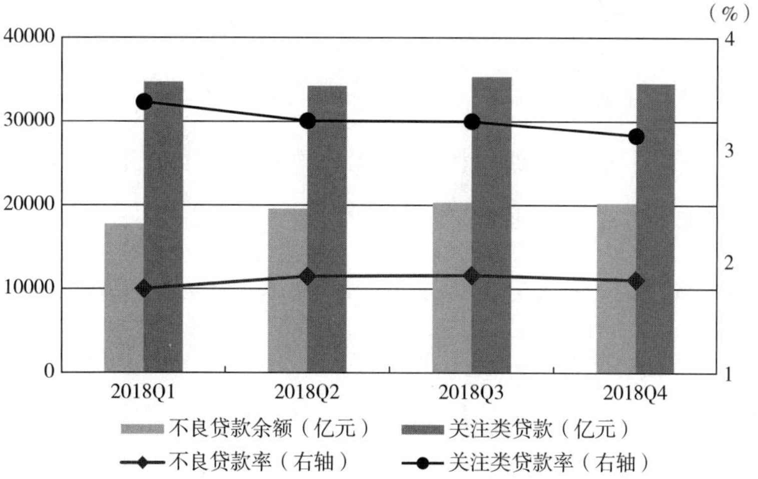

图3-8　2018年商业银行各季度信用风险指标变动情况

数据来源：银保监会。

分机构类别看，不同类别银行间分化明显。近年来，大型商业银行资产质量持续改善，股份制商业银行不良率整体平稳。在不良确认趋严、经济下行压力加大背景下，部分中小银行风险加速暴露，城市商业银行和农村商业银行不良率持续上升，反映了部分区域经济增速放缓对于银行资产质量造成一定冲击。尤其是农村商业银行面临严峻的信用风险考验，2018年末不良率3.96%，同比上升0.8个百分点（见表3-1）。

表3-1　各类银行不良贷款率变化

机构类别	2018年	2017年	2016年	不良率变化
大型商业银行	1.41%	1.53%	1.68%	-0.12%
股份制银行	1.71%	1.71%	1.74%	0.00%
城市商业银行	1.79%	1.52%	1.48%	0.27%
农村商业银行	3.96%	3.16%	2.49%	0.80%
外资银行	0.69%	0.70%	0.93%	-0.01%
商业银行	1.83%	1.74%	1.74%	0.09%

数据来源：银保监会。

2. 流动性比例持续上升，银行体系流动性充足

2018年，受央行定向降准等一些政策影响，货币环境总体宽松，同时，随着同业、理财、表外业务更加规范，商业银行资产负债结构继续优化，期限错配程度降低。银行体系流动性充裕，商业银行各项流动性指标持续改善。2018年末商业银行流动性比例为55.31%，超出最低监管标准一倍多，同比上升5.28个百分点。流动性覆盖率为138.01%，同比上升14.75个百分点，明显高于100%的最低监管标准。人民币超额备付金率2.64%，同比上升0.62个百分点。存贷比例74.34%，同比上升3.79个百分点（见图3–9）。

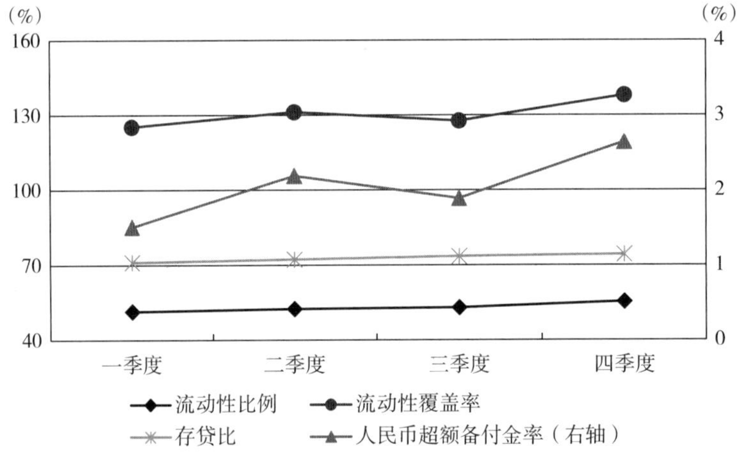

图3-9　2018年各季度商业银行流动性风险指标变动情况

数据来源：银保监会。

3. 资本充足率上升，拨备力度不断加大

2018年，商业银行加大外源融资力度，资本充足率继续上升，但资本补充压力依然较大。拨备规模不断提升，银行业风险抵补能力进一步增强，但不同类别机构间差异显著。一是资本充足率同比上升。近年来，金融去杠杆、表外资产回表、资本考核趋严等政策对商业银行资本充足率构成较大压力，商业银行亟需拓宽资本补充渠道，2018年以来多家银行分别以优先股募资、定增融

资、可转债募资、发行永续债等方式补充资本。2018年末，商业银行核心一级资本充足率为11.03%，一级资本充足率为11.58%，资本充足率为14.20%，较2017年末均有上升，其中，资本充足率上升0.55个百分点（见图3–10）。二是贷款损失准备充足，风险抵补能力增强。贷款拨备率和拨备覆盖率均远高于最低监管指标。2018年末商业银行贷款损失准备余额3.77万亿元，增加6790亿元。拨备覆盖率为186.31%，贷款拨备率为3.41%，均高于去年同期。

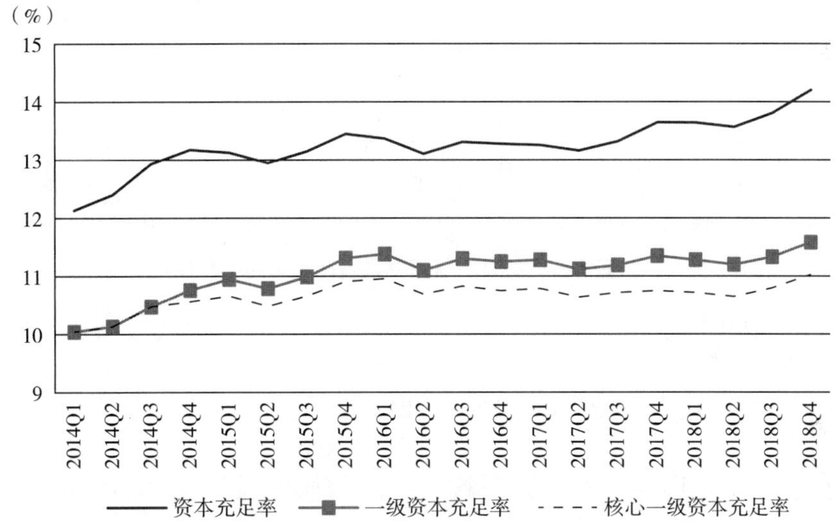

图3-10　商业银行资本充足率变化情况（2014～2018年）

数据来源：Wind资讯。

分机构类别看，不同类别商业银行拨备覆盖率变化趋势差异明显。大型商业银行拨备覆盖率自2016年一季度以来持续稳步上升，2018年末达到220.08%，较去年同期上升39.6个百分点，风险抵御能力持续增强；股份制商业银行为187.41%，较上年末提升近7.4个百分点。与此相反，城市商业银行和农村商业银行拨备覆盖率分别为187.16%和132.54%，出现明显下降。尤其是农村商业银行由于不良贷款率显著上升和不良贷款核销力度加大，拨备覆盖率同比下降31.8个百分点，已低于150%的监管红线（见图3–11）。

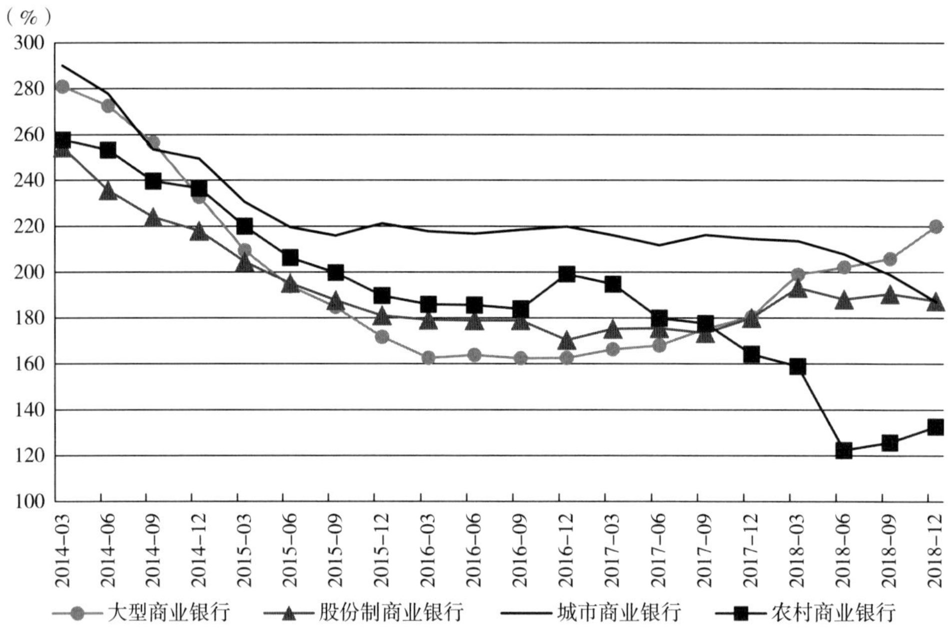

图3-11 商业银行拨备覆盖率变化情况（2014～2018年）

数据来源：Wind资讯。

4. 一些领域风险隐患仍然比较突出

当前金融风险形势依然复杂严峻，一些领域的风险隐患还比较突出。一是房地产金融、地方政府隐性债务风险仍然较大。近年来，房地产行业高杠杆发展模式和房价过快上涨并存，银行对房地产行业的信贷敞口较为集中。一些房企杠杆率高、资金链趋紧，还面临债务集中到期问题。同时，居民购房存在违规加杠杆情况，房价快速上升时期向偿付能力较弱的居民发放的贷款也存在较大风险。地方政府隐性债务底数不清，且存在结构性不均衡。地市级和县级政府债务风险显著高于省级政府，不少投向城投等平台的私募资管产品已经无法正常兑付。二是居民部门债务风险需要关注。近年来，我国居民部门债务水平呈不断上升趋势，居民部门杠杆率快速上升。虽然从整体水平看，居民部门债务负担低于国际平均水平，债务风险总体可控，但债务积累过快需予以关注。人民银行《中国金融稳定报告（2018）》数据显示，2017年末，我国住户部门债务余额40.5万亿元，较2008年增长7.1倍。2008～2017年，住户部门杠杆率从17.9%上升至49.0%，债务收入比从43.2%增至112.2%。三是消费金融领域违约风险增大。近两年来，银行短期消费贷款快速增长，同时，互联网金融作为居民负债的补充渠道呈现“井喷式”发展，P2P网贷平台、网络小贷公司以及持牌消费金融公司成为个人从互联网获取贷款的主要渠道。互联网贷款更多服务传统商业银行覆盖不到的长尾客户。部分居民不考虑还款能力，利用互联网金融征信的缺失过度借贷，其风险和不确定性更大。数据显示，2015年以来，消费金融公司不良贷款率显著上升，2017年不良贷款率达6.62%，远高于商业银行不良贷款率。四是信用债违约风险向银行业的传导仍需警惕。2018年债券市场违约规模近1200亿元，为历年最高水平，同比增长2.6倍。据中金公司测算，2019年全部非金融类信用债总到期量将超过6万亿元，同比增长10%~15%，付息金额也将更高，信用债违约风险可能通过多种渠道向银行业传导。五是小微企业信用风险需加以关注。商业银行等金融机构多点发力支持民营经济发展，以小微企业为主的民营企业的信贷业务比重将有所增加。在降本增效措施深入推进的背景下，商业银行下调小微企业贷款定价的行为，一定程度上与小微企业风险状况出现背离，随着2019年其信贷业务增量进一步加大，未来可能会对商业银行资产质量形成一定压力。

二、2018年银行业改革开放情况

金融要发展，改革是动力。推动金融更好服务实体经济，有效防范和化解金融风险，关键是让金融改革沿着正确方向不断推进。2018年，银行业监管体制改革有序推进，金融机构体系持续优化，公司治理机制不断完善，对外开放水平进一步提高。

（一）深化金融监管体制改革

坚持机构改革与监管工作“两不误、两促进”，深化监管体制改革。2018年3月17日，第十三届全国人民代表大会第一次会议审议通过了《国务院机构改革方案》，将中国银行业监督管理委员会和中国保险监督管理委员会的职责整合，组建中国银行保险监督管理委员会，作为国务院直属事业单位，其主要职责是，依照法律法规统一监督管理银行业和保险业，维护银行业和保险业合法、稳健运行，防范和化解金融风险，保护金融消费者合法权益，维护金融稳定。4月8日，中国银行保险监督管理委员会正式挂牌运行。银保监会设置26个职能部门和机关党委，其中新设公司治理监管部、重大风险事件与案件处置局。12月17日，中国银行保险监督管理委员会36家银保监局派出机构统一举行揭牌仪式。

组建中国银行保险监督管理委员会，是以习近平同志为核心的党中央深化党和国家机构改革、统筹经济金融工作全局做出的重大决定，对于推进构建现代金融监管框架，提高银行保险监管能力，打好防范化解金融风险攻坚战，具有十分重要的意义。

（二）优化金融机构体系

截至2018年末，银行业金融机构类型已涵盖20多种，各类机构区别定位、差异化发展，更好满足人民群众和实体经济多样化的金融需求，商业性金融、开发性金融、政策性金融、合作性金融分工合理、相互补充的银行业金融机构体系不断健全。一是推动大中型银行普惠金融事业部建设，工农中建交五家大型银行在总行和全部一级分行成立了普惠金融事业部，股份制银行共设立5147个小微支行、社区支行，多数银行设立了小微业务部门或专营机构。二是深化农村中小金融机构改革。推动城商行、农商行、农信社业务逐步回归本源；深化农村信用社省级联社改革，鼓励民间资本参与农村金融机构改制重组；积极稳妥开展“多县一行”制村镇银行试点和投资管理型村镇银行试点。三是推动开发银行、政策性银行、信托公司、金融资产管理公司聚焦主业。四是稳妥有序推进民营银行常态化发展。五是放宽外资准入条件，有力地激发了外资机构参与我国银行业发展的活力。2018年新批设2家外资银行。

（三）完善公司治理机制

近年来，通过持续深化改革，银行业金融机构公司治理结构日益健全，公司治理监管不断完善。一是公司治理结构日益健全。产权结构基本实现多元化。“三会一层”各司其职、有效制衡、协调运作的公司治理结构初步形成。董事会的地位和职能逐步强化，履职评价和激励约束机制初步建立，内部审计的独立性和有效性提升，公司治理运作机制趋向规范。银行业基本建立起资本约束的现代经营理念。风险管理和内部控制机制持续健全，普遍实行全面风险管理策略。加强党的领导与公司治理有机融合。公司治理制度体系逐步完善，2018年有20多家上市银行披露了修改章程相关公告，涉及内容包括股东资格、股东义务、高管范围、董事选举流程、关联交易认定等诸多方面。二是公司治理监管不断加强。银保监会在规范银行机构公司治理方面出台了多项规章制度，初步构建起了覆盖股东股权、公司章程、“三会一层”运作、独立董事、考核激励、关联交易以及信息披露等公司治理重点领域的公司治理监管制度体系。2018年出台《商业银行股权管理暂行办法》及配套文件，建立健全从股东、商业银行到监管部门“三位一体”的穿透监管框架，重点解决隐形股东、股份代持等问题。专门召开中小银行及保险公司公司治理培训座谈会，总结经验和问题，明确工作目标和治理重点。开展中小银行公司治理专项检查，持续加强对股东资质、入股资金的穿透性审核和关联交易监管。

（四）对外开放形成新格局

习近平总书记在博鳌亚洲论坛上强调，推动对外开放重大措施落地，要“宜早不宜迟，宜快不宜慢”。2018年，银行业以开放促改革，坚持“引进来”和“走出去”并重，取得积极成效。“引进来”方面，银保监会与时俱进推出一系列对外开放政策。取消中资银行和金融资产管理公司的外资持股比例限制，放宽外资设立机构条件和业务范围，优化外资机构监管规则。推出《加快落实银行业和保险业对外开放举措》，配套发布《关于进一步放宽外资银行市场准入有关事项的通知》，修订《中华人民共和国外资银行管理条例实施细则》，同时受理和批准了多项市场准入申请，完成富邦华一银行有限公司筹建重庆分行、香港集友银行有限公司筹建深圳分行等市场准入申请审批。“走出去”方面，鼓励符合条件的中资银行积极稳妥实施国际化战略，为企业“走出去”提供金融服务。截至2018年末，境内共有外资法人银行41家，外国银行分行115家。截至2018年6月末，共有23家中资银行在67个国家或地区设立了263家一级机构。

三、2018年银行业监管脉络

2018年，金融管理部门继续引导银行业提升服务实体经济质效，尤其是发挥好“几家抬”合力，加大力度支持民营和小微企业。同时，把打好防范化解金融风险攻坚战与服务实体经济紧密结合，做好重点领域风险防范和处置，多措并举继续深化治理银行业乱象，补齐监管短板。

（一）提升银行业服务实体经济质效

1. 加强监管引领，疏通货币政策传导机制

2018年8月，国务院金融稳定发展委员会召开第二次会议，重点研究进一步疏通货币政策传导机制、增强服务实体经济能力的问题。会议强调，在流动性总量保持合理充裕的条件下，面对实体经济融资难、融资贵的问题，必须更加重视打通货币政策传导机制，提高服务实体经济的能力和水平。银保监会落实金融委要求，着力疏通货币信贷传导机制，提升金融服务实体经济质效，推动“六稳”落实。

2. 加强小微企业、“三农”、扶贫等领域金融服务

一是强化监管引领，加强统计监测考核。进一步引导银行业聚焦薄弱环节、下沉服务重心，引导信贷资源倾斜，在“三个不低于”目标基础上开创性提出普惠型小微企业贷款“两增两控”新目标[①]，提出普惠型涉农贷款及精准扶贫贷款增速目标和基础金融服务覆盖等新目标。二是推进农村商业银行回归县域法人机构本源、专注支农支小信贷主业。要求农村商业银行准确把握自身在银行体系中的差异化定位，完善适合小法人和支农支小定位的公司治理机制，专注服务本地、服务县域、服务社区，坚守支农支小金融服务主业，并就落实情况提出了15项具体考核指标。三是发挥政策合力，提升普惠金融服务效率和水平。2018年6月，人民银行等五部委从货币政策、监管考核、内部管理、财税激励、优化环境等方面提出23条统筹短期精准发力和长期标本兼治的具体措施，以“几家抬”思路，聚焦小微企业融资难点痛点，着力提升小微企业融资可得性，达到增加小微企业贷款、降低成本、改善服务的目的。2019年

---

① “两增”即单户授信总额1000万元以下（含）小微企业贷款同比增速不低于各项贷款同比增速，贷款户数不低于上年同期水平，“两控”即合理控制小微企业贷款资产质量水平和贷款综合成本。

2月，人民银行等五部委明确了金融服务乡村振兴的阶段性目标。要求建立完善金融服务乡村振兴的市场体系、组织体系、产品体系，完善货币政策、财政支持、差异化监管等政策保障体系，提高金融机构服务乡村振兴的积极性和可持续性。

3. 加大民营企业融资支持力度

2018年11月1日，习近平总书记在民营企业座谈会上着重强调要解决好民营企业融资难融资贵的问题。银保监会深入贯彻落实党中央国务院决策部署，积极督导银行业金融机构为民营企业纾困。一是多措并举持续发力。通过督促银行业金融机构建立健全尽职免责和容错纠错机制、完善考核激励机制、制定专门授信政策等措施，推动对民营企业"敢贷、能贷、愿贷、会贷"。同时，多措并举促进民营企业融资成本下降，督促金融机构减免服务收费、优化服务流程、差异化制定贷款利率下降目标。二是提出"一二五"目标。银保监会主席郭树清在接受记者采访时提出对民营企业贷款的"一二五"目标，即初步考虑在新增的公司类贷款中，大型银行对民营企业的贷款不低于1/3，中小型银行不低于2/3，争取三年以后，银行业对民营企业的贷款占新增公司类贷款的比例不低于50%。三是推动建立金融服务民营企业长效机制。2019年2月，中办、国办印发文件，从加大金融政策支持力度、强化融资服务基础设施、完善绩效考核和激励机制、积极支持民营企业融资纾困四个方面提出建立金融服务民营企业长效机制的具体措施。随后，银保监会从持续优化金融服务体系、抓紧建立"敢贷、愿贷、能贷"的长效机制等八方面提出细化措施。

4. 拓宽商业银行资本补充渠道，提升支持实体经济能力

2018年3月，原银监会等五部门联合发布《关于进一步支持商业银行资本工具创新的意见》，创新商业银行资本补充工具，鼓励银行发行无固定期限资本

债券，并允许保险资金投资，有力缓解了商业银行信贷发放的资本约束。12月25日，国务院金融稳定发展委员会办公室召开专题会议，研究多渠道支持商业银行补充资本有关问题，推动尽快启动永续债发行。

2019 年1月，银保监会批准中国银行发行不超过400亿元无固定期限资本债券。除中国银行外，多家银行的无固定期限资本债券发行工作也在稳步推进。永续债等创新资本工具的发行，有利于拓宽商业银行资本补充渠道，进一步充实资本，优化资本结构，扩大信贷投放空间，增强服务实体经济和风险抵御能力。

（二）扎实推进金融风险防控工作

2018年，银保监会研究制定银行业和保险业防范化解金融风险攻坚战三年行动方案，明确了阶段性目标、时间表和路线图。力争用3年时间，以加强监管体系建设为抓手，扎实做好重点领域风险防控和处置。通过继续加强银行业监管，防范化解重点领域风险，金融风险扩散的势头基本得到控制，市场乱象得到一定程度遏制，防范化解金融风险的基础开始形成。

1. 有序化解影子银行和交叉金融风险

坚持分类施策，紧紧抓住同业交易、理财资管和表外业务等重点领域，坚持将违法违规、层层嵌套、透明度低、风险隐蔽的产品作为整治重点。2017 ~ 2018年这类高风险资产规模共缩减约12万亿元。通道类信托业务和其他资管产品也出现净减少。与此同时，坚持“堵旁门、开正门”，不搞“一刀切”和“急刹车”。对一部分有较好风险约束基础的金融中介业务，推动其实现审慎合规经营。银行业资金脱实向虚问题进一步缓解，金融体系自我循环空转套利现象得到有力遏制。

2. 持续整治各种违法违规金融活动

不断加强对互联网金融，特别是涉及网络借贷风险的专项整治。在整治违法违规金融活动中，依法实施行政处罚，2017～2018年共处罚违规经营银行保险机构5969家次，罚没金额56.19亿元，处罚责任人员7217人次。联合人民银行等相关部门开展互联网金融风险专项整治，牵头开展网络借贷风险整治，建立健全风险应对和处置机制。2018年各地打击亿元以上大案887起，涉案金额4195亿元，预警非法集资线索4690条，立案打击1728起。目前，非法集资增量风险得到有效遏制，存量风险压降效果明显，风险处置稳妥有序。

3. 加大高风险机构风险化解力度

稳步推进华融公司等机构风险处置，进一步完善公司治理机制。针对高风险中小银行保险机构，研究制定风险化解处置时间表和路线图。开展信用风险排查，做实资产质量分类，完善公司治理机制，提升风险应对能力。重点防止局部风险转移扩散，由个体风险演变为区域性、系统性风险。

（三）及时弥补监管制度短板

金融管理部门按照急用先行原则，将补短板重点放在现行监管制度的空白盲点以及风险和问题较多的领域，及时拆除风险引爆点。2018年以来，银保监会在规范资管业务发展、统一地方资产管理公司监管、完善系统重要性金融机构监管、全面加强风险管理等方面推出一系列新举措。

1. 完善制度框架，规范资管业务发展

2018年4月，人民银行、银保监会等四部门联合印发《关于规范金融机构资产管理业务的指导意见》，规范金融机构资产管理业务，统一同类资产管理产

品监管标准。根据资管新规总体要求，银保监会发布实施相关细则，持续指导银行理财业务整改和转型发展，稳步推进银行理财子公司改革，促进理财业务新旧规则的有序衔接和平稳过渡。

2. 统一地方资产管理公司监管

2019年初，银保监会就统一地方资产管理公司监管研究制定文件，明确了地方资产管理公司的机构性质、经营范围以及融资渠道，既有利于更好发挥地方资产管理公司在处置不良资产方面的作用，也是防范和化解金融风险尤其是地方金融风险的重要举措。

3. 完善系统重要性金融机构监管

人民银行、银保监会、证监会联合印发文件，明确了系统重要性金融机构监管的政策导向，弥补金融监管短板，引导大型金融机构稳健经营，防范系统性金融风险。

4. 全面加强风险管理

在信用风险方面，银保监会先后印发《大额风险暴露管理办法》《银行业金融机构联合授信管理办法（试行）》等，有效防控集中度风险，抑制多头融资、过度融资行为。在流动性风险方面，银保监会修订了《商业银行流动性风险管理办法》，进一步推动商业银行夯实流动性风险管理基础。

四、2019年银行业发展展望

2019年2月22日，习近平总书记在中共中央政治局第十三次集体学习时强调深化金融供给侧结构性改革，增强金融服务实体经济能力。深化金融供给侧结构性改革是推动经济高质量发展，建设现代化经济体系对金融业提出的必然要求，为我国银行业改革发展指明了前进方向。

（一）金融供给侧结构性改革与银行业发展

金融供给侧结构性改革的核心是要提高金融供给对金融需求的适应性和灵活性，为实体经济发展提供更高质量、更有效率的金融服务。要切实提高金融体系的供给质量，既要大力改善金融有效供给，也要坚决破除和减少低效无效供给。习总书记强调深化金融供给侧结构性改革，要以金融体系结构调整优化为重点。金融体系结构调整优化对银行业而言，主要包含如下内涵要求。

一是优化融资结构。一方面，要优化间接融资与直接融资结构，建立多层次、多样化的资本市场，使得直接融资与间接融资与经济发展水平、阶段、特征和消费习惯相适应。银行业要密切与资本市场的联系，完善与直接融资发展相适应的服务体系，运用多种方式为直接融资提供配套支持。促进行业加强机构投资者建设，持续培育价值投资、长期投资理念，引导理财资金参与资本市场。支持配合中央和地方政府债券发行及合理流转，支持民营企业债券发行。通过债转股、发行优先股等方式，促进企业优化资产负债结构。另一方面，要优化信贷结构，提高资源配置效率，使得信贷资源配置在大型企业与民营、小微企业之间，在城乡之间更加均衡。要加大不良资产处置力度，盘活信贷存量。要让有效的信贷资源从产能过剩行业和“僵尸企业”逐渐退出。要将金融资源，特别是过度授信和多头授信的大企业资源向民营、小微企业和“三农”等薄弱领域倾斜。

二是优化金融机构体系。一方面，要构建多层次、广覆盖、有差异的银行体系。要构建普惠与高端相结合、大中小机构协调发展、公平竞争的金融机构体系。各类金融机构结合自身禀赋条件、市场定位，差异化、特色化发展，不断增强自身竞争优势，更好地满足人民群众和实体经济多元化的金融服务需求。要增加中小金融机构数量和业务比重，稳步发展民营银行，推动城商行及农村中小银行机构逐步回归本源，下沉服务中心，服务地方经济。另一方面，要探索高风险机构市场化退出机制。问题金融机构退出是健全的金融体系不可缺少的部分。长期以来，我国金融机构“易生难死”，市场化退出机制不畅，降低了资源配置效率，也使得金融风险在问题机构不断积累。完善金融市场主体退出制度、降低处置成本和风险，对提高金融体系运行效率、维护金融稳定和发挥市场在资源配置中的决定性作用具有重要意义。

三是优化金融市场体系。第一，要协同发展各类金融市场，打通市场梗阻。特别是在风险投资、银行信贷、债券市场、股票市场等市场之间建立更加有效的联通，发挥市场合力，清除和打通阻力和障碍，提高金融市场效益。第二，要疏通货币政策传导。进一步疏通央行政策利率向市场利率和信贷利率的传导，特别是改变货币政策从大型银行向中小银行、非银行机构之间的传导链条，提高中小银行和非银机构传导效率。第三，要坚决整治市场乱象，消除资金空转、多层嵌套，减少通道业务和融资中间环节，降低资金成本。

四是优化金融产品体系。当前金融领域的主要矛盾是金融需求的多样化、多变性与金融供给不平衡、不适应的矛盾。这就要求金融机构根据金融需求多样化、多变化的特点，及时推出差异化、特色化、定制化的金融产品，为实体经济提供精准金融服务。银行业金融机构要依法合规开展金融服务创新，逐步完善银行贷款抵押模式和押品结构。要加大新科技在金融领域的应用，以科技手段提高金融服务效率和能力，合理优化业务流程，通过内部挖潜提高金融服务和资金配置效率，不断提高对实体经济金融供给的针对性和有效性。

（二）2019年银行业发展展望

当前世界经济形势更加错综复杂，中国经济保持平稳发展，但长短期、内外部等因素变化带来的风险挑战明显增多。2019年，在金融宏观调控方面，人民银行将更加注重采取逆周期调节措施，做到既保持流动性合理充裕又不形成“大水漫灌”。金融监管层面，银保监会将更加注重在稳增长的基础上和推动高质量发展中防风险，合理把握防风险与稳增长、调结构的平衡，精准有效处置重点领域风险，守住不发生系统性风险的底线。金融管理部门将更加注重协调配合，发挥政策合力，持续深化金融供给侧结构性改革，加大对重点领域和薄弱环节的金融支持力度，尤其是解决好民营、小微企业融资难融资贵问题。

1. 外部监管环境

2019年，中国金融发展面临的外部环境依然复杂严峻。全球经济面临的下行风险加大，发达经济体经济增速见顶，新兴经济体整体增长持续放缓，全球经济或已进入本轮复苏的尾部阶段。发达国家货币政策信号多变，全球投资不确定性增大，全球金融市场动荡加剧。中美经贸摩擦演进路径依然存在变数。国际产业链和国际贸易格局面临重大调整。当前中国经济保持平稳发展，三大攻坚战开局良好，供给侧结构性改革深入推进，改革开放力度加大，宏观政策的效果正在逐步显现，但风险挑战明显增多，内生增长动力有待进一步增强。

宏观调控层面，我国将继续实施积极的财政政策和稳健的货币政策，适时预调微调，稳定总需求。稳健的货币政策保持松紧适度，强化逆周期调节，保持银行体系流动性合理充裕和市场利率水平合理稳定，促进货币信贷和社会融资规模合理增长。随着“六稳”政策落地见效，金融供给偏紧局面将得到改善，M2和社会融资规模增速低位企稳，民营和小微企业融资可得性有望提高。

流动性保持合理充裕，货币市场利率或将进一步下探。银行业监管方面，将继续围绕服务实体经济、防控金融风险、深化金融改革三项任务开展工作。持续深化金融供给侧结构性改革，平衡好稳增长和防风险的关系，精准有效处置重点领域风险，深化银行业保险业改革开放，着力增强金融服务实体经济能力，坚决打好防范化解金融风险攻坚战，推动银行业保险业向高质量发展转变，为全面建成小康社会提供更有力的金融支撑。一是继续打好防范化解金融风险攻坚战。坚持不懈治理金融市场乱象，有序化解影子银行风险，突出重点，分类施策，标本兼治，做好防风险与稳增长、调结构的平衡。依法处置高风险机构，严厉打击非法金融活动，稳步推进互联网金融和网络借贷风险出清。稳妥处理房地产及地方政府债务风险，做到坚定、可控、有序、适度。强化政策协同，共同防范金融市场异常波动和共振。二是持续提高金融服务实体经济质效。坚持以市场需求为导向，积极开发个性化、差异化、定制化金融服务，积极支持国家重大战略实施，扎实推进普惠金融，持续加大民营、小微企业和“三农”金融供给，助力打好脱贫攻坚和污染防治攻坚战，为实体经济发展提供更高质量、更有效率、更加精准的金融服务。三是以金融体系结构调整优化为重点，深化金融体制改革。持续优化融资结构和金融机构体系、市场体系、产品体系。增加中小金融机构数量和业务比重，稳步发展民营银行，推动城商行、农商行、农信社业务逐步回归本源。探索建立市场化、法治化兼并重组机制，加快“僵尸企业”退出。探索高风险银行保险机构市场化退出机制。四是根据国际经济金融发展形势变化和我国发展战略需要，研究推进新的对外开放举措，同步提高开放条件下风险防控能力和监管能力，着力提升银行业全球竞争力，加快形成全方位、多层次、宽领域的高水平开放新格局。

2. 银行业发展态势展望

一是中国银行业规模增长保持平稳。展望2019年，中国经济将继续保持平稳增长，货币政策继续稳健中性，流动性保持相对充裕。监管环境严中趋稳，前期出台的监管政策将逐步落地。与此同时，支持民营企业发展、“一带一路”建设、区域协同发展、海南自贸区建设等相关政策将陆续出台，一定程度上有助于银行业资产规模增速企稳。从信贷结构来看，银行业对于国家重点支持领域和薄弱环节支持力度将继续加大，尤其是民营和小微企业领域信贷增速将进一步提升。

二是中国银行业利润增速稳中有升。2019年，在保持宏观经济平稳增长、去杠杆的内部困局及中美贸易摩擦的外部冲击下，货币政策将呈现稳中偏松的态势。随着资管新规等政策陆续落地、平稳实施，监管趋严的态势将边际改善，且部分负面影响前期已有所释放。尤其是财政政策将持续发力，基建投资逐步走向上升通道，支持民营企业的相关政策陆续出台，均有助于商业银行业绩改善。

三是利率市场化改革持续深化对银行资产负债管理形成新挑战。2019年政府工作报告提出“深化利率市场化改革，降低实际利率水平”。此前，人民银行2019年工作会议提出“要稳妥推进利率‘两轨并一轨’，完善市场化的利率形成、调控和传导机制”。利率并轨意味着要逐渐取消存贷款基准利率，金融机构的存贷款利率将在市场供求关系影响和货币政策引导下由机构自主确定。利率市场化向纵深推进将对我国银行业产生深刻影响。一方面，可能导致银行息差收入减少，市场竞争加剧，倒逼银行机构探索差异化发展战略，加强产品和服务创新，多元化资产负债结构，在资产端可能会促使银行加大对议价能力较低的中小微企业的融资支持。银行也将逐步改变过度依赖净息差的业务结构，拓宽中间业务收入，提高盈利能力。另一方面，银行将在竞争中获得更大自主权和主动权，同时面临更大的资金价格波动，这将对银行的存贷款定价能力、风险管控能力、资产负债管理能力提出更高要求。

四是资产质量再度承压，局部风险或有显现。2019年，国内外经济环境的不确定性因素仍然较多，经济增长压力仍然较大，金融领域仍然处在风险易发、高发期，银行业所面临的信用风险可能重新抬头，市场风险复杂多变，甚至两者交织，这对银行风险管理能力提出了更高要求。预计2019年银行业不良贷款率或呈现稳中微升态势，部分城商行和农商行将面临较大的不良贷款压力，但银行业整体不良贷款率将保持在2%以内。同时，部分领域潜在风险值得警惕。

五是银行理财业务持续转型，支持直接融资发展。2018年，资管新规出台对我国资管行业乃至金融体系产生了显著影响，社会融资结构发生较大幅度变化，表外融资规模明显压缩。2019年，监管部门将持续加强对银行理财业务过渡期整改的监督指导，推动理财业务规范转型和平稳过渡，开展理财子公司净资本管理等配套制度建设，不断完善监管规则体系，继续稳步推进理财子公司设立工作。我国银行理财业务发展将渐趋规范，逐渐打破刚性兑付，越来越多的银行机构将逐步建立理财子公司，实现对理财业务的机构化运营。理财资金将以合法、规范形式进入多层次资本市场，有助于支持直接融资发展，优化金融体系，同时银行理财业务也有望成为银行机构新的利润增长点。

六是拥抱金融科技，加速银行业转型。金融科技正在重塑金融业态，通过将大数据、区块链、人工智能、云计算、移动互联等技术与金融相结合，提升银行业金融服务效率，降低金融服务成本，加速银行业转型升级。金融科技为普惠金融发展奠定了基石，未来通过扩大金融服务覆盖度、降低投融资门槛、增强金融服务安全性，将进一步推动普惠金融发展。

执笔人：王　刚　王伯英

附表一　　　　　　　　银行业法人机构数量年度对比

机构类别	机构家数（2018年）	机构家数（2017年）	增减变化
开发性金融机构	1	1	0
政策性银行	2	2	0
国有大型商业银行	6	5	1
全国性股份制银行	12	12	0
城市商业银行	134	134	0
农村商业银行	1397	1262	135
民营银行	17	17	0
农村合作银行	30	33	–3
农村信用社	812	965	–153
村镇银行	1616	1562	54
邮政储蓄银行	0	1	–1
住房储蓄银行	1	1	0
金融资产管理公司	4	4	0
贷款公司	13	13	0
农村资金互助社	45	48	–3
外资法人银行	41	39	2
信托公司	68	68	0
金融租赁公司	69	69	0
企业集团财务公司	253	247	6
汽车金融公司	25	25	0
消费金融公司	23	22	1
货币经纪公司	5	5	0
其他金融机构	14	14	0
合计	4588	4549	39

资料来源：银保监会。

附表二　　2018年以来银行业监管规章、规范性文件目录

序号	发布时间	法规名称	文号	实施日期
1	2018-01-04	《中国银监会关于印发衍生工具交易对手违约风险资产计量规则的通知》	银监发〔2018〕1号	2018-01-01
2	2018-01-05	《商业银行股权管理暂行办法》	银监会令〔2018〕1号	2018-01-05
3	2018-01-09	《中国银监会关于开展投资管理型村镇银行和“多县一行”制村镇银行试点工作的通知》	银监发〔2018〕3号	2018-01-09
4	2018-01-12	《中国银监会关于进一步深化整治银行业市场乱象的通知》	银监发〔2018〕4号	2018-01-12
5	2018-02-02	《中国银监会办公厅关于做好〈商业银行股权管理暂行办法〉实施相关工作的通知》	银监办发〔2018〕48号	2018-02-02
6	2018-02-11	《中国银监会办公厅关于2018年推动银行业小微企业金融服务高质量发展的通知》	银监办发〔2018〕29号	2018-02-11
7	2018-02-13	《中国银监会关于修改〈中国银监会外资银行行政许可事项实施办法〉的决定》	银监会令〔2018〕3号	2018-02-13
8	2018-02-13	《中国银监会办公厅关于〈中国银监会外资银行行政许可事项实施办法〉修订施行有关事项的通知》	银监办发〔2018〕45号	2018-02-13
9	2018-02-14	《中国银监会办公厅关于做好2018年银行业三农和扶贫金融服务工作的通知》	银监办发〔2018〕46号	2018-02-14
10	2018-02-23	《关于进一步支持商业银行资本工具创新的意见》	银监发〔2018〕5号	2018-01-18
11	2018-02-28	《中国银监会办公厅关于规范商业银行股东报告事项的通知》	银监办发〔2018〕49号	2018-02-28
12	2018-03-20	《中国银监会关于印发银行业金融机构从业人员行为管理指引的通知》	银监发〔2018〕9号	2018-03-20
13	2018-04-02	《关于印发〈融资担保公司监督管理条例〉四项配套制度的通知》	银保监发〔2018〕1号	2018-04-02
14	2018-04-18	《关于规范民间借贷行为 维护经济金融秩序有关事项的通知》	银保监发〔2018〕10号	2018-04-16
15	2018-04-27	《中国银行保险监督管理委员会办公厅关于进一步放宽外资银行市场准入有关事项的通知》	银保监办发〔2018〕16号	2018-04-27
17	2018-05-04	《商业银行大额风险暴露管理办法》	中国银行保险监督管理委员会令2018年第1号	2018-07-01
18	2018-05-09	《中国银行保险监督管理委员会办公厅关于规范银行业金融机构跨省票据业务的通知》	银保监办发〔2018〕21号	2018-05-02

续表

序号	发布时间	法规名称	文号	实施日期
19	2018-05-21	《中国银行保险监督管理委员会关于印发银行业金融机构数据治理指引的通知》	银保监发〔2018〕22号	2018-05-21
20	2018-05-22	《中国银行保险监督管理委员会关于印发银行业金融机构联合授信管理办法（试行）的通知》	银保监发〔2018〕24号	2018-05-22
21	2018-05-23	《商业银行流动性风险管理办法》	中国银行保险监督管理委员会令2018年第3号	2018-07-01
22	2018-05-23	《中国银行保险监督管理委员会关于印发商业银行银行账簿利率风险管理指引（修订）的通知》	银保监发〔2018〕25号	2019-01-01
23	2018-06-08	《中国银行保险监督管理委员会办公厅中国人民银行办公厅关于完善商业银行存款偏离度管理有关事项的通知》	银保监办发〔2018〕48号	2018-06-08
24	2018-06-29	《金融资产投资公司管理办法（试行）》	中国银行保险监督管理委员会令2018年第4号	2018-06-29
25	2018-07-30	《中国银保监会关于银行业和保险业做好扫黑除恶专项斗争有关工作的通知》	银保监发〔2018〕45号	2018-07-30
26	2018-08-17	《中国银保监会关于废止和修改部分规章的决定》	中国银行保险监督管理委员会令2018年第5号	2018-08-17
27	2018-08-18	《中国银保监会办公厅关于进一步做好信贷工作提升服务实体经济质效的通知》	银保监办发〔2018〕76号	2018-08-17
28	2018-09-28	《商业银行理财业务监督管理办法》	中国银行保险监督管理委员会令2018年第6号	2018-09-26
29	2018-12-02	《商业银行理财子公司管理办法》	中国银行保险监督管理委员会令2018年第7号	2018-12-02
30	2018-12-29	《中国银保监会关于规范银行业金融机构异地非持牌机构的指导意见》	银保监发〔2018〕71号	2018-12-28
31	2019-02-25	《中国银保监会关于进一步加强金融服务民营企业有关工作的通知》	银保监发〔2019〕8号	2019-02-25
32	2019-03-08	《中国银保监会办公厅关于做好2019年银行业保险业服务乡村振兴和助力脱贫攻坚工作的通知》	银保监办发〔2019〕38号	2019-03-01
33	2019-03-13	《中国银保监会办公厅关于2019年进一步提升小微企业金融服务质效的通知》	银保监办发〔2019〕48号	2019-03-04

资料来源：银保监会。

第四章　2018年证券期货业运行回顾与2019年展望

2018年，围绕实现高质量发展，中央坚持稳中求进，把防范化解重大风险作为必须跨越的重大关口，把完善金融服务作为深化供给侧改革的重点之一。新形势对中国证券期货行业提出了更高要求，需要推动结构调整，提升服务功能。在此背景下，证券期货业的运行趋稳，专业化发展趋势增强；监管体系对市场机构经营的规范要求提高。

一、2018年证券期货业运行情况

（一）证券业收入及利润下降

根据证券业协会统计，2018年度131家证券公司总资产为6.26万亿元，净资产为1.89万亿元，托管证券市值32.62万亿元，受托管理资金本金总额14.11万亿元；营业收入2662.87亿元，各项业务净收入包括：代理买卖证券623.42亿元、证券承销与保荐258.46亿元、财务顾问111.50亿元、投资咨询31.52亿元、资产管理275.00亿元、证券投资800.27亿元、利息214.85亿元；净利润666.20亿元，106家公司实现盈利。其中，营业收入下降450.41亿元，降幅为14.47%；净利润下降463.75亿元，降幅达41.04%。

证券业收入及利润下降的主要原因在于代理买卖证券、证券承销与保荐及财务顾问、证券承销与保荐、融资融券四项业务的净收入下降明显，同比分别减少197.5、139.65、125.78、133.24亿元，同时财务顾问、收托资管、投资等业务收入也有所减少。由此，盈利证券公司所占比重也从2017年的91.6%下降到2018年的80.92%。这种格局说明证券行业对股市交易活跃程度及新股发行量的依赖程度较高，成本压缩的效果有限。

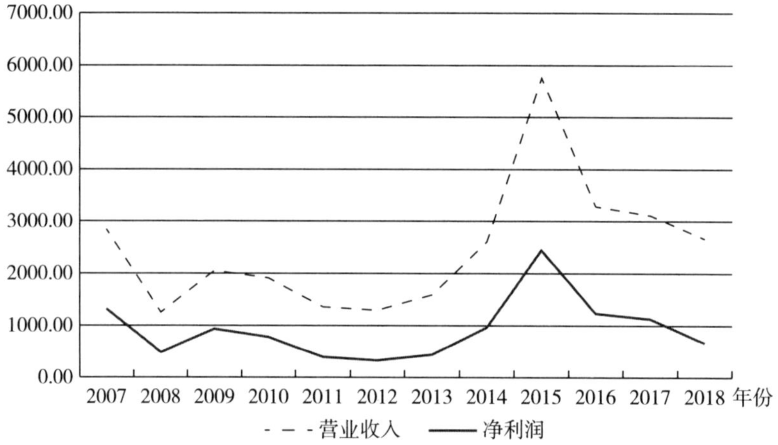

图4-1　证券行业营业收入及净利润变化情况（亿元）

数据来源：中国证券业协会。

（二）基金业结构性变化趋势明显

开放式基金包括股票基金、混合基金、货币基金、债券基金和QDII基金。根据证券投资基金业协会公布的市场数据，货币基金、债券基金的规模增长总体较快，尤其是货币基金保持了持续快速增长势头，成为开放式基金主要组成部分。股票基金规模自2015年以来有所萎缩，封闭式基金规模缓慢增长。这种格局与利率市场化改革演进相一致，也反映出大部分投资者对投资回报持理性预期，投资行为更趋稳健。

表4-1　　各类公募基金净值的年底统计数据　　单位：万亿元

年份	封闭式基金	开放式基金					
			股票	混合	货币	债券	QDII
2013	0.22	2.69	1.14	0.57	0.63	0.29	0.06
2014	0.14	4.1	1.11	0.58	0.38	1.96	0.05
2015	0.18	7.03	0.76	2.15	3.48	0.57	0.06
2016	0.59	8.15	0.75	1.98	3.91	1.4	0.11
2017	0.6	10.81	0.75	1.8	6.8	1.36	0.09
2018	0.87	12.74	0.84	1.41	8.26	2.16	0.08

数据来源：中国证券投资基金业协会。

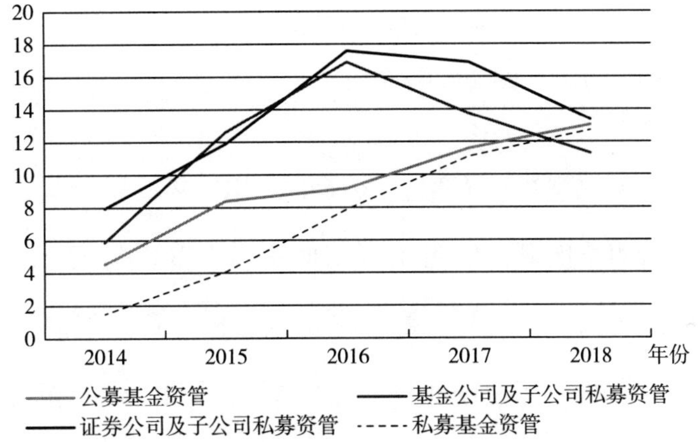

图4-2　各类机构的资产管理规模（单位：万亿元）

数据来源：中国证券投资基金业协会。

证券投资基金业协会公布的数据同时表明，资管市场正在发生结构性调整。私募基金的资管市值规模持续快速增长，到2018年底已经逼近公募基金。证券公司、基金公司等及其子公司的私募资管业务自2016年以来在逐步下滑；证券公司及其子公司的私募资管市值规模跌至与私募基金接近，而基金公司及其子公司的私募资管市值规模已经低于私募基金，资管市场的专业化分工在强化。

（三）股权交易持续调整

2018年，我国资本市场延续了调整态势，股权交易活动处于持续调整阶段。

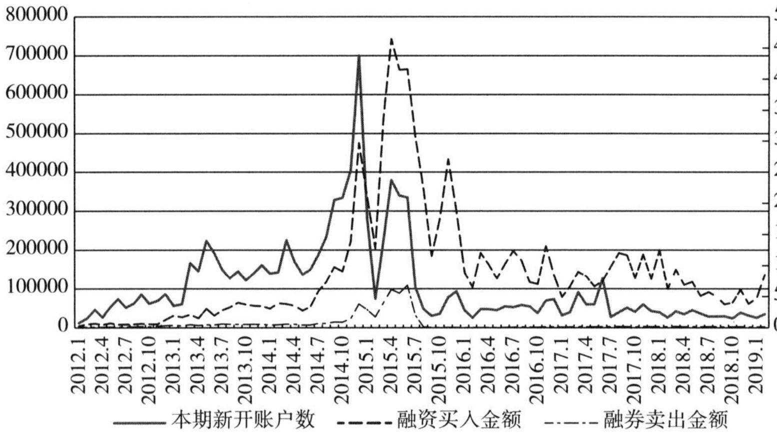

图4-3 月度融资融券业务情况

注：左轴为新开账户数，右轴为买卖金额（亿元）。
数据来源：中国证券业协会。

从融资融券相关数据可以看出，2016年、2017年的融资买入额均有过短期反弹。从2018年第四季度开始，融资买入额逐步上升，与股市的反弹势头总体呼应，但略超前2个月；新开账户数的波动与之相一致，但波幅趋缓，与之前三年有明显不同。与2014年之前相比，融资买入活动仍处于相对活跃状态。自2018年底以来，融资买入额显著攀升，反映出调整的阶段性变化。

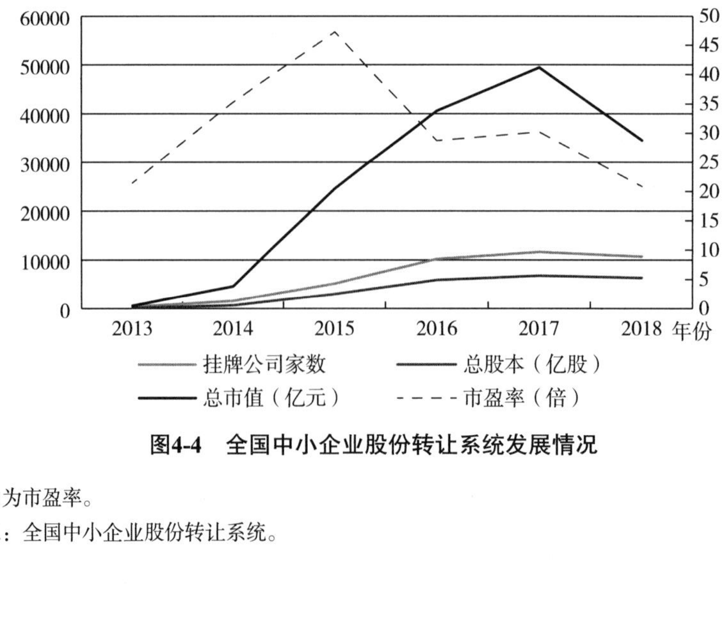

图4-4 全国中小企业股份转让系统发展情况

注：右轴为市盈率。
数据来源：全国中小企业股份转让系统。

中小企业股份转让系统的挂牌公司数量自2014年开始进入快速增长阶段；市盈率随之攀升，到2015年达到47.23倍；之后逐步下降，但挂牌公司数量增长势头延续到2017年，达到峰值11630家。2018年，挂牌公司的数量有所减少，下降为10691家；市盈率也进一步降低，下降到20.86倍；同时，市值大幅减少，同比下降30.19%。总体而言，市盈率下调推动股价估值趋向合理区间，有助于使各利益相关方形成理性预期，也有助于形成价值投资机制。

（四）新上市期货品种增加，交易趋于活跃

期货市场加速扩容，衍生品体系日趋完善。2018年，我国共上市原油期货、纸浆期货、乙二醇期货和2年期国债期货4个期货新品种，并推出了铜期货期权。特别是，2年期国债期货的上市交易，标志着我国基本形成覆盖短期、中期、长期的国债期货品种体系，国债市场收益率曲线的有效性进一步提升。

总体来看，目前我国商品期货品种已涵盖了有色、黑色、能源化工及农产品等行业。在金融期货方面，从2010年推出沪深300股指期货以来，上证50、中证500股指期货和5年期、10年期、2年期国债期货陆续推出。在期权方面，我国已推出50ETF期权、豆粕期权、白糖期权及铜期权。截至2018年底，我国上市的期货和期权品种数量达61个，其中商品期货51个、金融期货6个、期权4个。

期货与保险等其他金融行业的联动更加密切，在精准扶贫中发挥了积极作用。2015年以来，我国进行了“保险+期货”试点，取得了积极成效。2018年，交易所、期货公司、保险公司等机构积极合作，在大豆、玉米、鸡蛋、白糖、棉花、苹果、天然橡胶等领域，开展了上百个试点项目，覆盖农业种植面积数百万亩。大商所推出了涵盖“保险+期货”、场外期权、基差贸易等多种

形式在内的“农民收入保障计划”试点，共支持开展99个试点项目。上期所支持开展32个天然橡胶“保险+期货”试点项目。郑商所推出40个试点项目，覆盖区域扩大到新疆、云南、甘肃、陕西、山西、河北、山东、安徽、广西等9个省区。

（五）期货公司面临较大的转型压力

近年来，期货公司发展环境发生了很大变化，面临较大转型压力。一方面，外部环境变化对期货市场影响较大。2018年3月22日，美国宣布对从中国进口的商品加征关税。中美贸易摩擦持续全年，给我国期货业带来了一定影响。农产品是贸易摩擦的焦点之一，农产品价格波动较大。其中，豆粕是受影响最大的期货品种，美国是我国主要的大豆进口国，加征关税后，豆粕进口成本会大幅上升，2018年豆类相关期货价格波动剧烈。钢材也在美国加征关税名录中，我国是钢材净出口国，这对钢材期货产生了较大影响。另一方面，期货公司之间竞争加剧，佣金收入下降，行业出现分化。转型较早的期货公司，开始向资产管理、金融衍生品产品发行等领域拓展业务。目前期货行业最新统计到2017年。2017年全国共有149家期货公司，总资产为5232.82亿元，净资本为627.88亿元，两项指标都有所下滑；净资产为1053.73亿元，利润总额为79.6亿元，保持增长态势。

2018年，期货公司三大主要业务中，经纪业务和资管业务持续调整，风险管理业务增长较快。传统经纪业务收入有所下降，主要原因是产业背景的期货市场参与者增多，期货公司议价能力下降。受《资管新规》影响，期货资管规模萎缩，资管产品备案数量下滑。作为期货公司的新增业务，风险管理子公司增长较快，但风险管理业务需要用自有资金，资本占用大，面临较大的增资压力。

表4-2　　期货公司经营状况　　单位：亿元

年份	公司数	总资产	净资产	利润总额	净资本
2007	177	502.33	114.18	9.91	95.28
2008	171	585.18	153.44	6.50	120.71
2009	167	201.06	179.43	23.37	161.04
2010	164	304.07	270.12	34.19	251.26
2011	161	1915.93	358.82	25.46	328.81
2012	161	2317.50	456.84	35.74	418.10
2013	156	2618.04	522.14	35.53	439.37
2014	153	3471.48	619.98	41.52	481.25
2015	150	4745.98	782.46	60.07	600.11
2016	149	5439.41	911.53	65.67	684.80
2017	149	5232.82	1053.73	79.60	627.88

资料来源：Wind。

（六）期货市场交易总额出现回升态势

2018年，期货市场交易金额扭转了前两年的下滑趋势开始回升。根据中国期货业协会数据，2018年，全国期货市场累计成交额210.82万亿元，同比增长12.20%，累计成交量30.29亿手，同比微降1.54%。期货市场结束了连续两年交易金额下滑的局面，2017年和2016年，我国期货市场成交额分别下降25.66%和64.70%。

商品期货仍然是我国场内期货市场交易的主体。2018年，商品期货成交量30.02亿手，成交额184.70万亿元，分别占全国市场的99.10%和87.61%。金融期货累计成交量0.27亿手，累计成交额26.12万亿元，分别占全国市场的0.90%和12.39%。60个交易品种中，成交金额位居前三位的期货品种为螺纹钢、焦炭和铜。特别是，我国原油期货从2018年3月上市以来，累计成交额占全国期货市场的6.04%，有力推动了期货市场成交额增长。

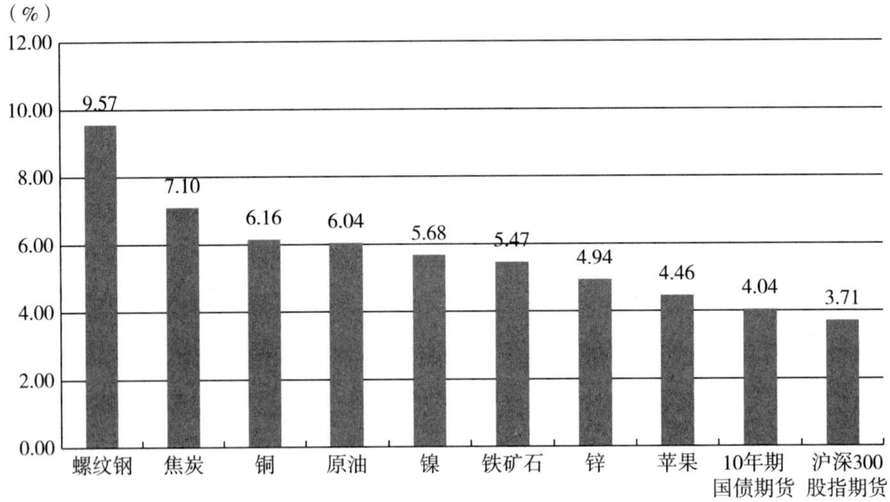

图4-5　前十大成交金额的期货品种

数据来源：中国期货业协会。

从交易所来看，上期所、大商所、郑商所贡献了我国期货市场交易额的主要份额见表4-3。但2018年，上海期货交易所成交量和成交额分别下降13.84%和9.33%，主要因为螺纹钢期货成交大幅下降。郑州商品交易所成交量和成交额分别增长39.55%和78.88%，大连商品交易所分别下降10.84%和增长0.36%，中国金融期货交易所分别增长10.63%和6.22%。

表4-3　场内市场交易份额

	成交总量份额	成交金额份额
上海期货交易所	38.81%	38.68%
大连商品交易所	32.42%	24.76%
郑州商品交易所	27.00%	18.13%
中国金融期货交易所	0.90%	12.39%
上海国际能源交易中心	0.88%	6.04%

数据来源：中国期货业协会。

此外，我国期权市场快速增长，活跃度显著提升。随着2018年股市持续下跌，50ETF期权成交量大幅增长，豆粕、白糖、铜期权等商品期权交易活跃度也在显著提升。

在场外市场方面，银行间市场是我国金融场外衍生品的主要交易场所。根据中国人民银行统计，2018年，我国银行间人民币利率衍生品市场累计成交21.4万亿元，同比增长48.6%。其中，利率互换名义本金总额21.3万亿元，同比增长48.0%；债券远期成交4亿元，标准债券远期成交794亿元，信用风险缓释凭证创设名义本金67亿元，信用违约互换成交19亿元。根据全国银行间同业拆借中心统计，2018年，外汇衍生品市场全年累计交易量达114.9万亿元人民币，涵盖掉期、远期和期权三类产品。

二、2018年证券期货政策特点

（一）政策要点

2018年金融工作围绕深化改革开放促发展，一方面防范系统性金融风险，另一方面则加大服务小微企业力度，针对融资难、融资贵问题采取系列措施降低融资成本，促进资金流向民营和小微企业。中央始终高度重视金融改革开放和服务实体经济。习近平总书记亲自抓工作部署和具体推进；李克强总理结合政府工作安排，把深化改革促进金融服务实体经济作为重要切入点；监管部门围绕贯彻落实中央精神，出台了一系列政策措施。在证券期货领域的政策主要有以下着力点：

一是围绕防范系统性金融风险，完善金融监管体制。习近平总书记多次在重要场合布置落实金融风险防范化解工作，强调要弥补金融监管短板，对系统重要性金融机构的识别、监管、处置作出制度性安排。证券期货市场的诚信监督管理办法开始实施，将监督范围扩大到新三板、区域股权市场以及投资者、媒介机构，实行“黑名单”公示和市场准入的诚信承诺，以及配套的诚信积分、诚信绿色通道、诚信查询、事后监管等制度。证监会发布实施《证券期货经营机构私募资产管理业务管理办法》及《证券期货经营机构私募资产管理计划运作管理规定》。这是继央行等发布《关于规范金融机构资产管理业务的指导意见》（简称《资管新规》）后[①]，证券期货业出台的配套实施细则。期货公司与证券公司、基金管理公司等在私募资管业务方面将面临相同规则，消除了监管套利，促进了期货公司与其他金融机构公平竞争。

二是围绕扩大对外开放，金融业在放宽银行、证券、保险行业外资股比限制的基础上，放宽外资金融机构设立限制，扩大外资金融机构在华业务范围，拓宽中外金融市场合作领域。证监会发布的《外商投资证券公司管理办法》不再要求单个境外投资者持有上市券商已发行股份比例控制在30%以内。围绕深化资本市场改革，在上海证券交易所设立科创板并试点注册制。在期货领域，外商投资期货公司股比限制放宽。根据证监会发布的《外商投资期货公司管理办法》，符合条件的境外机构可向证监会提出申请，持有期货公司股比不超过51%，3年后股比不受限制。在此之前，国内有银河期货、摩根大通期货两家合资期货公司，外资持股比例分别为16.68%和49%。此次股比限制政策放宽后，国内期货行业对外资的吸引力将会增强，外资有望加大对国内期货公司的投资，国内期货市场将形成对外开放的新格局。外资企业在衍生品领域拥有更为丰富的经验，有更先进的经营理念、风控技术和产品研发能力，国内期货行业的竞争将进一步加剧。

同时，原油期货推出，并引入境外交易者，开启了期货市场的国际化进程。上海国际能源交易中心推出的原油期货是我国首个引入境外交易者的期货

① 《资管新规》对期货业资产管理有重要影响。由于期货公司缺乏销售渠道，产品发售主要依赖银行、代销机构等其他渠道。如果期货公司和银行理财子公司等形成竞争关系，期货公司的通道业务将会受到影响，资金来源难度会加大。从长期来看，《资管新规》有助于促进期货公司资管业务回归本源，发挥期货业的独特优势进行财富管理。期货行业具有很强的价格发现功能和期现结合特点，能设计出具有创新性的资管产品，这是其他金融行业所不具备的优势。

品种，以人民币计价结算，打破了国际石油市场以美元计价的局面。原油期货上市以来交易活跃，已超过迪拜原油期货合约，成为亚洲市场交易量最大的原油期货合约，是仅次于纽约和伦敦的全球第三大原油期货交易市场。铁矿石期货和PTA期货[①]的国际化进程也在提速，在保持原有合约、基础制度、核心技术系统、核心清算和风控模式不变的情况下，分别引入境外交易者，通过境内期货公司参与交易，并采用人民币计价和结算。此次引入境外交易者，有助于促进我国铁矿石和PTA期货价格更能反映全球供需，推动形成新的国际定价基准。

三是围绕服务实体经济，一方面着力拓宽民营企业融资途径，发挥民营银行、小额贷款公司、风险投资、股权和债券等融资渠道作用，帮助民营企业发展；另一方面扩展普惠金融业务，解决小微企业融资难、融资贵问题。同时完善多层次资本市场，创新融资工具，提高股权融资比重，发展债券、期货市场，支持更多小微企业开展股权、债券融资，并完善期货市场等微观风险管理渠道。人民银行、银保监会、证监会、发改委、财政部联合印发《关于进一步深化小微企业金融服务的意见》，除了促进银行业信贷资金投放，同时强调拓宽融资渠道，加大直接融资支持力度，强化多层次资本市场支持。主要措施包括：持续深化新三板分层、交易制度改革、完善差异化发行、信息披露等制度，提升新三板市场功能，推动公募基金进入新三板，规范发展区域股权市场，稳妥推进资产证券化，有序拓宽小微企业融资渠道。此外，期货业基础设施进一步完善。商品期货交易所推出了场外服务平台，并陆续上线运行，包括上海期货交易所建设的上期标准仓单交易平台，以解决期货市场交易标准化与现货市场需求多元化的矛盾，推动期货市场与现货市场联动发展，促进场内和

① PTA是精对苯二甲酸（Pure Terephthalic Acid）的英文缩写，是重要的大宗有机原料之一。

场外期货市场融合[①]。

（二）政策特点分析

回顾2018年的证券期货行业的政策，主要具有以下特点。

1. 通过改革开放提升发展能力

从2017到2018年，中国金融业对外开放步伐加快，在银行、证券、保险等诸多领域放宽外商投资条件。从长期看，中国金融业要提升发展质量、提高国际竞争力，金融机构需要进一步接受竞争检验，尤其是要经历与世界一流金融机构的同台竞争。鲶鱼效应有助于激活群体潜力。另一方面，扩大对外开放也对监管体系的风险防控管理提出更大挑战，要求规则体系更有针对性、实操性、有效性，对风险防控处置机制提出了更高要求。改革开放要求金融业提高竞争能力和管理能力，在更加复杂的环境中适应新形势挑战。

2. 围绕服务经济健全基础功能

中国经济实现高质量发展需要以进一步改进金融服务为基础，有效化解小微企业融资难融资贵问题是其中的重要任务。除了促进信贷资金投放，完善多层次资本市场体系，改进直接融资机制是关键切入点，进一步拓宽完善股权融资渠道是改革探索的重点。

2018年我国进一步改革完善新三板交易制度，推动设立科创板，并扩大了证券期货市场的监督范围，着力发展完善资本市场体系。但必须看到，推进金融服务实体经济还面临不少现实挑战，这是一项长期任务。在证券领域也是如

---

① 截至2018年12月，上线品种已涵盖铜、铝、铅、锌、镍、锡等，累计交易额突破500亿元。2018年12月19日，大连商品交易所商品互换业务正式上线，为商品场外衍生品提供交易登记和结算等综合服务。商品互换是期货业务的延伸和补充，商品互换平台为各类市场主体参与商品场外互换市场提供了统一平台，引入了更多交易对手方，有力增加了交易流动性。交易所为商品互换业务提供金融基础设施服务，有助于满足市场参与者的个性化风险管理需要，提升期货市场服务实体经济的效率和范围。

此，需要有效管理其中的风险、成本问题，这是通过市场化机制服务小微企业融资、促进实体经济高质量发展的关键环节。例如，在中小企业集合债、小微企业股权融资等领域，相关的发展探索任重道远。为此，中央持续推进资本市场制度建设，不断深化相关领域改革，着力完善多层资本市场体系的底层基础和制度规则体系，以完善基础功能。

3. 通过促进规范化解潜在风险

防范化解系统性金融风险是我国三大攻坚战的任务之一，也是近年金融领域的中心任务。系统性金融风险的成因来自内外部多方面。从外部看，金融风险在实质上是债务问题；从金融领域内部的成因看，追逐短期盈利是推动风险集聚与传染扩散的重要动因，高收益必然伴随高风险。国际金融危机的诸多教训表明，金融体系内部逐利行为失去制约平衡，会导致系统性风险蔓延。我国防范系统性风险的重要政策导向是在金融体系内部规范金融机构行为，在实体经济领域控制债务杠杆。2018年的金融监管政策进一步延续并强化了这一方针。

三、新形势对证券期货业提出的要求

围绕服务经济高质量发展，中国金融业改革开放进入关键阶段。新形势具有以下特点：一是国际经济、金融形势的不确定性增强。受国际地缘政治形势影响，国际经济、金融体系的稳定性受到削弱。部分国家金融体系的脆弱性增强，关键大国逆全球化行为的深刻影响正在逐步显现，这些都对我国经济金融体系形成外部影响。二是我国经济增长动能转换进入关键性阶段。一方面传统发展模式面临调整转换，对金融领域的风险管理形成压力；另一方面新的发展动能尚处于培养孕育阶段，亟需金融提供有效支持，也对金融服务提出更高要求。这些都要求金融业积极创新服务。三是金融业自身面临历史性调整。以金融科技（Fintech）为代表，金融业态面临历史性变革；与此同时，金融业开放对国内金融机构的传统业务模式形成挑战和压力。这些意味着金融业需要进一步调整思路和业务形态，更好适应实体经济服务需求。尤其是要充分围绕实体经济领域的企业融资和风险管理需求，以改进业务的风控和成本管理为切入点，形成主动、专业、灵活、高效的服务模式。

由此，新形势对证券业提出了新要求。

一是围绕有效防范系统性金融风险，加强证券业尤其是证券机构的风险内控管理，一方面要防止机构风险外溢、蔓延形成系统性风险；另一方面要提高机构的抗风险能力。其中，证券机构自营投资风险管理是核心环节，资产风险管控是关键重点。从次贷危机等重要系统性风险看，投行机构的自营投资项目风险失控是导致机构经营失败的重要因素。自营投资项目的短期高收益现象吸引投行机构开展顺周期投资行为，但随着形势逆转，背后的高风险问题必然暴露，成为难以承受之重。国际投行机构在衍生品领域的教训，国内证券机构股权质押融资等业务的被动格局，都反映出金融机构对业务风险估计不足会带来严重隐患。这也对监管提出了更高要求。在次贷危机和欧债危机之后，一些国家对投行机构自营投资业务进行严格限制和切割。例如，英国等地要求传统商业银行剥离相关业务，同时政府对相关业务实行严格监管，并相机实行干预[①]。

二是有效拓宽小微企业融资渠道。小微企业融资难融资贵问题既与企业发展阶段有关，也与目前我国金融服务模式的发展滞后有关。从小微企业自身特点看，多数小微企业处于发展的早期阶段，内源性融资所能提供的支持有

---

① Final Report Recommendations，Independent Commission on Banking，September 2011，UK，Domarn Group，London.《多德–弗兰克华尔街改革与消费者保护法案》，中国金融出版社，2010年版。

限，亟需外部融资支持。这阶段小微企业也具有良莠不齐特点，其中既有顺应趋势规律，发展前景良好的小微企业，也有缺乏竞争优势、生存压力大的小微企业。商业性金融机构的专业服务体现在于甄别优质小微企业的能力上，这对于拓展普惠金融业务尤为重要；也体现在对潜在风险的有效管理上，这也是发展小微企业股权融资的重要基础。例如，有不少企业在初创阶段往往具有高风险、不规范等特点，小微企业尤其如此，并面临生存压力，这对股东而言意味着很大投资风险，需要金融机构提供专业化的服务支持，既为小微企业提供业务发展、内部治理等方面的支持，也为投资者提供专业化的风险管理支持。

三是顺应新形势，发展完善服务机制。在人工智能、大数据、云计算、移动互联、区块链等新技术推动下，全球金融业态正面临深刻变革，我国电子支付等创新探索走在前列。这种格局反映出，信息科技正对人类经济社会发展产生深刻影响，金融科技的日新月异正是这一趋势的反映，同时传统的金融服务模式日益不适应新时代的发展要求，新的历史变革不可避免。在我国，由于传统金融发展相对滞后，这一问题显得更为突出和紧迫，但也提供了创新发展的历史契机。在证券领域，我国的科技应用并不具备领先优势，尤其是智能化技术的应用潜力还有待发挥。

同时，新形势要求更好发展期货市场。期货市场是现代化金融体系的重要组成部分，在发达国家金融市场中占有重要地位。期货市场在价格发现、风险管理等方面具有重要作用。积极稳妥推进期货市场发展，对于推动中国经济转向高质量发展、实现高水平对外开放和深化金融改革发展具有重要意义。

发展期货市场，是推动中国经济高质量发展的客观要求。当前，我国期货市场的深度和活跃度，与中国经济和金融体量还不相称。期货市场提供的风险管理还无法满足实际需求。我国经济总量位居世界第二、制造业规模世界第一。对于大部分大宗商品，我国都是全球最大的生产、贸易或消费国。我国拥有全球最大的银行业、第二大股票市场、第三大债券市场和第二大保险市场。这些条件为我国期货市场进一步深化发展提供了有力支撑。

发展期货市场，是实现高水平对外开放的重要保障。期货市场是最具有全球化特征的金融市场。它通过价格发现的功能，引导商品和资本在全球范围内流通，实现资源高效配置。历史经验表明，完善的金融体系是支撑高水平开放型经济的重要因素。中国是全球进出口贸易总额最大的国家，是全球第一大货物贸易出口国和第二大进口国。2014年以来，中国实际对外投资已超过利用外资规模。当前，我国期货市场的发展程度，与实体经济开放程度还不匹配，还不能有效满足经济开放的风险管理需要。

发展期货市场，是未来金融业改革发展的重要组成部分。随着我国利率和汇率市场化进程的深化，人民币国际化程度的提高，未来对金融期货的需求将高速增长。美国衍生品市场在20世纪70年代后爆发式增长的重要原因是金融自由化。利率和汇率制度的变化，是期货市场发展的重大机遇，也对期货市场提出了更高要求。近年来，我国利率市场化改革持续推进，在金融市场中发挥着越发重要的作用。党的十九大报告提出深化汇率市场化改革，第五次全国金融工作会议把深化人民币汇率形成机制改革作为扩大金融对外开放的首要任务。期货市场应在推动我国金融开放中发挥重要作用。

四、2019年证券期货业政策趋势与展望

2019年2月22日，总书记习近平在主持中央政治局学习时强调，金融要以完善服务、防范风险为重点，推进供给侧结构性改革，建设规范、透明、开放、有活力、有韧性的资本市场，完善基础性制度，把好入口和出口两道关，加强对交易的全程监管，建立全方位、多层次金融支持服务体系；强调尊重市场规

律，支持民营企业发展。

2019年3月，李克强总理在两会期间表示要抓住“融资难、融资贵”问题，让小微企业融资成本在去年基础上再降1个百分点；同时时刻注意防范金融风险，制止打击违法违规的金融行为，守住不发生系统性金融风险的底线。

2019年3月，人民银行行长易纲在参加高层发展论坛期间指出，中国继续扩大金融业开放，按照国际标准推动债券、股票、金融衍生品等市场对外开放。

这些讲话发出了重要信号，意味着防范风险、完善服务仍是当前工作重点，2019年的重点在于深化落实相关政策，切实解决现实障碍和问题。

一是推进金融业供给侧改革。我国经济转型要求金融推进创新，提供高质量服务，推进金融业供给侧改革是关键。改革的核心是围绕融资和风险管理，转变传统金融服务模式，提高成本效率和风控实效，提升服务能力，扩大服务范围。对证券领域而言，提高服务能力和成本效率、改进风险管理是关键环节。例如，围绕融资主体信用风险管理，形成规范、有序、可靠的信息披露机制，使投资者的风险得到有效控制，促进市场健康可持续发展。期货经营机构加快转型。期货经营机构将从传统经纪业务向综合服务转型，主动管理的资产管理规模进一步提升。期货公司资本补充渠道将持续拓展，探索通过上市、新三板挂牌和发行次级债、公司债等多渠道融资。期货公司、交易所等在完善场外衍生品服务平台、探索场外业务等方面具有巨大潜力，逐步建立个性化的风险管理服务体系。期货市场基础设施体系将更加完善，交易制度持续优化，市场广度和深度不断增强。

二是规范资本市场管理。资本市场是发展直接融资特别是股权融资的主渠道，对于创新金融服务、促进实体经济高质量发展具有重要意义。为此必须面对事实，切实解决资本市场存在关键问题。市场中行为不规范、信息不透明等问题反映出基础制度亟待完善，既涉及融资主体的准入、退出等关键环节，也涉及各类市场主体的行为监管问题。规范管理是增强资本市场活力和韧性的基础，也是开放的前提。具体而言，既需要健全配套的法规制度，也需要完善配套的金融基础设施，有效实施规范管理。金融衍生品发展有望加速。2015年以来，股指期货交易受到限制，成交量和持仓量萎缩，流动性明显下降，难以充分发挥市场功能。2017年以来，股指期货交易限制已调整三次，对促进股指期货恢复常态化交易起到了积极作用。2018年12月2日，经中国证监会同意，中国金融期货交易所调整股指期货交易安排，交易有望恢复常态化。人民币场内衍生品发展逐步提上日程[①]。目前，我国境内的人民币衍生产品都是场外产品，以银行为核心，而人民币外汇期货等场内衍生品还是空白。近期，央行提出未来要大力推进人民币衍生产品使用，国家外汇管理局开始研究优化境外投资者参与外汇对冲交易的相关安排。

三是加强对民营企业的服务支持。民营经济是我国市场经济体系的重要组成，也是经济活力的重要源泉，在增长动能转换过程中发挥重要作用。对民营企业的金融支持，关键在于有效率的融资渠道，包括融资渠道的稳定性、融资成本以及融资条件。不稳定的融资渠道意味着潜在风险以及融资成本的不确定性，在过去几年里有不少民营企业因此出现波折。同时，民营企业的风险管理也至关重要，不少前景良好的民营企业由于忽视风险管理，包括缺乏投资风险管理，导致发展不可持续。这些需要金融业在转变服务机制的同时，提供更有针对性的专业支持。这既对证券业机构提出了更高要求，也提供了重要的业务发展空间。期货业服务实体经济的作用将进一步增强。当前，我国经济正处于转变发展方式、优化经济结构、新旧动能转换的关键期，期货市场作为价格发现、风险管理的市场，未来将在有效防范价格风险、推动经济高质量发展中发挥更加积极的作用。随着我国期货期权品种体系的完善，期货服务服务实体的

---

① 参考2019年1月17日中国债券市场国际论坛央行、财政部等部门官员讲话。

功能将更为充分地发挥。尤其在农产品、工业品、大宗商品等方面，多样化的期货产品对实体经济企业控制成本、平抑价格风险有重要作用。

四是降低小微企业融资成本，有效解决融资难、融资贵问题。促进小微企业发展事关经济社会全局，国务院持续推进政策落实，逐步降低其融资成本。除了通过银行体系发展普惠金融服务，提高小微企业信贷的可获得性，降低信贷资金成本，通过多层次资本市场为创新型小微企业提供直接融资渠道，尤其是提供股权融资渠道，是未来需要探索创新的重点领域。为那些技术新、前景良好的小微企业在早期发展阶段提供必要的支持符合社会利益，需要早期投资者、多层次资本市场等相互配合共同提供支持。从国际经验看，创新型企业尤其是高科技领域的龙头企业，资本市场在其发展的早期阶段提供融资支持，意义十分重大。例如，英特尔、微软、苹果等行业龙头企业的发展壮大得益于纳斯达克市场的支持。

五是继续深化风险防范工作。自从次贷危机之后，全球总体债务水平在上升，这意味着潜在的系统性风险压力始终不容忽视。我国把防范化解系统性风险作为重点工作，高度重视债务杠杆问题，同时着力化解微观层面的触发因素，为经济转型创造稳定环境。这项政策将得到持续深入贯彻，结合监管体制完善，落实到经济金融发展的各个层面。例如，进一步完善宏观层面审慎管理和微观行为监管，解决交易过程中的欺诈行为、道德风险、操作风险、风险外溢等问题，通过降低信息不对称化解风险。

六是继续扩大金融业开放。稳步推进金融业开放有利于我国经济融入全球化，也是促进国内金融机构提升国际竞争力的需要。在2017、2018年推出相关金融开放政策的基础上，2019年及之后将进一步具体落实相关措施。这意味着国内金融市场的竞争格局将逐步发生变化，内资金融机构需要更好适应新的竞争形势。这一方面需要金融机构顺应新形势要求完善治理机制，围绕服务能力、成本管理、风险控制等关键环节改进业务模式；另一方面也对金融监管提出了更高的要求。期货业开放进程将持续推进。按照“成熟一个，推出一个”的思路，期货品种国际化将稳妥有序推进。继原油期货、铁矿石期货等引入境外交易者参与交易后，我国期货市场国际化的经验日益丰富。随着资本市场国际化进程的推进，配套的股指期货正面临进一步开放。未来，我国将在风险可控、监管到位的前提下，逐步推进股指期货等金融衍生品对外开放。

执笔：郑醒尘[①] 石 光

① 宋毅成参与数据整理和观点讨论。

第五章　2018年保险业运行回顾与2019年展望

2018年我国保险业监管日益趋严，政策环境进一步优化，市场主体加速转型，市场运行发生深刻变化，防范化解风险取得阶段性进展。2019年，为了加强保险业风险管控，推动保险业高质量发展，要进一步深化保险业改革，发挥市场在资源配置中的决定性作用，并加强政府监管水平和能力。

一、2018年保险市场运行特征

2018年，保险业市场主体持续转型，市场运行呈现以下七个方面的特征。

（一）原保费收入增速大幅下滑

2018年，原保险保费收入38017亿元，同比增加1436亿元，增长3.92%，增幅同比下降14.24个百分点（参见图5-1）。

1. 人身险原保费收入增速大幅下滑

保险业原保费收入增速大幅下滑，主要原因在于人身险原保费收入增速大幅下滑。2018年，人身险业务原保险保费收入27247亿元（其中包括财产险公司经营的意外险、短期健康险原保险保费收入986亿元），同比增加500亿元，增长1.87%，增速较2017年下滑18.42个百分点（参见图5-2）。

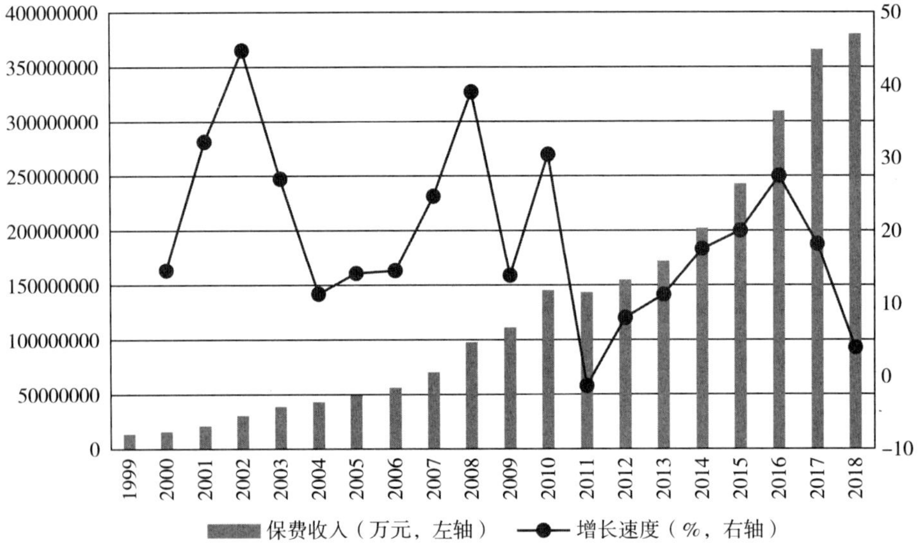

图5-1　我国保险业保费收入及其增长趋势（1999～2018年）

资料来源：中国银保监会、Wind资讯。

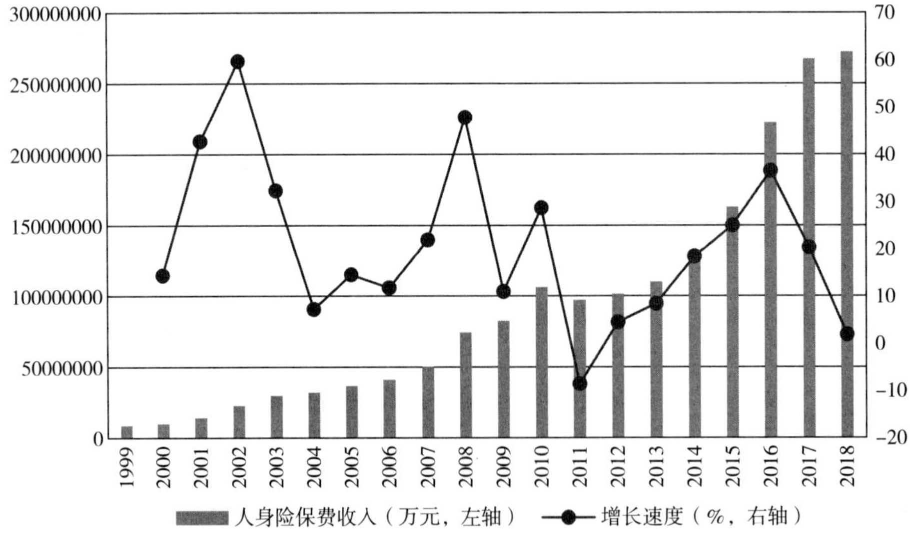

图5-2　我国人身保险保费收入及其增长趋势（1999～2018年）

资料来源：中国银保监会、Wind资讯。

2018年，人身险原保费收入增速大幅下滑的原因主要包括：一是受行业转型的影响。2018年，人身险在监管导向改变的背景下加速转型，保费增长模式从趸交推动向期交拉动转变，发展模式从以理财和短期储蓄替代品向保障与长期储蓄产品转变，发挥风险保障和长期储蓄功能。受转型的影响，大多数寿险公司大幅削减中短存续期及趸交业务。二是原有的理财型产品竞争力下降。受2017年出台的《中国保监会关于规范人身保险公司产品开发设计行为的通知》（134号文）的影响，理财型保险产品的收益率降低，对消费者的吸引力下降。

2. 财产险保费收入增速放缓

2018年，产险业务原保险保费收入10770亿元，同比增加935亿元，增长9.51%，增幅同比下降3.21个百分点（参见图5-3）。

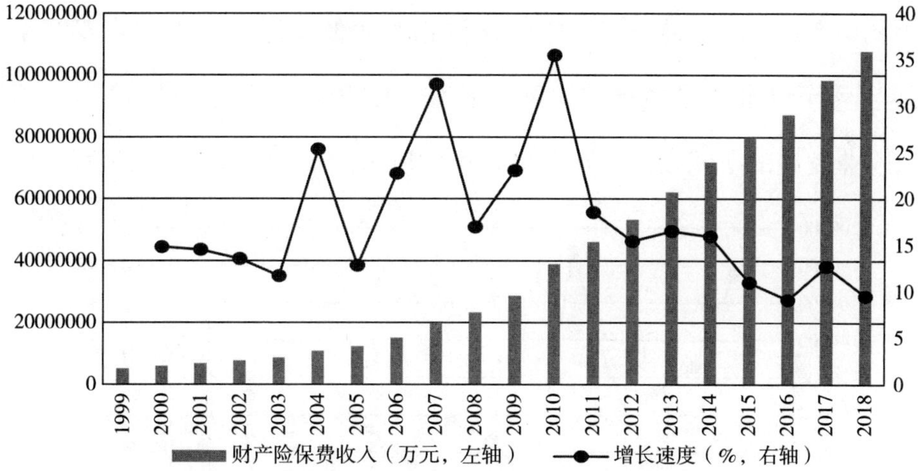

图5-3　我国财产险保费收入及其增长趋势（1999～2018年）

资料来源：中国银保监会、Wind资讯。

2018年，财产险业务原保险保费收入增幅放缓的主要原因是车险业务增速进一步下滑。2018年机动车辆保险原保险保费收入7834亿元，同比增长4.16%。一方面，新车销量增速下滑导致车险保费增速放缓。截至2018年底，中国汽车市场狭义乘用车累计销量达2235万辆，同比下降5.8%[①]。另一方面，2018年车险

① 资料来源：中国汽车流通协会汽车市场研究分会。

费率市场化改革继续推进，受其影响，车均保费进一步下降。

同时，非车险业务增长迅速。特别是保证保险、责任保险和农业保险，原保险保费收入分别为645亿元、591亿元和573亿元，分别同比增长70.09%、30.92%和19.54%，占产险业务的比例分别为5.99%、5.49%和5.32%，成为财产险市场增量保费的重要贡献者。

（二）保险资产规模增速放缓，占金融业资产的比重较低

由于保费收入增速下滑，保险资产规模增速放缓。2018年末，保险业总资产183309亿元，较年初增长9.45%，增速比2017年略有提高，但比2016年的增速下降15个百分点（参见图5-4）。保险资产约占银行业金融机构资产的6.84%（参见图5-5），在金融业资产中的比重相对较低，远远低于2016年29个经济体[①]保险业资产占银行业资产的比例（平均为21.3%）（参见图5-6）。这意味着未来保险业发展的空间较大，在金融资产中所占的比例有待进一步提升。

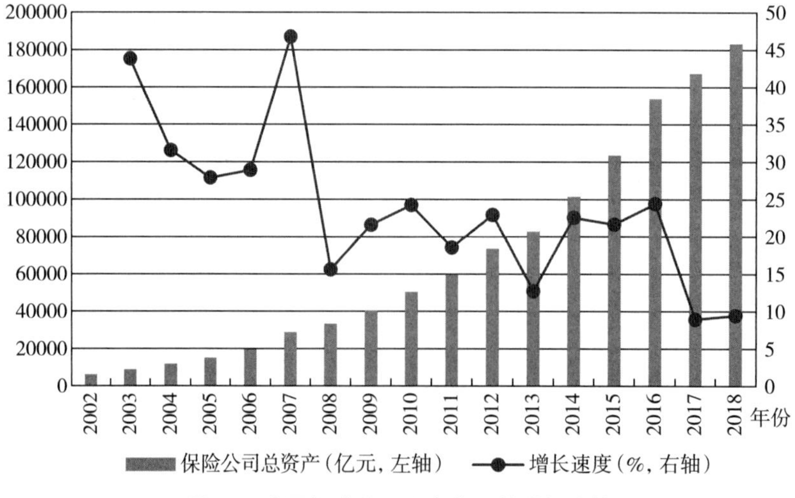

图5-4　我国保险公司总资产及其增长趋势

资料来源：中国银保监会、Wind资讯。

① 29个经济体包括阿根廷、澳大利亚、比利时、巴西、加拿大、开曼群岛、智利、中国、法国、德国、中国香港、印度、印度尼西亚、爱尔兰、意大利、日本、韩国、卢森堡、墨西哥、荷兰、俄罗斯、沙特阿拉伯、新加坡、南非、西班牙、瑞士、土耳其、英国、美国。

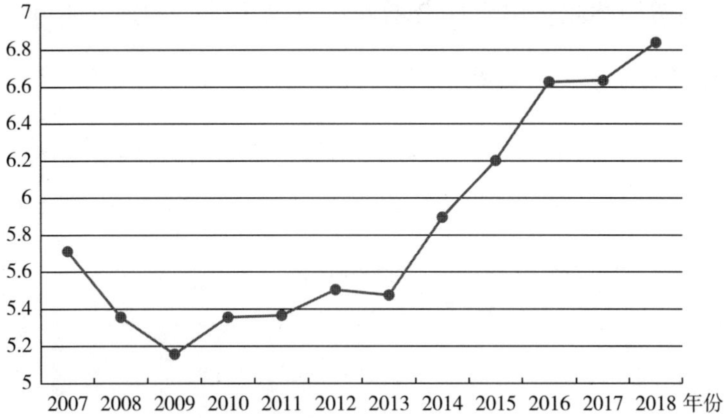

图5-5　近年来我国保险资产与银行业金融机构资产的比例

资料来源：中国银保监会、Wind资讯。

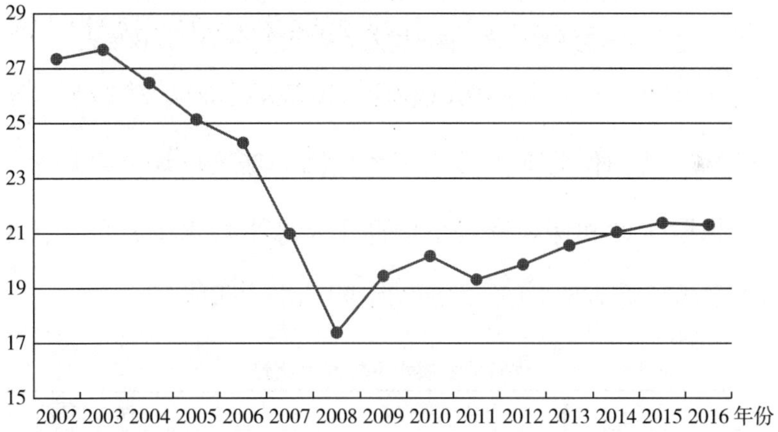

图5-6　29个经济体保险资产与银行业金融机构资产的比例（单位：%）

资料来源：各国国家资产负债表与其他数据；FSB 计算。

（三）保险密度有所提升，保险深度略有下降，风险保障水平快速提高

1. 保险密度有所提升，保险深度略有下降，仍处于较低发展水平

2018年，保险深度为4.22%，较上年下降0.2个百分点。由于2018年保费增速低于名义GDP增速，自2012年以来保险深度首次出现下降。2018年，保险密度为

2724元，较上年增加78元。由于保费增速一直高于人口增速，近年来保险密度持续增加（参见图5-7）。

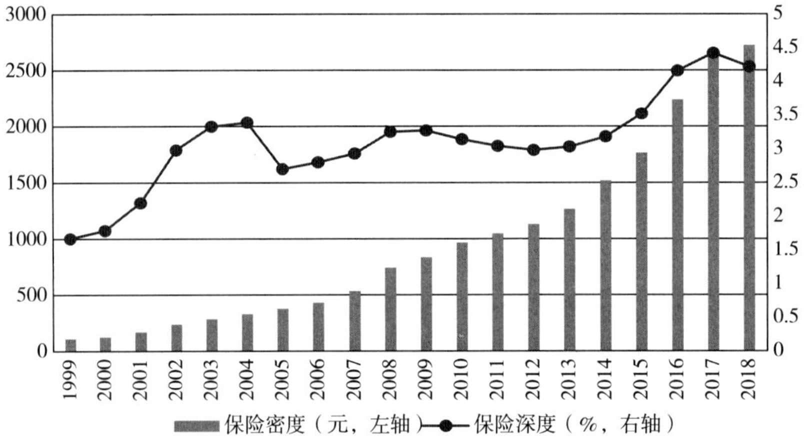

图5-7 我国保险深度、保险密度增长趋势（1999 ~ 2018年）

资料来源：中国银保监会、国家统计局、Wind资讯。

与国际比较，我国保险业发展水平虽然高于新兴市场的平均水平，但仍相对较低。我国保险深度和保险密度不仅低于全球平均水平，更低于主要发达经济体的平均水平（参见表5-1），发展的空间和潜力很大。

表5-1 保险业发展水平的国际比较

	保险深度（%）	保险密度（美元）
全球	6.13	649.8
发达市场	7.76	3516.7
新兴市场	3.34	165.6
新兴市场（除中国外）	2.62	104.8
经合组织	7.18	2752.6
G7	7.57	3629.5
欧元区	7.07	2613.5
欧盟	7.19	2429.1
欧盟15国	7.62	2953.4
北美自贸区	6.85	3089.3
东盟	3.63	155.6
中国（2018年数据）	4.22	396

注：除中国外，其他为2017年数据。2018年中国保险深度按照2018年12月31日人民币兑美元汇率计算。

资料来源：Swiss Re. World insurance in 2017：solid，but mature life markets weigh on growth. Sigma No.3，2018。

2. 保障水平快速提高

2018年，保险业为全社会提供保险金额6897万亿元，同比增长66.23%，风险保障水平快速提高。其中，产险公司保险金额5777万亿元，增长90.65%；人身险公司本年累计新增保险金额1120万亿元，增长0.10%。

保险业提供的风险保障增速远高于保费增速，是市场主体业务转型、服务互联网经济以及市场竞争等因素共同作用的结果。

第一，风险保障型业务快速发展。2018年，保险公司加大转型力度，拓展风险保障型业务，强调保险的风险保障作用，提升其保障额度，从而使得保险的保额增速高于保费增速。2018年保险业新增保单件数291亿件，同比增长66.13%。从险种看，健康险和意外险保险件数增长最为迅速。其中，健康险32亿件，增长417.28%；意外险65亿件，增长168.51%。

第二，高频高保障低保费产品大幅增加。2018年，高频消费、高保障额度且低保费的保险产品继续快速发展，进一步推动了保额快速增长。这类保险件数多，提供的风险保障额度大，促进了风险保额的快速增长。2018年，货运险签单数量48.90亿件，同比增长31.91%；责任险72.70亿件，增长81.70%；保证险22.86亿件，增长35.62%。

第三，市场竞争拉低费率水平。在财险领域，随着商业车险费改的推进，车均保费下降，但保额呈增长趋势。2018年，车险保额211万亿元，同比增长24.92%，保额增速远高于保费增速。同时，在非车财产险领域，由于竞争激烈，也呈现风险保额相对保费增速更快的趋势。例如，2018年，责任险保额866万亿元，增长244.04%；农险保额3.46万亿元，增长24.23%，都远高于保费收入的增速。

在产品回归保障、服务实体经济的大趋势下，保额增速快于保费增速是必然结果。这表明保险业的保障性质体现得更为明显，业务转型效果较好。但对市场主体而言，在不断提高风险保障水平的同时，也应当防范经营风险，避免短期不理性的价格竞争，实现商业可持续发展。

（四）人身险转型力度加大，市场结构变化明显

一是市场集中度继续提升。随着银保监会强调保险回归保障，严格限制中短期存续业务，中小险企借助中短期理财产品实现快速增长受到抑制，业务发展大幅下滑，而大型寿险公司依靠其传统渠道优势，市场份额明显提升，从而带来市场集中度的提高。2018年，前五大和前十大寿险公司原保费收入的市场份额分别为55.84%和73.49%，分别较同期提升了7.60个百分点和7.61个百分点。

二是普通寿险业务出现大幅下滑，分红寿险业务快速增长。2018年，人身险公司业务结构调整持续推进，普通寿险业务9121亿元，同比下降29.49%。其中，主要是普通寿险中的快速返还型业务及投资型业务收缩。同时，分红寿险业务11489亿元，同比增长36.72%。

三是保户投资款和独立账户本年新增交费增长明显。2018年，人身险公司未计入保险合同核算的保户投资款和独立账户本年新增交费8287亿元，同比增长30.24%。

四是新单原保费收入下降明显，新单期交业务占比大幅提升。2018年，人身险公司人身险业务新单原保险保费收入11675亿元，同比下降23.97%，占人身险公司全部业务的44.46%，比2017年的58.97%下降了14.51个百分点。其中，新单期交原保险保费收入[①]5575亿元，同比下降3.41%，占新单业务的47.75%，比2017年的37.59%提高了10.16个百分点。

五是新单期交保费中，5年期以上占比有所下降。在新单期交原保险保

① 这里的新单期交原保险保费收入为财务数据。

费收入[①]中，3年期以下176亿元，占比3.03%，同比上升0.44个百分点；3至5年期2063亿元，占比35.54%，上升5.61个百分点；5至10年期829亿元，占比14.28%，下降1.20个百分点；10年期及以上2738亿元，占比47.15%，下降4.85个百分点。

六是渠道结构进一步分化。业务的转型也带来了渠道结构的分化，突出表现是银邮代理业务大幅下降，个人代理业务增长迅速。2018年，人身险公司银邮代理业务8032亿元，同比下降24.11%，人身险公司业务占比30.59%，同比下降10.06个百分点；个人代理业务15452亿元，同比增长18.27%，占比58.84%，上升8.67个百分点。同时，专业代理和保险经纪业务虽然原保险保费收入总量有限，但增长较为迅速（参见表5-2）。

表5-2　　2018年人身险公司各渠道业务情况表

业务渠道	原保险保费收入（亿元）	同比增长（%）	占比（%）	占比较去年同期增长（%）
银邮代理	8032.34	-24.11	30.59	-10.06
个人代理	15452.21	18.27	58.84	8.67
公司直销	2012.91	14.90	7.67	0.94
专业代理	234.84	30.72	0.89	0.20
其他兼业代理	273.00	-0.41	1.04	-0.01
保险经纪	255.57	38.72	0.97	0.27
合计	26260.87	0.85	100.00	—

资料来源：中国银保监会。

（五）财产险综合成本率攀升，出现承保亏损

2017年财产保险公司综合成本率100.13%，同比上升0.39个百分点，为2010年以来的最高值（参见图5-8）。其中，综合费用率40.74%，同比上升1.18个百分点；综合赔付率59.39%，同比下降0.79个百分点。

① 这里的不同缴费期限的原保险保费收入为业务数据。

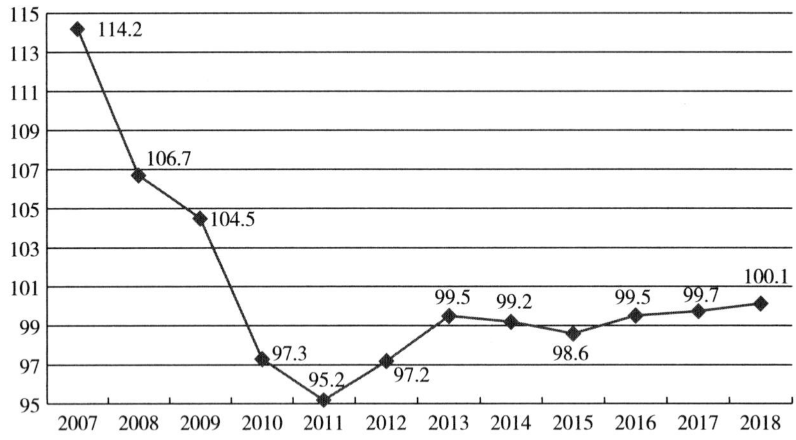

图5-8　我国财产保险综合成本率变化趋势（2007～2018年）（单位：%）

资料来源：Wind资讯、中国银保监会。

由于综合成本率攀升，财产险市场在过去9年第一次出现承保亏损。2018年，产险公司承保利润为–13.59亿元，同比减少37.66亿元，承保利润率为–0.13%。

分险种看，机动车辆保险承保利润10.53亿元，同比减少63.36亿元，下降85.75%，承保利润率仅为0.14%；同时，非车险整体亏损（参见表5–3）。

表5-3　2018年财产险业务各险种承保利润情况表

险种	承保利润（亿元）	去年同期承保利润（亿元）	承保利润率（%）
机动车辆保险	10.53	73.89	0.14
企业财产保险	–1.86	–0.27	–0.78
家庭财产保险	1.21	–2.20	1.70
工程保险	–4.71	–2.50	–9.75
责任保险	1.63	–7.51	0.37
信用保险	–15.58	–23.16	–11.33
保证保险	18.16	9.90	4.76
船舶保险	–5.15	–2.93	–21.16
货运险	1.14	2.72	1.27
特殊风险保险	4.99	1.09	25.12
农业保险	17.38	23.87	3.89

注：承保利润率＝承保利润/已赚保费。

资料来源：中国银保监会。

2018年，财产险市场综合成本率攀升，出现承保亏损的根本原因是竞争激烈。一方面，受商业费改的影响，车险市场竞争激烈。2018年3月，监管机构发布《关于调整部分地区商业车险自主定价范围的通知》，深化费率改革。同时，广西、陕西和青海三个地方开始自主定价的试点。费率市场化使得市场主体获得了更大的定价空间，价格竞争与费用竞争更加激烈。特别是受手续费支出大幅增长影响，车险市场高费用率持续，车险手续费增速远高于同期保费增速。另一方面，很多公司加大拓展非车险业务的力度，但由于行业的承保能力过剩，非车险业务竞争也异常激烈，经营难度较大，多数险种保费充足度不断下降，整体出现承保亏损。特别是部分保险公司为了获取保费收入，承保与自身风险管理能力不匹配的业务，造成承保亏损。如依托于 P2P平台的信用保险保费快速增长，但其背后支撑着信贷行为，具有较强金融风险传导属性。在市场违约率提升、信用风险事件增加的环境下，信用保险风险加大。2018年，信用保险出现承保亏损15.58亿元（参见表5–3）。

（六）保险资金配置结构出现变化，投资收益率下降明显

一是保险资金资产配置结构出现变化。银行存款占比增加明显，其他投资和权益类投资则有一定程度的下降。截至2018年底，保险资金运用余额为164088亿元，较年初增长9.97%。其中，银行存款24364亿元，占比14.85%，比年初提高了1.93个百分点；债券56383亿元，占比34.36%，比年初降低了0.23个百分点；股票和证券投资基金19220亿元，占比11.71%，比年初降低了0.59个百分点；其他投资64122亿元，占比39.08%，比年初降低了1.11个百分点（参见表5–4）。

二是保险资金收益率大幅下降。2018年，保险公司资金运用收益共计6859亿元，资金运用平均收益率4.33%，较去年同期下降1.44个百分点（参见图5–9），为2013年以来的最低值。其中，独立账户资金运用收益–130亿元，资

金运用平均收益率-9.14%；非独立账户资金运用收益6898亿元，资金运用平均收益率4.46%。保险资金投资收益率下滑主要受公开权益市场下跌影响，股票和证券投资基金投资出现损失（参见表5-4）。2018年股市低迷，上证指数累计下跌24.59%，是2018年保险投资业绩出现下滑的主要因素。

表5-4　　2018年12月末保险公司资金运用情况表

	资金运用余额（亿元）	较年初增长（%）	占比（%）	占比较年初变动百分点	收益率（亿元）	收益率（%）
一、银行存款	24363.50	26.41	14.85	1.93	856.22	4.02
二、债券	56382.97	9.24	34.36	-0.23	2475.29	4.51
1.国债	14027.62	37.96	8.55	1.73	460.33	3.94
2.金融债	20215.82	5.55	12.32	-0.52	937.12	4.68
3.企业债	21011.68	8.10	12.81	-0.22	990.48	4.73
三、证券投资基金	8650.55	14.96	5.27	0.23	-9.74	-0.12
四、买入返售金融资产	3107.57	-15.38	1.89	-0.57	66.77	3.03
五、股票	10569.33	-2.40	6.44	-0.82	-197.08	-1.76
六、长期股权投资	17077.27	15.63	10.41	0.51	1202.31	7.45
七、投资性房地产	1792.73	0.53	1.09	-0.10	101.73	5.36
八、保险资产管理公司产品	7494.50	-12.44	4.57	-1.17	285.29	3.35
九、金融衍生工具	0.31	31.69	0.00	0.00	-20.60	-
十、贷款	25854.46	11.98	15.76	0.28	1276.09	5.07
十一、拆借资金	0.68	0.00	0.00	0.00	0.07	0.58
十二、其他投资	8794.52	8.67	5.36	-0.06	822.72	9.65
合　计	164088.38	9.97	100.00	0.00	6859.07	4.33

资料来源：中国银保监会。

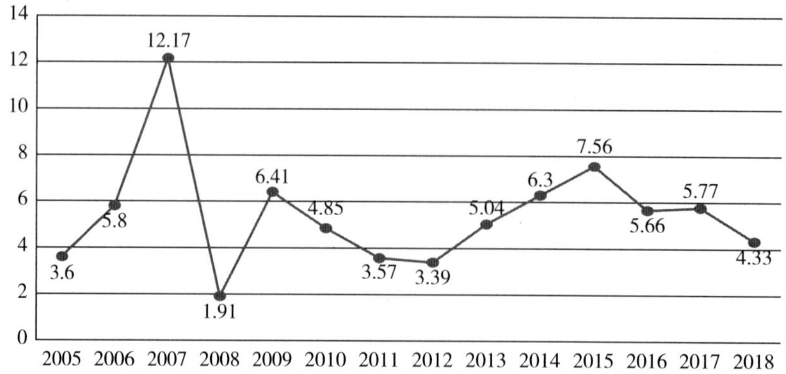

图5-9　我国保险资金运用收益率（2005～2018年）（单位：%）

资料来源：中国银保监会、Wind资讯。

（七）外资保险公司市场份额有所提升

受保险业扩大开放政策的影响，部分外资保险公司加大了拓展市场的力度，市场份额有所提升。2018年，外资保险公司原保险保费收入为2354亿元，市场份额为6.19%，同比上升0.34个百分点。其中，外资产险公司保费收入为228亿元，市场份额为1.94%。外资人身险公司保费收入为2127亿元，市场份额为8.10%。在北京、上海、深圳、广东外资保险公司相对集中的区域保险市场上，外资保险公司的市场份额分别为17.95%、19.84%、10.43%和10.92%。

二、2018年保险业发展政策环境

2018年，保险业发展的政策环境进一步优化，包括：商业车险费率改革继续深化；税收递延商业养老保险开始试点；放宽市场准入，保险业对外开放政策加快落实；重塑保险监管架构，强化监管，防控风险。

（一）商业车险费率改革继续深化

2018年，我国商业车险费率改革继续深化。一方面，监管机构以市场化为导向，继续完善商业车险条款费率形成机制，逐步扩大保险公司商业车险费率厘定自主权，以便更有效地发挥市场配置资源的决定性作用。3月，原保监会印发《关于调整部分地区商业车险自主定价范围的通知》，扩大四川、山西、福建、山东、河南、厦门和新疆等七地商业车险自主核保系数、自主渠道系数调整的空间。4月，银保监会决定在广西、陕西、青海开展商业车险自主定价改革试点，持续深化商业车险改革工作。三地商业车险费率改革是我国2015年以来持续推进的商业车险费率改革的关键一步。三地财险公司可在满足监管要求的前提下，自行确定自主系数调整范围。与其他非试点地区相比，改革试点将定价权交给市场，即由各个保险公司根据消费者的风险程度自主定价，不再对价格设置上下限。另一方面，面对车险市场的不正当竞争，监管机构采取措施控制手续费竞争，规范市场秩序。6月，银保监会发布《关于商业车险费率监管有关要求的通知》，要求各财产保险公司报送手续费的取值范围和使用规则。其中，新车业务手续费的取值范围和使用规则应单独列示，从而开启了“报行合一”的监管模式。

（二）税收递延商业养老保险开始试点

2018年，税收递延商业养老保险开始试点，这标志着我国养老保障体系第三支柱开始建立。4月，国家税务总局、财政部、人力资源社会保障部、中国银行保险监督管理委员会、证监会联合签发了《关于开展个人税收递延型商业养老保险试点的通知》，自2018年5月1日起在上海市、福建省（含厦门市）和苏州工业园区实施个人税收递延型商业养老保险试点，对试点地区个人通过个人商业养老金账户购买符合规定的商业养老保险产品的支出，给予相关的个人所得税优惠。5月，银保监会为推动税延养老保险试点政策顺利落地，规范保险公司税延养老保险业务经营行为，保护消费者合法权益，制定发布了《个人税收递延型商业养老保险业务管理暂行办法》。7月，银保监会为规范税延养老保险资金运用行为，实现资金的安全稳健运作和长期保值增值，促进税延养老保险试点持续健康发展，发布了《个人税收递延型商业养老保险资金运用管理暂行办法》。

发展个人税收递延型商业养老保险，有助于弥补养老保障的不足，改善养老金体系存在的结构失衡，缓解基本养老保险的可持续压力，健全多层次养老保障体系，促进养老服务业多层次多样化发展，应对人口老龄化趋势和就业形态新变化，进一步保障和改善民生，促进社会和谐稳定。

（三）放宽市场准入，保险业对外开放政策加快落实

2018年，我国保险业对外开放实现新突破。4月，我国宣布几个月内即将外资人身险公司外方股东持股比例放宽至51%，三年后即不再做限制。此外，还将在几个月内允许符合条件的外国投资者来华经营保险代理业务和保险公估业务；放开外资保险经纪公司经营范围，与中资机构一致；在2018年年底前，全面取消外资保险公司设立前需开设2年代表处要求。2018年银保监会积极落实保险业对外开放政策，受理和批准了工银安盛人寿保险有限公司筹建工银安盛资产管理有限公司、大韩再保险公司筹建分公司、德国安联保险集团筹建安联（中国）保险控股有限公司等多项市场准入。

我国公布外资持股人身保险公司比例放开的时间表，进一步开放保险中介行业，推动保险业全面开放。未来，外资进入保险业的组织形式将更加灵活，大大增强了外资保险公司经营的灵活性与自由度。进一步的开放对于推动保险市场改革，促进保险市场竞争，提高市场效率以及保护消费者利益都具有积极的意义。

（四）重塑保险监管架构，强化监管，防控风险

2018年3月，中共中央印发了《深化党和国家机构改革方案》，提出将中国银行业监督管理委员会和中国保险监督管理委员会的职责整合，组建中国银行保险监督管理委员会，作为国务院直属事业单位。4月8日，新组建的中国银行保险监督管理委员会正式运行。我国金融监管架构变革对于保险业的发展具有重要的意义。一是更好地适应综合经营的实践。合并银行、保险的分业监管体系可以整合监管资源，降低监管成本，有助于适应金融综合经营态势。二是有

助于明确监管目标。将拟定保险业重要法律法规草案和审慎监管基本制度的职责划入人民银行，将使得保险业重要法律法规更可能超越本行业的部门利益，有助于明确保险监管目标，即主要立足于风险监控与消费者保护，而不是行业发展，有助于缓解此前存在的行业发展与风险控制、消费者保护之间的角色冲突。

2018年，银保监会持续完善法人主体的公司治理，严厉整治各类违法违规行为。在完善公司治理方面，银保监会先后召开中小银行及保险公司公司治理培训座谈会、发布系统修订过的《保险公司股权管理办法》《保险机构独立董事管理办法》，持续健全法人治理结构，将其作为打好防控金融风险攻坚战的重要抓手，加快探索现代金融企业制度，不断提高公司治理有效性。在整治违法违规行为方面，监管部门开出的罚单共计1273张，主要涉及公司治理不健全、侵害金融消费者权益、编制提供虚假保险资料等。通过加强监管处罚，保险机构风险和合规意识有所增强，市场秩序有所好转，违法违规行为和案件的高发势头得到遏制。另外，为防范化解保险业重点领域的风险，加强薄弱环节监管制度建设，严守不发生系统性金融风险的底线，原中国保监会和中国银保监会连续发布通知，规范保险机构开展内保外贷业务，开展信用保证保险业务专项自查，组织开展人身保险产品专项核查清理，发布《保险资产负债管理监管规则》。

三、加强保险业重大风险防控

2018年，保险业防范化解风险取得阶段性进展，但很多风险隐患还没有完全消除，前期化解风险的成果需要巩固。2019年，保险业防控风险的重点领域包括流动性风险、利差损风险、保险资金运用风险和新业务风险。

（一）完善流动性风险管理体系，防范流动性风险

2015～2017年，部分寿险公司销售了大量的3年期趸交产品，2019年将是给付的集中期，部分寿险公司将面临较为突出的现金流风险。一方面，满期给付和退保的增加带来大量的现金流出。2018年，人身险业务赔款与给付支出6401亿元，同比增加307亿元，增长5.04%；退保金7210亿元，同比增长17.85%；退保率6.83%，比去年同期上升0.31个百分点。另一方面，业务收入急速收缩。在监管趋严的形势下，部分公司的趸交业务规模快速下降，而期交业务增长尚不能弥补趸交业务的规模收缩，从而造成新单保费流入大幅减少。同时，部分公司续期保费收入的稳定性较差，当外部环境出现变化时，续期保费流入可能低于预期，保费流入压力较大。这使得之前依赖新单保费流入补足给付缺口的模式难以持续，造成一些公司面临较为严重的现金流风险压力。对于一些公司而言，面临的最突出问题可能已经不是“转型发展”，而是巨大现金流风险带来的挑战和生存压力。由于部分公司缺乏腾挪的空间，转“急弯”造成其保费收入短期内大幅下滑，将有可能衍生出新的风险。

为了防范流动性风险，要完善流动性风险管理体系。一是要平稳推进寿险业转型。监管部门要把握好监管的力度以及行业转型的节奏，给公司留下结构调整的时间与空间。要避免寿险公司短期内保费收入大幅下滑，尽可能使续期保费的增量与趸交保费的减少量相匹配，实现转“大弯”，避免转“急弯”衍生出新的风险。

二是要加强对行业流动性风险的监测。监管部门和行业要跟踪分析宏观经济、资本市场等发展趋势和变化情况，及早识别可能引发流动性风险的重大风险因素，评估产品停售、业务规模下降、退保和满期给付等因素对流动性水平的影响，加强对流动性风险的监测。

三是前置流动性风险防范的关口。保险公司要制定切实可行的业务发展计划和资金运用计划，充分考虑各项经营活动对公司当前和未来流动性水平的影响，建立与公司业务特点和负债结构相匹配的资产结构，从源头上防范流动性风险。

四是完善应急处置机制。保险公司要制定有效的流动性应急计划，特别是对于业务下降、退保和满期给付等带来的流动性压力，做好资金备付。保险公司要按照偿二代要求定期开展现金流压力测试，做好现金流预测，提早制定应对预案。

（二）加强利率风险管理，防范利差损风险

在转型与竞争的双重压力之下，部分寿险公司通过利用高预定利率的长期年金产品获取保费收入。自2018年以来，受宏观经济环境影响，人身险公司投资收益率明显下滑，可能会产生利差损风险。而且，由于长期年金产品具有复杂性和长期性，高预定利率变得更加隐蔽，进一步掩盖了将来可能出现的利差损风险。

在低利率环境下实现寿险业的可持续发展，要积极应对可能存在的利差损风险。一是要积极引导行业转型。监管层应积极引导行业健康有序发展，通过完善责任准备金评估利率形成机制和建立责任准备金评估利率的动态化调整机制，引导寿险公司合理确定定价利率，避免定价利率过高给保险公司资产配置及现金流带来过大压力；抑制过于激进的投资，谨防投资端风险；提升保障型产品占比，逐渐回归风险保障和长期储蓄的本质等。

二是评估和适时完善偿二代规则，适应长期低利率环境下寿险公司的风险特征。随着利率环境变化，要动态地对偿二代监管体系进行客观评估和及时修正，以使得监管措施能够切实有效反映低利率环境对公司的冲击。

三是做好应对风险的准备。对于部分保险公司出现偿付能力不足的情况，监管部门应及时要求其采取增加资本金、办理再保险、限制业务范围及资金运用形式和比例等方式，督促其回归正常经营。同时，要增加保险保障基金的规模，提升基金的运营收益，夯实行业应对利率风险的基础。

四是寿险公司要加强利率风险管理，防范利差损风险。首先，要避免预定利率过高形成高利率保单。在利率下行过程中，保险公司要合理下调预定利率，避免未来高预定利率的保单给付给公司经营带来压力。其次，提升资产配置的能力。注重久期较长的固收类投资以及基础设施投资或债权计划，拉长投资久期，促进资产负债匹配。最后，发展保障型产品，降低保险产品对投资的过度依赖，减轻在低利率环境下资产配置的压力。

（三）加强保险资金运用管理，防范资金运用风险

2018 年以来，在“去杠杆、防风险”的监管政策及市场波动加剧、刚性兑付打破的背景下，保险资金运用形势和风险发生了新的变化。当前保险资金运用面临着以下风险。

一是股市波动、债券市场收益率下降等市场风险持续影响保险资金运用。一方面，股票市场波动对资金运用形成持续影响。2018年股市大幅波动，保险资金投资股票形成大量浮亏，造成行业投资收益率大幅下降。未来股票市场如果继续大幅波动，保险资金股票投资的财务收益率将进一步下降。同时，个别公司投资境内股票占比较高，面临的市场风险更大。另一方面，债券市场收益率下行引发再投资风险。债券市场收益率下行，造成寿险公司面临着大量到期资金的再投资风险和新增资金的配置难问题。

二是信用风险严峻。当前，行业七成以上的资产配置于标准化的债券资产和非标的债权资产。在经济去杠杆和金融监管不断深化的背景下，保险资金

投资债券和非标产品面临的信用环境严峻，部分投资产品和投资项目面临收益无法实现甚至本金安全难以保证的风险。尤其是在保险资金另类投资中，很大一部分是以基础设施债权投资计划等保险资产管理产品的形式，投资于地方政府及其所属企业，地方政府的信用和契约精神直接影响到投资的风险和收益。目前一些保险资金投资遇到了部分地方政府没有按照原计划的用途使用资金或单方面要求修改收益率条款等情况，不同程度地反映出政府契约精神的缺失问题。另外，基础设施投资计划投资期限较长，往往要经历两届或两届以上的政府，如果政府缺乏契约精神，必然造成政府换届换人所带来的违约风险，给保险投资带来损失。

三是外部政策环境变化对保险资金运用能力提出挑战。资管新规短期内减少了非标产品的供应，加大了保险资产负债管理压力；《保险资产负债管理监管规则》强化资产负债联动，在负债端刚性成本和资产端收益波动的背景下增加了资产配置难度。

为了应对保险资金运用风险，要加强保险资金运用管理。一是以偿付能力监管约束保险公司的激进投资行为。在偿二代全面实行的背景下，部分投资端较为激进的保险公司核心偿付能力和综合偿付能力会出现明显下滑，监管部门要加强对此类公司的风险监测和监管。

二是适时出台保险资管产品业务细则。在推进现有的债权投资计划、资产支持计划等产品转为标准化产品的过程中，适当增加弹性，赋予投融资双方更多的选择权。并在债权投资计划、资产支持计划等现有产品体系基础上，逐步增设规范化的非标产品序列。

三是要完善合作契约，提升地方政府的契约精神。保险企业在基础设施债权计划中要与政府平等地订立契约，建立利益与风险分担机制；同时，双方要尊重并共同信守契约。短期来看，要尽量制定严密的合同文本，形成难以随便毁约的实质性约束。长远而言，则要提高法治化水平，用健全的制度规范和约束政府的行为。

四是保险公司要建立审慎稳健的投资运作机制，提升长期投资能力。要加强资产负债管理，切实加强资产负债管理组织体系及机制建设。要制定长期稳健的资产配置策略，设定合理的投资风险偏好，避免激进投资策略。要完善股票、未上市股权等权益类投资的决策流程，评估公司对风险的承受能力。

（四）关注新型保险业务，防范新业务风险

近年来，网络借贷业务的兴起，助推了网贷平台信用保障保险业务的快速增长。近年来，由于信用风险事件爆发，浙商财险、长安责任保险以及安心财险等保险公司承保的履约保证保险先后遭遇大额赔付，造成大量亏损，导致偿付能力急剧下降。

为了防范新业务风险，要密切关注新型保险业务。一是监管部门要加强对新型保险业务风险的研究与监测，适时提出风险警示，防范系统性金融风险。

二是市场主体自身要加强新业务风险研判。保险公司要认真研判新业务领域、新业务种类的性质、经营模式和风险，确保风险可控。要谨防对新业务、新领域一哄而上，确保业务创新与公司经营管理能力、风险管控能力、专业人员配备等相适应。要进一步完善风控手段，提高风险识别和监测水平，审慎开展网贷平台信用保证保险业务。

四、2019年保险业发展展望

展望2019年，寿险市场保费收入增长仍面临压力，财险市场保费收入增长将可能稳中有降，保险资金投资收益在低利率环境下承受下降压力，部分中小

市场主体仍将面临转型与亏损的压力。

（一）寿险市场保费收入增长仍面临压力

由于目前我国寿险市场中投资型产品占比相对较高，保费收入增速与保险资金投资收益和银行理财产品的收益水平相关性较高，投资收益率的下行和投资型保险产品面临的持续严监管等因素决定了寿险保费规模增速将持续震荡下行，2019年寿险市场保费收入增速仍然面临相当的压力。从个险渠道来看，在监管部门的要求下，目前大多数市场主体都启动产品转型，但新推出的产品在当前的市场环境下收益率相对有限，竞争力有待提高，再加上人力增长趋缓、人均产能尚有待提高，造成个险的业务收入增长相对有限。从银保渠道来看，按照监管部门要求，转型期交产品面临较大的挑战，导致银保业务增长面临较大的压力。因此，由于监管导向发生很大的变化，大多数寿险公司都处于转型期，保费增速将较为有限。行业要坚持继续转型，提升个险渠道产品的保障程度，彰显长期风险管理和保障功能。同时，提高代理人人均产能与销售效率，规范销售行为，保护消费者利益；银保渠道要推动银行和保险公司在业务领域的深度融合，促进银保模式的升级，继续向期交、保障性业务转型，增加新单业务价值。

（二）财险市场保费收入增长将可能稳中有降

2019年财产险市场保费收入增长面临一定的不确定性，将可能稳中有降。车险保费收入的增速放缓与非车险保费收入快速增长，共同决定了2019年财险市场保费收入的增长格局。一是车险业务增长的空间较为有限。一方面，受经济增长速度下滑以及消费不旺的影响，汽车销量增速下降，车险保费收入增长持续下滑。另一方面，商车费改将继续深化，造成车均保费降低。二是非车险业务面临规模与效益和风险管控之间权衡的压力。近年来非车险业务发展较为迅速，成为财产险增量保费收入的主要推动力。但非车险业务竞争激烈，费率水平不断降低，整体出现承保亏损，且有些险种蕴含的风险较大。随着市场主体加强风险管控以及效益和利润诉求增强，非车险业务的增长也将承受压力。

（三）保险资金投资收益在低利率环境下承受下降压力

在未来较长一段时间，我国整体利率水平都将处于下行通道。2019年，在低利率环境下，保险资金投资收益率将继续面临下降压力。持续低利率环境导致的“资产荒”会给保险资金带来配置压力，信用风险不断加大，以及非标产品供给减少等都对保险资金运用造成较大的负面影响，保险资金投资收益水平将面临趋势性下降的挑战。为应对低利率的挑战，我国寿险公司应当将长期利率走势作为资产负债管理的基础与起点，防范资金运用风险。

（四）部分中小市场主体仍将面临转型与亏损的压力

2019年，部分中小寿险公司将继续面临转型的压力与挑战。一是产品开发与渠道建设难度大。中小公司普遍对保障型产品的开发能力不足，难以适应保障型产品领域的激烈竞争。同时，多数中小公司个险渠道薄弱，增员难度及成本加大。二是资产投资能力不足。部分中小寿险公司过去中短存续期产品占比较高，资产久期也普遍较短，缺乏中长期资产项目筛选、风险管理、投后管理的经验，同时具备相应能力的专业人才储备有限，中长期资产投资能力普遍不足。三是转型带来的生存压力。转型过程中业务增速放缓可能导致股东回报减少、核心管理人员流失等问题，从而影响公司经营稳定，使中小公司面临转型与生存的双重压力。

另外，大多数中小财险公司将继续面临持续亏损的压力。一方面，中小财险公司由于固定费用占比高，在规模有限的情况下难以有效摊薄成本，竞争压力大。另一方面，由于财产险行业资本充足度相对较高，大公司竞争优势较为明显，中小公司持续亏损的经营困境还将可能持续。

五、对2019年保险业发展的政策建议

2019年，为了加强保险业风险管控，推动保险业高质量发展，要进一步深化保险业改革，发挥市场在资源配置中的决定性作用，并加强政府监管水平和能力。具体可从以下几个方面推进。

1. 逐步放松对市场准入的行政管制

一是适当降低保险公司市场准入的最低注册资本的门槛。

二是降低保险中介准入门槛，尤其是大幅度降低保险专业代理公司的准入门槛。

三是探索对保险中介实行注册制改革。改革可以从专业保险代理公司起步，由审批制改为注册制。原因在于，保险代理公司只是保险公司的代理商，其销售的产品以及产品的价格等都由保险公司决定，保险公司按照监管规则执行和管理代理机构即可。而且从国外的实践来看，一些国家与地区的大多数代理公司的规模都不大，适合注册制。

2. 完善市场退出机制，逐步允许相关机构破产

一是完善退出机制的法律体系。通过专门的立法，详细规定退出标准、退出条件和操作流程，对不同情形的市场退出与风险处置措施的适用条件要加以明确，以增强被监管对象的预期，为保险市场退出提供有力的法律保障。

二是明确破产管理和退出的具体流程，构建可操作的市场退出机制。

三是淡化接管的行政主导色彩，建立风险处置中的权力制衡与监督机制。

四是引入机构破产机制，实施真正意义上的市场退出。除了接管外，要适时启动破产机制，实施真正意义上的市场退出，以硬性的市场约束促进保险市场资源的优化配置。

五是监管部门和行业要不断提高事前监测的能力，夯实行业风险事前纠正的基础，努力降低行业风险处置成本，建立健全保险市场风险监测体系和预警机制。

3. 深化商业车险为代表的费率市场化改革

一是健全商业车险条款形成机制。除了完善行业示范条款制度，不断增强其适应性外，要健全市场主体创新型条款形成机制。允许和鼓励保险公司开发商业车险创新型条款，为保险消费者提供多样化、个性化、差异化的商业车险保障和服务，满足社会公众不同层次的保险需求。探索建立保险产品创新保护机制，激发市场主体对于产品创新的激励机制。

二是健全商业车险费率形成机制。要进一步完善建立行业基准纯风险保费的形成和调整机制，逐步提高商业车险基准纯风险保费表的精确性和适应性，为财产保险公司科学厘定商业车险费率提供参考，提高财产保险行业商业车险经营的科学性、稳定性和规范性。继续赋予财产保险公司更大的商业车险费率厘定自主权，由市场主体根据自身实际情况科学测算基准附加保费，合理确定自主费率调整系数及其调整标准。根据保险市场发展情况和保险市场成熟程度，逐步扩大财产保险公司商业车险费率厘定自主权，最终形成高度市场化的商业车险费率形成机制。

三是加强和改善商业车险条款费率监管。完善对条款费率的动态监管机制，建立商业车险条款费率回溯分析制度，定期验证保险公司条款设计和定价假设的合理性，避免个别公司的定价风险。完善偿付能力监管标准，将对市场主体的偿付能力最低资本要求与其商业车险经营情况联系起来，推动财产保险公司建立健全全面风险管理制度，约束保险公司审慎定价，引导财产保险公司规范商业车险经营行为，促进理性经营。

四是要强化信息披露，建设透明的保险市场。五是要提升保险业在风险管控、产品定价等多方面的能力，为费率市场化提供技术保障。

4. 深化保险资金运用市场化改革，增加市场主体资产配置选择空间

一是要逐步放开能够有效匹配保险资金运用需求的投资领域。推动保险资金参与长租市场等政策尽快落地，并适时扩大投资范围，增加优质债权投资计划和股权投资计划供给，扩大资产支持计划业务，逐步允许保险资金对流动性较好、有长期增值潜力资产的投资。

二是要促进负债端保险业务与资产端投资业务的融合。资产配置领域应增加对于养老、健康产业的投资，实现负债业务与养老、健康产业的协同发展。

三是要根据现实情况和市场需要，调整现行法规制度中操作性和适用性不强的条款，适当扩大投资运作空间。在产品发行条件、增信措施方面予以适当放松及优化，将监管重点集中于信息披露方面，更多地将产品设计能力、风险控制方法等回归市场主体，从而提升保险资金运用的专业能力。要完善基础设施债权计划相关的管理规则。要完善融资主体免于增信的条件；适时拓宽投资计划资金用途。

四是要积极培育保险资产管理市场。为此，要加强上海保险交易所等平台建设，实现互联互通，为产品提供更加充足的流动性支持和公允定价的基础。推进保险资产管理产品标准化，包括合同文本标准化、要素含义标准化、交易结构标准化等。推进非标资产标准化，进一步激发保险资管产品的市场活力。

5. 加快推进混合所有制改革，逐步降低国有资本比重，完善治理结构

一是积极引入民营资本参与国有企业混合所有制改革。民营资本可通过出资入股、收购股权、认购可转债、股权置换等多种方式，参与国有保险公司的改制重组或增资扩股以及企业经营管理。

二是积极引入外资战略投资者，优化国有保险公司的股权结构。

三是推动员工持股试点。采取增资扩股、出资新设等方式开展员工持股，建立健全激励约束长效机制，让入股员工与企业共享改革发展成果，共担市场竞争风险。

四是健全混合所有制企业治理机制。为此，要落实董事会对经理层成员等高级经营管理人员选聘、业绩考核和薪酬管理等职权，维护企业真正的市场主体地位。规范企业股东（大）会、董事会、经理层、监事会和党组织的权责关系，形成定位清晰、权责对等、运转协调、制衡有效的法人治理结构。推行混合所有制企业职业经理人制度，建立市场导向的选人用人和激励约束机制。

五是加强相关配套保障措施建设，包括完善国有资产评估定价机制，建立健全市场化退出机制；完善产权制度，着力保护产权，营造各类资本公平竞争的市场环境；健全相关法律法规，保障混合所有制依法合规推进；建立鼓励改革创新的容错机制，形成改革合力。

6. 深化保险业对外开放，降低服务贸易壁垒

一是落实加快开放步伐，放宽外资持股比例上限。尽快完成《外资保险公司管理条例实施细则》的修订工作，放宽人身险公司的外资持股比例上限放宽至51%，并在三年后不再设限。

二是降低市场准入壁垒，提高开放的力度。尤其是促进专业性经营程度高、合规经营意识强烈的外资机构进入市场，补充已有市场主体的一些不足，

促进相互之间的共同成长。

三是优化监管环境，降低竞争的隐形壁垒，使本国与外国的保险机构具有同等的市场地位，进一步推动外资投资便利化。

四是开放的节奏要和风险防范与监管的能力相适应。开放有可能会带来外部风险，因此，开放的节奏要和风险防范与监管的能力相适应。但值得指出的是，不能静态地看待开放所带来的外部风险和不确定性，开放并不必然带来风险的增加。开放可能会带来一定的风险，但不开放不利于促进保险业的竞争，不利于推动深层次的改革，风险其实更大。相反，开放有利于保险业转变经营理念，推动制约保险业发展的制度改革，提升保险业经营效率和竞争力，从而提高承担风险能力。

7. 完善符合现代保险市场体系要求的保险监管

一是加强宏观审慎监管，防范和化解系统性金融风险。为此，要构建高效充分的信息采集系统和科学完备的分析框架，强化系统性风险监测评估，以便准确识别和预警系统性风险，提高宏观审慎管理当局工具和政策运用的前瞻性和有效性；加强对系统重要性金融机构的识别和监管，对其适用更为严格的监管标准和措施，以降低系统性风险；加强逆周期调控，减缓周期性波动对保险市场稳定的影响；建立相关机制性安排，降低金融体系的关联度风险，以有效避免风险传染。

二是完善偿付能力监管体系。推动偿二代二期工程建设，进一步提高偿付能力监管的科学性、有效性和针对性，更好地适应我国保险业发展改革、风险防控和金融安全的要求。为此，要完善偿付能力监管规则，解决当前存在保险公司资本不实、关联交易复杂等问题和制度漏洞；健全偿付能力运行机制，建立常态化、多元化的偿付能力数据真实性检查制度等，确保偿二代实施到位，增强偿付能力监管的执行力；推动国内监管合作与国际监管合作。

三是加强消费者保护。强化保险公司维护消费者权益的主体责任，督促保险公司切实提高和改进保险服务水平，强化投诉处理和矛盾化解，加大查处力度，加强消费者教育和风险提示，突出透明度监管，推进保险业信用体系建设，完善保险消费者权益保护制度机制，治理损害保险消费者合法权益行为，防范保险业声誉风险。

执笔人：朱俊生

第六章　2018年金融市场运行回顾与2019年展望

2018年，中国金融市场经受了经济增长再度放缓、中美贸易摩擦风险加重等内外因素的严峻考验。股票市场价格大幅下跌，股票质押融资风险持续释放。债券市场收益率下行，但企业债券违约风险显著增大，违约债券余额超过前三年总和。外汇市场人民币对美元总体贬值，外汇储备有所下降。金融市场以稳定和改革应对风险挑战。一是坚持了严监管的基本取向，在资管市场大力推进监管补短板，出台"资管新规"及主要配套细则，通道类资管行业规模出现较大幅度萎缩，资管空转嵌套乱象有所遏制。二是货币政策适时预调微调，四次降低金融机构法定存款准备金率，货币市场利率明显下行。三是大幅提升资本市场定位，加快推进资本市场改革，提出设立科创板并试点注册制的重大改革举措。进入2019年，在全球货币政策同步趋于边际放松、风险资产价格普涨、国内"六稳"政策持续发力的共同作用下，股票、债券、外汇、货币等主要金融市场均迎来开门红。考虑到2019年经济增长仍然面临较大下行压力，外部环境依然复杂多变，因此金融风险防控仍不可松懈。应在维护金融市场稳定基础上，继续强化金融监管、加快化解风险，同时进一步深化改革、扩大开放，为服务经济高质量发展发挥更积极作用。

一、2018年股票市场运行回顾和2019年展望

2018年，股票市场在1月份冲高后，受国内外各种因素影响持续下跌，股市下跌与股票质押融资风险等相互加强。股市的大幅波动与宏观经济变化密切相关，同时也反映了市场基本制度和监管制度的一些缺陷。有关部门采取了一系列措施积极应对，2019年以来股市见底并快速反弹，市场风险得到有效化解。在稳定市场预期、恢复市场信心、市场运行趋于稳定前提下，加强监管和加快制度改革成为股票市场的主题。

（一）2018年股票市场运行回顾

2018年1月，股票市场加速上涨，但2月开始即转入下跌，市场波动幅度大幅增加，创业板、中小板股票下跌更为剧烈，市场流动性减弱，股票质押风险开始显现并逐渐加剧。2018年的IPO数量和规模也比2017年大幅减少。

1. 股票市场指数大幅下跌

2018年1月，上证综指加速上涨，1月29日触及3587点，为2016年以来新高。上证50指数涨幅更大，当月涨幅达到8.96%。1月末开始，受美联储加息、美股调整等因素影响，A股进入下跌周期，并不断创出新低。至10月19日，上证综指盘中触及2449点，为年内最低点。此后，在稳增长、稳金融政策支持下，股市有所反弹，但11月末再次下跌。2018年全年，上证综指、深圳成指、中小板指数和创业板指数分别下跌24.34%、34.03%、37.25%和28.34%。

本轮A股市场持续下跌兼有内外部因素影响。一是美国挑起贸易冲突和美联储收紧货币、美股调整的外部冲击。2018年3月以来，中美贸易摩擦不断升级，市场经历了从贸易战不会发生到贸易冲突不可逆并将向其他领域不断扩大

的预期的持续恶化。3月23日和6月19日，受美国宣布对中国500亿美元商品加征关税和将对2000亿美元中国商品加征10%关税影响，上证综指分别下跌3.39%和3.78%。10月8日，受彭斯演讲影响，上证综指再次下跌3.72%。二是国内宏观政策偏紧和经济放缓压力增大的影响。首先，国内宏观政策偏紧客观上对上市公司形成不利影响。去杠杆、金融强监管叠加了地方政府融资规范、房地产市场调控等政策影响，造成上市公司特别是民营上市公司再融资能力下降、流动性风险和信用风险增大。其次，金融强监管对股市资金面产生直接冲击。随着理财新规的落地，金融机构资产管理业务投资金融市场受到的限制增大。再次，受地方政府融资规范、房地产调控等多种因素影响，经济增长放缓压力日益增大，进一步压低了上市公司的估值。

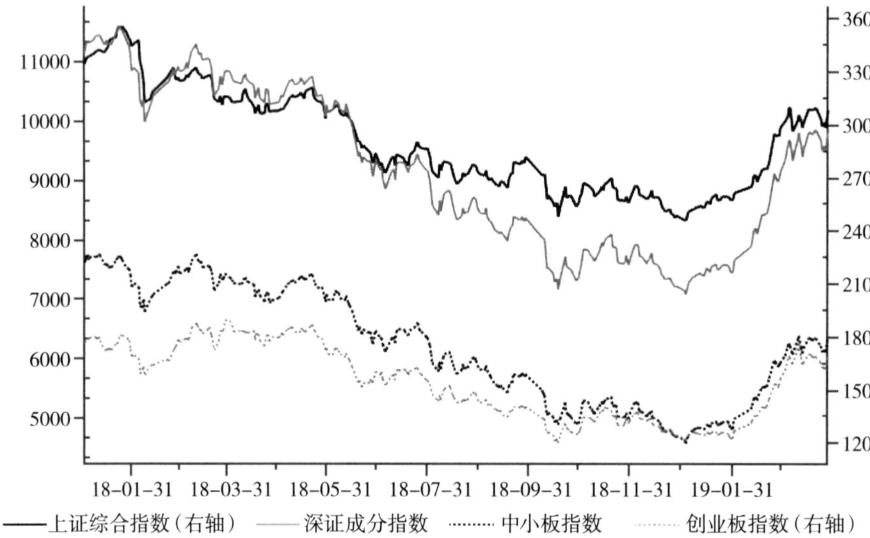

图6-1　股票市场主要指数

资料来源：Wind。

2. 股票市场估值水平和总市值下降

市场估值随股价下跌而持续下挫。2018年末，上证A股、深市主板、中小板和创业板的滚动市盈率分别为11.26倍、12.22倍、20.05倍和28.95倍，分别比上年下降4.86倍、5.91倍、15.89倍和15.82倍。

股票市场总市值和占GDP比例下降。由于股市下跌，2018年末，境内上市公司总市值和流通市值分别为43.5万亿元和35.4万亿元，分别比上年下降23.3%和21.2%。境内上市公司总市值与GDP的比例从2017年末的69%降至2018年末的48.3%，回到接近2000年的水平，与美国、日本等发达国家的差距拉大。

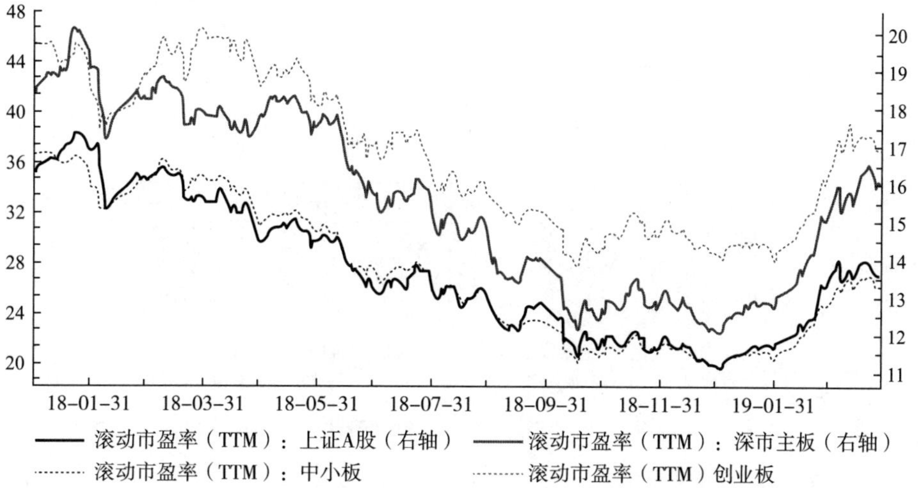

图6-2　上证A股、深市主板、中小板和创业板市盈率

资料来源：wind。

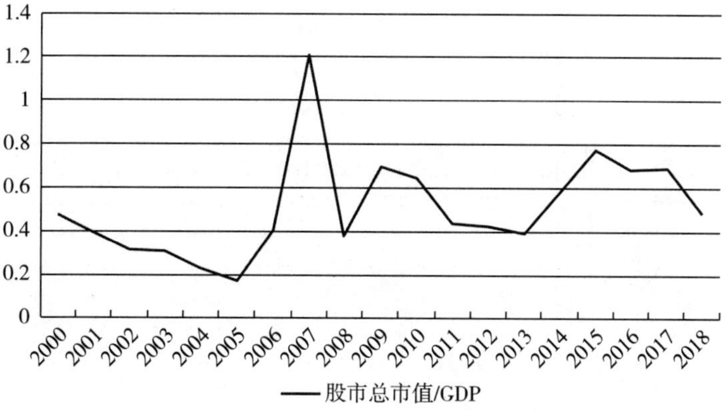

图6-3　中国境内上市公司总市值与GDP之比

资料来源：Wind。

3. 市场成交量和换手率总体下降

2018年，沪深股市累计成交90.2万亿元，日均成交3711亿元，同比下降19.5%。其中上证综指、深圳成指、中小板综指、创业板指数成交金额分别为40万亿元、49.7万亿元、20.2万亿元和15.8万亿元，分别比去年下降20.8%、18.9%、21.6%和3.8%。

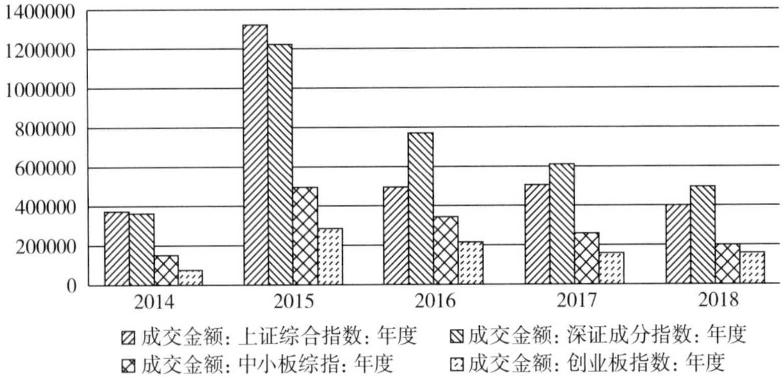

图6-4 上证综指、深圳成指、中小板综指、创业板指数股票成交金额（亿元）

资料来源：Wind。

市场换手率总体下降，创业板指数换手率有所回升。2018年，上证综指、深圳成指、中小板综指、创业板指数年换手率分别为0.47、1.05、1.08和1.75，分别比上年下降20.1%、下降13.1%、下降7.8%和上升22.6%。

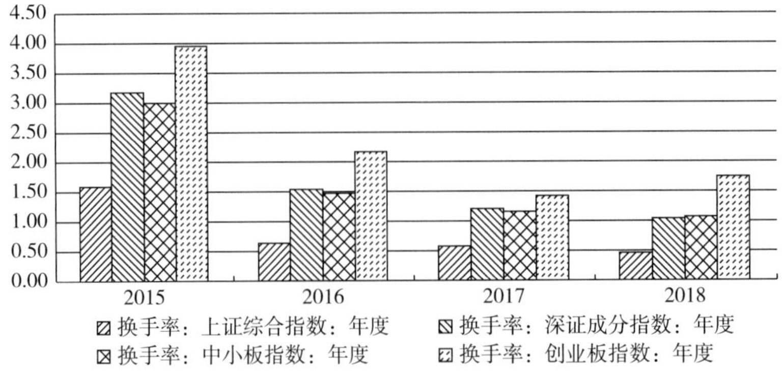

图6-5 上证综指、深圳成指、中小板综指、创业板指数股票换手率

资料来源：Wind。

4. 股票市场融资规模减小

受股市下跌影响，2018年A股市场共计509家公司募集资金合计1.21万亿元，募集家数比上年减少593家，募集资金比上年减少5116.5亿元，为2015年以来最低水平。其中，IPO为105家，只有2017年的24%，募集资金也比2017年减少近1000亿元。增发融资的家数和募集资金规模同样比2017年大幅减少。

表6-1　　股票市场募集家数和募集资金（亿元）

	集资金额合计		IPO统计		增发统计	
日期	募集家数	募集资金	首发家数	首发募集资金	增发家数	增发募集资金
2008	198	2905.6	77	1034.4	107	1642.4
2009	231	4564.9	98	1740.0	117	2672.3
2010	525	10140.8	348	4885.1	151	3100.2
2011	480	7046.8	281	2809.7	176	3485.4
2012	317	4457.4	155	1034.3	152	3214.1
2013	292	4613.9	2	0.0	267	3584.3
2014	630	9043.1	124	666.3	473	6842.0
2015	1068	16107.2	223	1576.4	813	12253.1
2016	1133	21095.8	227	1496.1	813	16879.1
2017	1102	17223.9	438	2301.1	540	12705.3
2018	509	12107.4	105	1378.2	267	7523.5

资料来源：Wind。

2018年105宗IPO中，上交所57家，中小板19家，创业板29家。IPO平均融资规模13.1亿元，较2017年翻倍有余，这主要受到工业富联上市募资规模较大的影响，而有80家公司募资在10亿元以下。这表明大型公司的大规模上市阶段已经过去，中小公司成为市场融资的主体。

5. 传统产业和经济发达地区融资占比提高

从股票市场融资的行业分布看，总体上，银行、能源、地产、公用事业等传统产业融资占比上升，新兴产业融资占比则出现分化。与2017年相比，2018年银行、技术硬件与设备、软件与服务、媒体、能源、食品饮料与烟草、房地产、公用事业的融资占比提升较多，其中银行业的融资占比从2017年的6.58%大幅提升到2018年的21.76%。资本货物、多元金融、电信服务、制药生物科技与生命科学、汽车与汽车零部件、商业和专业服务、消费者服务业的融资占比下降较多。

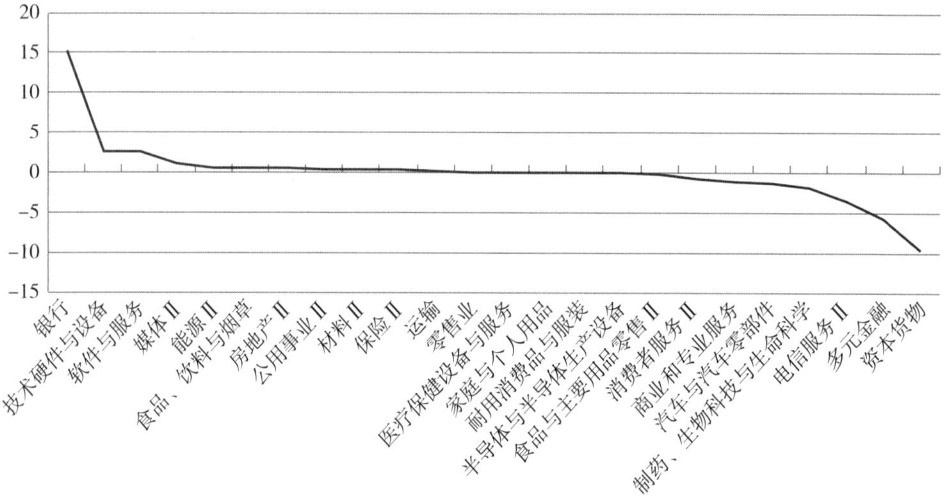

图6-6 股票市场融资规模行业占比2018年比2017年增加（%）

资料来源：Wind。

从股票市场融资的地区分布看，发达地区是2018年融资增长的主要受益者。与2017年相比，2018年北京、广东、江苏的融资规模占比增加较多，分别增加8.52%、4.82%和3.01%。新疆、福建、陕西、湖北、山东、湖南、浙江等省区的融资规模占比下降较多，其中，新疆融资占比下降5.89%，浙江融资占比连续2年下降较多。2017和2018年，融资规模排前5位省市均依次是北京、广东、江苏、浙江、上海。上述五省市2017年的融资占比合计为58.3%，2018年的这一比例进一步上升到73%。

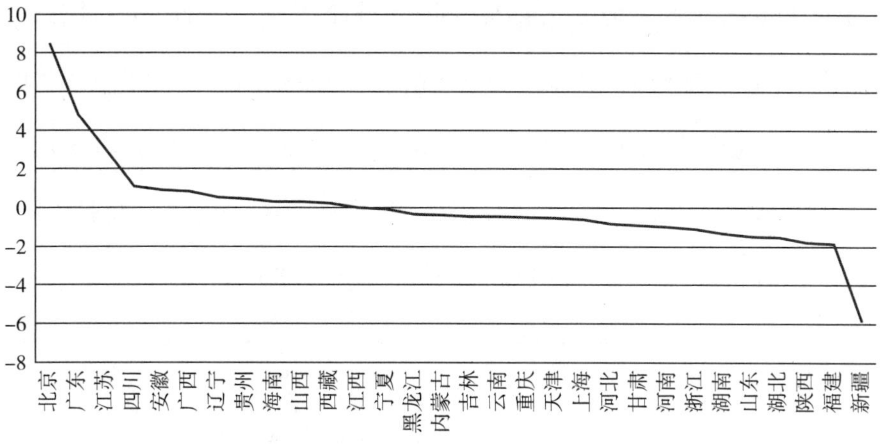

图6-7 股票市场融资规模省区占比2018年比2017年增加（%）

资料来源：Wind。

6. 股票质押融资风险集中释放

2015～2017年，股票质押融资业务快速发展，融资规模快速增长。大部分上市公司都涉及股票质押，尤其是民营公司、中小市值公司股票质押比例较高。2018年以来，A股市场持续下跌，中小市值公司股价跌幅更大，导致达到警戒线和平仓线的质押股票数量和规模不断增加。上市公司大股东等质押股票融资通常用于项目投资等用途，短期内变现难度大，同时，受宏观政策偏紧影响难以获得新的融资解除质押，也无更多质押物可供补充，从而股票质押融资风险持续暴露。

股票质押融资风险引发多重风险。首先，股市下跌与股票质押融资风险暴露形成相互推动作用。即使质押股票并未面临平仓风险，但市场预期下跌，就会自我强化和实现。其次，股票质押融资风险既直接加剧上市公司及其股东的信用风险，也引发民营企业实际控制人变更后公司价值急剧贬损的风险，并与债券违约等风险形成共振。

适应形势变化，监管部门预调微调宏观经济金融政策，加大了对实体经济尤其是民营企业的融资支持力度。并在多部门协作下，对股票质押融资风险进行多种方式的定向化解。股票质押融资风险逐步缓解。2018年11月后，市场质押股数及其占比、大股东疑似触及平仓市值均持续下降。据Wind统计，截至2018年末，市场质押股数6345.12亿股，市场质押股数占总股本9.83%，市场质押市值为42336.11亿元，其中，大股东质押股数6114.51亿股，大股东质押股数占所持股份比11.35%，大股东疑似触及平仓市值为28933.6亿元。

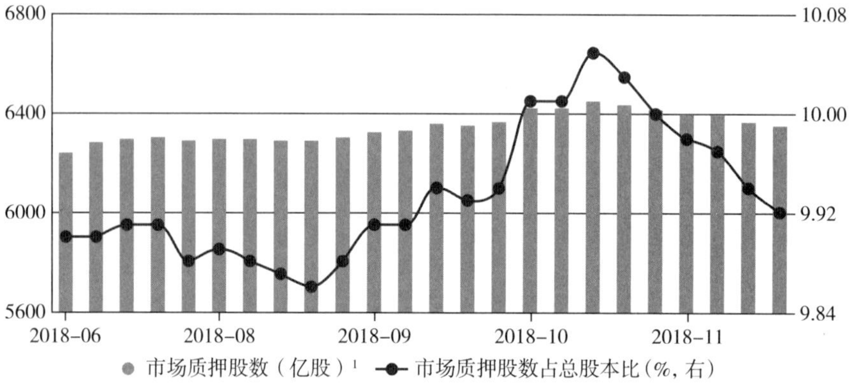

图6-8　市场质押股数（亿股）及其与总股本占比（%）

资料来源：Wind。

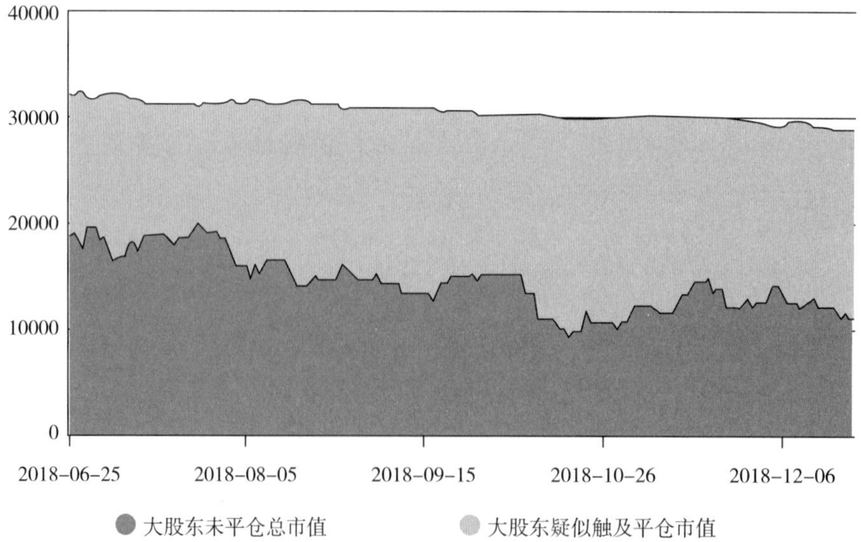

图6-9　大股东未平仓总市值和大股东疑似触及平仓市值（亿元）

资料来源：Wind。

7. 个人投资者占比继续下降，一般法人和外资持股比例上升

2017年以来，由于创业板下跌较多，偏好中小创股票的个人投资者亏损较大、部分投资者选择暂时性离场，个人投资者市场持股占市场流通市值的比例降至37%。2018年股市再次大幅下跌，二季度末，个人投资者持股占市场流通市值的比例进一步下降到35.3%。与此相应，2017年末到2018年6月末，机构投资者的持股比例从63%上升到64.7%，其中一般法人持股比例上升了1.52%，而其他机构投资者持股比例仅上升0.18%。在其他机构投资者中，受资管新规在内的金融严监管影响，保险、券商、私募基金持股比例均出现下降。保险公司和阳光私募持股占比分别下降0.38%和0.16%，券商和券商集合理财合计持股占比也微降0.09%。此外，随着资本市场对外开放加快，外资逐步成为A股市场的重要机构投资者，陆股通和QFII持股占比分别小幅上升了0.5%和0.03%。外资偏好低估值蓝筹股，2018年股票市场大幅下跌为外资增持提供了机会。据外汇管理局统计，2018年境外机构净买入境内上市股票425亿美元，比2017年增长85%。

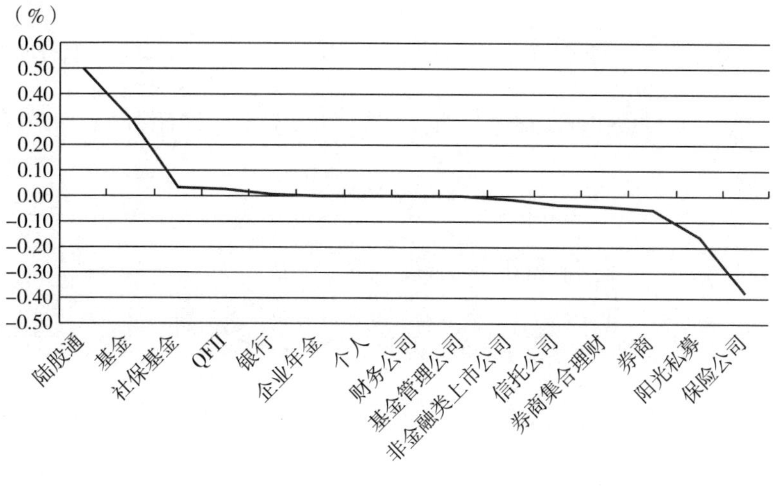

图6-10　2018年6月末比2017年末非一般法人机构投资者持股占比增加率

资料来源：Wind。

（二）2018年以来股票市场的政策环境

2018年以来，监管部门延续了股票市场全面和从严监管，加大执法力度，治理市场乱象，同时加快了市场基础性制度改革和市场开放。

1. 继续加强股票市场监管

规范金融机构资产管理业务。2018年4月，人民银行、银保监会、证监会、外汇管理局联合印发《关于规范金融机构资产管理业务的指导意见》，此后相关细则陆续出台。10月，证监会发布《证券期货经营机构私募资产管理业务管理办法》及《证券期货经营机构私募资产管理计划运作管理规定》，细化证券期货经营机构私募资管业务监管要求。12月，银保监会正式发布实施《商业银行理财子公司管理办法》，培育和壮大机构投资者队伍，引导理财资金以合法合规方式进入金融市场，支持实体经济发展。

加大监管执法力度。2018年，监管部门对资本市场乱象继续保持高压震慑态势，对信息披露违法、操纵市场、内幕交易、私募基金领域违法违规行为等加大处罚力度。全年共作出行政处罚决定310件，比2017年增长38.39%，罚没款金额106.41亿元，增长42.28%，市场禁入50人，增长13.64%，有力净化了市场生态环境，维护了资本市场运行秩序，保护了投资者合法权益，保障了资本市场的健康发展。

2. 改革股票上市发行和退市制度

发布CDR试点细则，力促新经济发展。2018年3月，国务院办公厅转发证监会《关于开展创新企业境内发行股票或存托凭证试点的若干意见》。6月，证监会正式发布实施《存托凭证发行与交易管理办法（试行）》，以发行CDR的方式促进新经济的发展，吸引境外上市创新企业回归A股，也为境内投资者更好分享中国经济增长红利提供便利。

设立科创板并试点注册制。2018年11月，习近平主席在首届中国国际进口博览会开幕式上提出，将在上海证券交易所设立科创板并试点注册制。此前，全国人大常委会已再次延长了对国务院实施股票发行注册制改革的授权期限。2019年1月，中央全面深化改革委员会第六次会议审议通过在上海证券交易所设立科创板并试点注册制的总体实施方案和实施意见。3月，证监会发布了《科创板首次公开发行股票注册管理办法（试行）》和《科创板上市公司持续监管办法（试行）》，同时上交所、中国结算发布相关业务规则，标志着科创板和注册制进入实施阶段。设立科创板是以增量改革的方式补齐资本市场服务科技创新企业的短板，是我国建设多层次资本市场体系的重要一步，注册制则是完善资本市场基础制度的重要举措。

完善退市制度，加大退市执行力度。2018年7月，针对上市公司长生生物暴露的疫苗问题，证监会修改了《关于改革完善并严格实施上市公司退市制度的若干意见》，规定上市公司构成涉及公众健康安全等领域的重大违法行为的，将被强制退市。11月，沪深交易所发布《上市公司重大违法强制退市实施办法》，新增“涉及国家安全、公共安全、生态安全、生产安全和公众健康安全”等五大安全领域的重大违法强制退市的情形。2018年，A股市场有5家上市公司被确认实施强制退市。其中，中弘股份、吉恩镍业、昆明机床、烯碳新材被强制摘牌退市，长生生物因重大违法行为被启动退市程序。

3. 完善股票市场交易制度

完善股票质押式回购交易制度，逐步控制股票质押业务风险。2018年1月，上交所、深交所与中国结算发布了《股票质押式回购交易及登记结算业务办法（2018年修订）》。一是进一步聚焦服务实体经济定位。明确融入方不得为金融机构或其发行的产品，融入资金应当用于实体经济生产经营并专户管理。二是强化风险管理。明确股票质押率上限不得超过60%，单一证券公司、单一资管产品作为融出方接受单只A股股票质押比例分别不得超过30%和15%，单只A股股票市场整体质押比例不超过50%。三是规范业务运作。明确证券公司开展业务的资质条件，要求证券公司建立融入方信用风险持续管理及资金用途跟踪管理机制。

完善上市公司股东减持制度。2018年3月，沪深交易所发布《上市公司创业投资基金股东减持股份实施细则》，对创业投资基金减持其持有的上市公司首次公开发行前股份给予差异化政策支持。

完善并购重组制度，支持上市公司资源整合和产业升级。2018年9月，证监会详细解释了并购重组价格调整机制，明确了调价必须遵循的五方面要求，以应对重组不停牌中的价格波动问题。10月，证监会推出“小额快速”并购重组审核机制，直接由上市公司并购重组审核委员会审议，简化行政许可，压缩审核时间，进一步激发市场活力。同时，证监会完善了并购重组审核分道制，明确新一代信息技术、新材料、新能源、生物产业等十大类产业适用“豁免/快速”通道，强化了科技创新导向，助推产业升级。由此，2018年并购市场逐步回暖。截至11月底，当年上市公司并购重组单数和交易金额分别为3689单和2.3万亿元，同比增长57%和42%。其中经审核的发行股份购买资产类并购项目中，属于战略新兴行业的占比近40%。资本市场支持企业优化资源配置、推动产业升级的平台作用日益突出。

完善上市公司股份回购制度。2018年10月，十三届全国人大常委会第六次会议对公司法第一百四十二条有关公司股份回购的规定进行了专项修改，增加了股份回购情形，完善了实施股份回购的决策程序，建立了库存股制度。11月，证监会、财政部、国资委联合发布《关于支持上市公司回购股份的意见》，充分发挥公司股份回购制度稳定市场的积极作用。

完善上市公司停复牌制度。2018年11月，证监会发布《关于完善上市公司股票停复牌制度的指导意见》，沪深交易所分别就《上市公司筹划重大事项停复牌业务指引（征求意见稿）》公开征求意见，从减少停牌事由、压缩停牌期限、强化信息披露、完善停复牌监管等方面对上市公司停复牌予以规范。

4. 积极稳定市场，化解市场风险

2018年，为应对A股市场出现的股价下跌和风险暴露，多部门陆续出台措施稳定市场。国务院金稳委多次召开会议，对股票市场高度关注。10月，一行两会集体发声稳定市场预期，并会同其他部门研究出台一系列措施提振市场信心。针对股票质押融资风险，通过地方政府管理的基金、保险资产管理公司和证券公司设立专项产品、私募股权基金等方式帮助有发展前景的公司化解风险。证监会从提升上市公司质量、优化交易监管、鼓励价值投资三方面稳定市场。

5. 进一步扩大市场开放

2018年4月，证监会发布《外商投资证券公司管理办法》，允许外资控股合资证券公司，逐步放开合资证券公司业务范围，统一外资持有上市和非上市两类证券公司股权的比例，完善境外股东条件，外资证券金融机构的准入进一步放开。11月，证监会批准瑞银集团增持内地合资证券公司瑞银证券持股比例由24.99%增加至51%。2019年3月，证监会核准设立摩根大通证券（中国）有限公司和野村东方国际证券有限公司。此外。2018年8月，证监会进一步放开符合规定的外国人开立A股证券账户的权限，允许在境内工作的外国自然人投资者开立A股证券账户，并将可以成为股权激励对象的境内上市公司外籍员工范围扩大到所有外籍员工。

市场互联互通机制层面，2018年以来，监管部门推出“新三板+H股”机制，扩大沪深港通每日额度，进一步便利跨境证券投资。沪伦通建设亦稳步推进。10月，证监会正式发布《上海与伦敦证券市场互联互通存托凭证业务监管规定（试行）》。11月，上交所发布实施其与伦敦证券交易所互联互通存托凭证业务相关配套业务规则。

市场开放取得积极进展。6月起A股被正式纳入MSCI新兴市场指数。9月，富时罗素宣布将A股纳入其全球股票指数体系。12月，标普道琼斯指数表示将把通过沪港通、深港通机制进行交易的合格中国A股纳入其有新兴市场分类的全球基准指数。

（三）2019年股票市场展望

2018年，在股票市场大幅走低的同时，资本市场的重要性大幅提升。10月，国务院金融稳定发展委员会第十次专题会议提出发挥好资本市场枢纽功能，要坚持市场化取向，加快完善资本市场基本制度。12月，中央经济工作会议提出，资本市场在金融运行中具有牵一发而动全身的作用，要通过深化改革，打造一个规范、透明、开放、有活力、有韧性的资本市场。股票市场监管的市场化、法治化程度不断提升。2019年以来，股票市场持续反弹，市场风险有效缓解。应在维护市场稳定、防范市场风险的基础上，以科创板改革为契机，不断完善市场基础性制度，推动股票市场更好服务于经济高质量发展。

1. 多措并举维护股票市场平稳运行

2019年以来，在全球货币政策同步趋于边际放松、风险资产价格普涨、国内“六稳”政策持续发力的共同作用下，A股市场快速反弹，交易量大幅回升。一季度末，上证综指、深圳成指、中小板指、创业板指分别上涨23.93%、

36.84%、35.66%和35.43%，市盈率分别上升到13.97倍、16.58倍、27.03倍和38.10倍，换手率分别上升到0.85、1.95、1.86和2.55。

股市反弹既是对前期经济过度悲观预期的合理修复和对宏观金融政策调整的适应，也可能蕴含了市场流动性充足、风险偏好提升下投机增加的风险。应吸取2015年股市异常波动的教训，在宏观政策、监管政策、市场预期引导方面采取积极措施，保障市场平稳健康发展，避免大起大落。

一是宏观政策要增强稳定性和连续性。治理信用紧缩要从央行释放流动性为主转向疏通货币政策的传导机制为重点，后期降息、降准等措施应更加注重时机选择，避免货币政策大水漫灌。同时，疏通货币政策传导机制要以市场化方式为主，避免行政化手段的过度使用和对微观市场主体的过多干预。

二是在市场监管层面，要加强对市场杠杆和异常交易的监管。继续保持严监管态势，规范场内资金杠杆，清查场外配资，依法打击操纵市场、内幕交易等违法违规行为。

三是抓住时机加快化解股票质押融资风险。前期地方政府、金融机构积极行动，通过设立纾困基金、保险和券商专项资管计划等方式化解股票质押融资风险，但调研表明部分纾困资金的运作并不顺利，在救助时机和救助对象选择、救助条件和方式协商等方面都存在较大困难。在当前股市大幅反弹的时机下，加强纾困基金与TMLF、民企债券融资支持工具等其他政策工具的结合，发挥政策合力，加快化解股票质押融资风险。鼓励四大金融资产管理公司等在特殊机遇投资方面具有较丰富经验的专业金融机构参与纾困基金的运作。加强对各类纾困基金或赋能基金的监管，防范道德风险和潜在金融风险。

四是在行业发展层面，审慎发展证券公司的资本中介业务。股票市场的杠杆增加和证券公司的业务发展变化密切相关。2013年以来，证券公司加快发展资本中介业务，普遍增加杠杆、做大资本。资本中介业务开展中，证券公司主要从市场上涨中获益，因此证券公司的经营偏好有助于增加市场上涨动能，特别是当市场有较强一致预期时更是如此，而当市场下跌时则又形成机构和市场的巨大风险。由于这类业务的信用风险主要来自市场风险，因而个体的证券公司很难有效防控。建议对证券公司的资本中介业务加强管理规范。

五是合理引导市场预期。应加强舆论引导，避免监管部门及其他政府部门对股市“牛市”的定义和解读，避免市场形成“国家牛市”的预期，让市场依据自身规律运行。

2. 以科创板改革为引领有序推进市场基础性制度改革

2019年，在上交所设立科创板并试点注册制的基础上，应不断改进科创板和注册制的规则体系，完善配套制度。

一是持续改进和稳步推进注册制试点。注册制不是一次性、标准化的改革，而是持续渐进的动态改革。注册制的规则体系可以在“试错”和市场需求激发下不断完善。与注册制有关的其他改革举措应相互配合，稳步实施。科创板涉及科创企业上市、红筹股回归、CDR落地等多项改革，IPO规模过大、频率过高可能对二级市场产生较大影响，甚至可能由股市下跌而再次增大股票质押融资等其他风险。应充分考虑现有市场的承受能力，分步实施各项改革措施。同时，要正确对待注册制改革中出现的风险，适当增加对市场正常波动的容忍度，更多用市场化的方式化解潜在风险，不忘注册制改革初心。

二是结合《证券法》修订和强监管加快市场基础性制度改革。应搁置争议，抓住主要矛盾，适时推出新的《证券法》。《证券法》新一轮修订已经经过多次修改和人大常委会二审，特别是经过股市异常波动的反思，形成了以信息披露和投资者保护为重心的理念，并对证券违法违规行为扩展了内容、完善了处罚规则、增大了监管的执法权限和处罚力度。适时推出新的《证券法》，能够使证券市场主体和行为有法可依，推动证券市场监管法治化。

继续加强证券市场监管特别是事中事后监管。从核准制转向注册制，股票发行权从政府向市场逐步过渡和部分过渡，让渡比例取决于发行人、中介机构、投资者、监管部门等各类主体的成熟程度。在市场不够成熟之时，需要监管发挥作用；即使市场成熟了，也需要监管发挥作用。强监管应常态化、制度化，提高监管能力。实施注册制，要平衡事前事中事后监管，逐步实现监管的重心后移。

加快完善市场基础性制度。一是要尽快落实退市制度，特别是重大违法强制退市的执行力度。提高退市比例，与科技创新类企业的高淘汰率特征相适应。二是建立并完善转板制度，实现多层次资本市场之间的良性升降机制。可充分发挥新三板作用，待上市企业不符合上市条件的，可以先在新三板挂牌，待条件满足后再转板到科创板等其他版块。在新三板建立退市整理板。上市公司退市的，可以先退到三板市场。三是完善信息披露制度，加强投资者保护，加大违法违规行为处罚力度。证券市场存在违法违规成本较低而收益巨大的情况。建议通过修改证券法、刑法等法律法规，加大对信息披露违规、造假上市、内幕交易等行为的处罚力度，以违法所得倍数为主要处罚依据，提高处罚标准，杜绝鼓励式罚款，强化有关责任人的法律责任。完善集体诉讼制度、举证倒置制度和损害赔偿制度。四是强化中介机构的责权匹配。注册制实施意味着对市场组织和监督将主要由成熟的中介机构来完成，因而其作用和责任将不断加强。应以责权匹配为原则，清晰界定中介机构的权责边界，避免对中介机构施加过重或过轻责任。

三是稳步推进证券交易所改革。推出科创板并试点注册制对上交所提出了更高的要求，也将使上交所和深交所以及新三板市场之间的竞争加大，可能出现交易所之间放松监管、降低门槛的恶性竞争。应稳步推进证券交易所改革。

一是继续夯实交易所尤其是上交所的一线监管职能。二是统筹、协调推进证券交易所和新三板市场改革，推动交易所之间适度竞争。对各层次资本市场设置差异化的市场定位和规则体系，同时完善对交易所的激励和约束机制。

二、2018年债券市场回顾和2019年展望

2018年，经济下行压力增大，货币政策持续释放流动性，债券市场迎来牛市行情，企业债券融资规模较上年出现恢复性增长，但与此同时，企业债券违约风险显著增大，信用利差有所扩大。2019年债券市场仍需以信用风险为重点防范化解风险，继续拓宽服务实体经济的广度和深度，助力经济高质量发展。

（一）2018年债券市场运行回顾

2018年，中国经济增长放缓，货币政策从“紧货币”向“宽货币”调整，债券市场收益率持续下行。同时，经济增速回落和去杠杆政策影响下，企业债券违约风险增大，民营企业风险突出。企业债券发行增多，主要集中在传统行业和东部发达地区。

1. 债券收益率大幅下行，曲线陡峭化

2018年，经济增长逐季放缓，央行货币政策稳中有松，全年四次定向或普遍降低金融机构法定存款准备金率，银行间市场资金面趋于宽松，货币市场利率和债券收益率持续下行。中债综合净价指数由2017年末的97.97点，上升到2018年末的101.92点，同期中债综合全价指数由113.37点上升到118.8点，涨幅分别达到4.03%和4.79%。

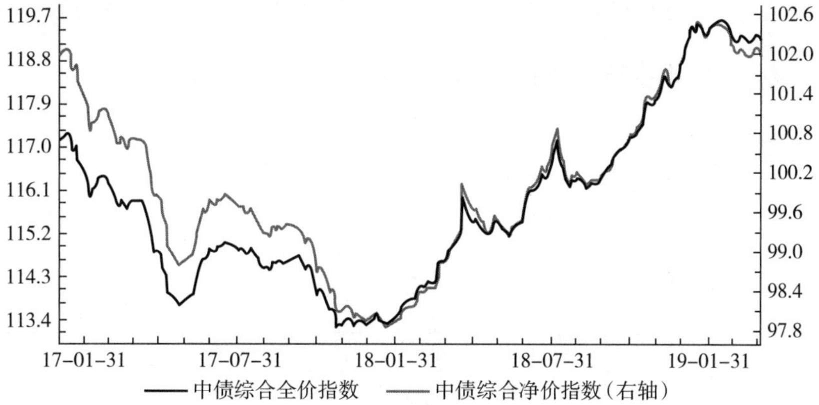

图6-11　中债综合净价指数和中债综合全价指数

资料来源：Wind。

国债收益率下行，曲线进一步陡峭化。2018年末，1年期、3年期、5年期、7年期和10年期国债收益率分别为2.6%、2.87%、2.97%、3.16%、3.23%，较2017年末分别下降119、91、88、74和65个基点，收益率曲线陡峭化。

图6-12　1年期和10年期国债收益率（%）

资料来源：Wind。

伴随二级市场收益率下行，一级市场发行利率同样大幅下降。2018年12月发行的10年期国债发行利率为3.25%，比上年同期发行的同期限国债利率低57个基点；国开行发行的7年期金融债利率为3.60%，比上年同期发行同期限金融债利率下降134个基点；主体评级 AAA 的企业发行的一年期短期融资券（债券评级 A-1）平均利率为4.02%，比上年同期低149个基点；5年期中期票据平均发行利率为5.11%，比上年同期低112个基点。

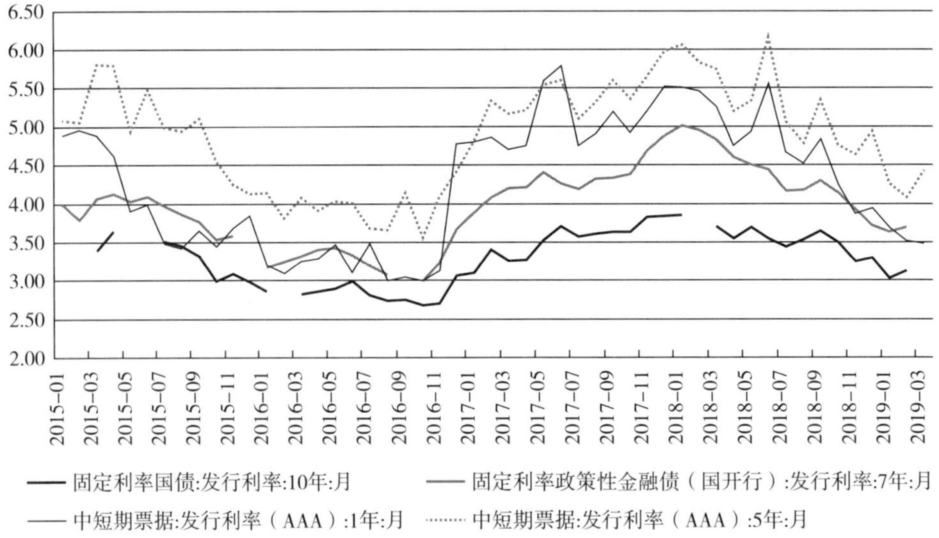

图6-13　主要债券品种发行利率（%）

资料来源：Wind。

2. 政府和金融债券流动性上升，企业债券流动性下降

2018年，债券市场呈现牛市格局，市场交易量回升。据人民银行2018年第四季度货币政策执行报告，2018年，银行间债券市场现券交易150.7万亿元，日均成交5982亿元，同比增长46%。交易所债券现券成交6.4万亿元，同比增长15.3%。

从债券品种的交易占比看，金融债券占比最高。2018年，同业存单和金融债的交易量分别占到债券成交总额的36.6%和35.1%。国债和地方政府债的交易量则分别占到12.5%和2.9%。以上四类利率债合计交易量占比达到87.1%，比2017年上升5.1%。企业债、公司债、中期票据、短期融资券和定向工具的合计交易量占比只有11.86%，比2017年下降5.2%。

从债券品种的换手率看，利率债券换手率提高而信用债券换手率下降。2018年，国债、地方债、同业存单、金融债的换手率均比2017年提高，而企业债、公司债、中期票据、短期融资券的换手率均比2017年下降，定向工具的换手率有所上升。公司债和地方政府债的流动性仍然偏低，尤其是公司债的流动性进一步下降，表明交易所债券市场急需改善流动性环境。

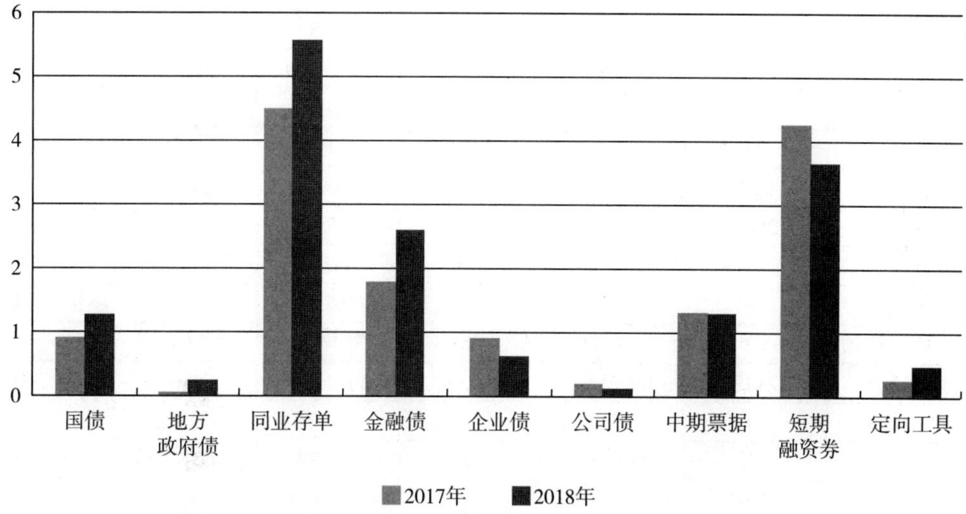

图6-14　2017年主要债券品种市场换手率（交易量/债券余额）

资料来源：Wind。

3. 政府债券发行减少，企业债券发行增多

2018年累计发行各类债券43.8万亿元，同比增加7.5%。作为支持银行负债增长的有力工具，同业存单发行规模继续保持较快增长，发行规模仍然占到当年全部债券发行规模的接近一半。国债、地方政府债发行额有所下降。企业债券各品种发行差异较大。企业债发行额下降35.2%。而公司债、中期票据、短期融资券、定向工具发行额分别增长50.4%、63.6%、31.5%、10.6%。上述五类企业债券合计发行规模增长35%。此外，资产支持证券发行规模增长37.3%，可交换债和可转债发行规模分别下降60.4%和16.1%。

2018年，企业债券融资在社会融资规模中的占比比 2017年大幅提升，达到12.9%，但仍然低于2014～2016年水平。

表6-2　　各类债券发行只数和规模

类别	2017年		2018年		2018年增长率	
	发行只数	发行额（亿元）	发行只数	发行额（亿元）	发行只数	发行额
国债	160	40041.79	158	36670.97	−1.25%	−8.42%
地方政府债	1134	43580.94	930	41651.67	−17.99%	−4.43%
同业存单	26935	201675.70	27291	210985.60	1.32%	4.62%
金融债	1138	49521.41	1061	52459.10	−6.77%	5.93%
企业债	382	3730.95	286	2418.38	−25.13%	−35.18%
公司债	1201	11024.74	1522	16575.65	26.73%	50.35%
中期票据	910	10369.45	1416	16962.15	55.60%	63.58%
短期融资券	2140	23775.90	2918	31275.30	36.36%	31.54%
定向工具	720	4954.13	768	5478.87	6.67%	10.59%
国际机构债	4	60.00	3	54.6	−25.00%	−9.00%
政府支持机构债	22	2460.00	25	2530.00	13.64%	2.85%
资产支持证券	2432	14671.01	2736	20139.38	12.50%	37.27%
可转债	44	947.11	87	794.57	97.73%	−16.11%
可交换债	80	1172.84	28	464.74	−65.00%	−60.37%
合计	37302	407985.98	39229	438460.98	5.17%	7.47%

资料来源：Wind。

由于企业债券违约风险大幅增加，弱资质主体融资能力下降，债券融资更加集中于优资质企业。2018年，在除金融业外的企业债券发行中，主体评级AA及以下债券发行规模占比大幅下降至18%，这是2008年金融危机以来最低水平。

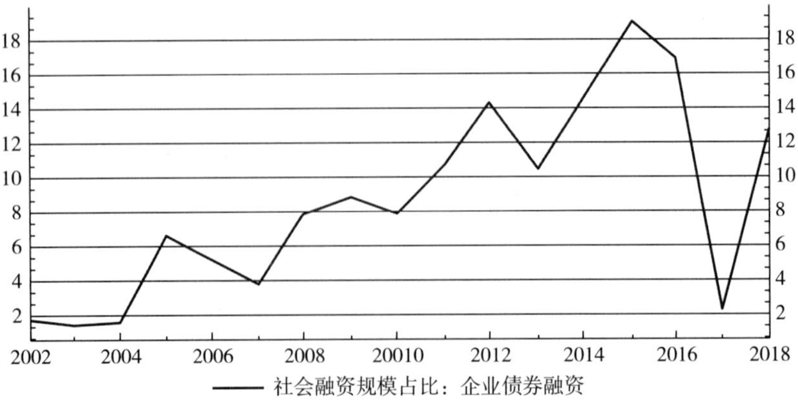

图6-15　社会融资规模存量中的企业债券融资占比（%）

资料来源：Wind。

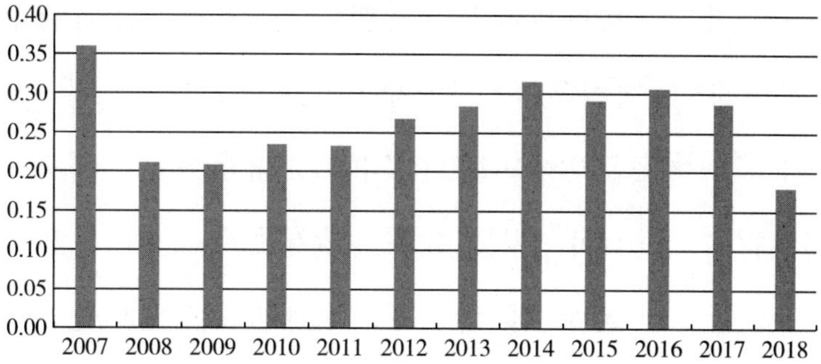

图6-16　非金融公司债券发行中，主体评级AA及以下占比（%）

资料来源：Wind。

4. 传统行业和东部发达地区企业债券发行增加较多

分行业看，传统行业债券发行增加较多。2018年信用债发行额最大的行业依次为金融保险业、综合类、建筑业、制造业、电力煤气水的生产和供应业、交通运输仓储业、房地产业、采掘业等。2017年，除了农林牧渔业债券发行规模减小外，其他行业债券发行规模都实现正增长。增幅最大的行业依次是金融保险业、综合类、房地产业、电力煤气水的生产和供应业、采掘业。2018年，社会服务业、信息技术业和传播与文化产业三类新兴产业融资占比为5.1%，比上年下降1.9个百分点。

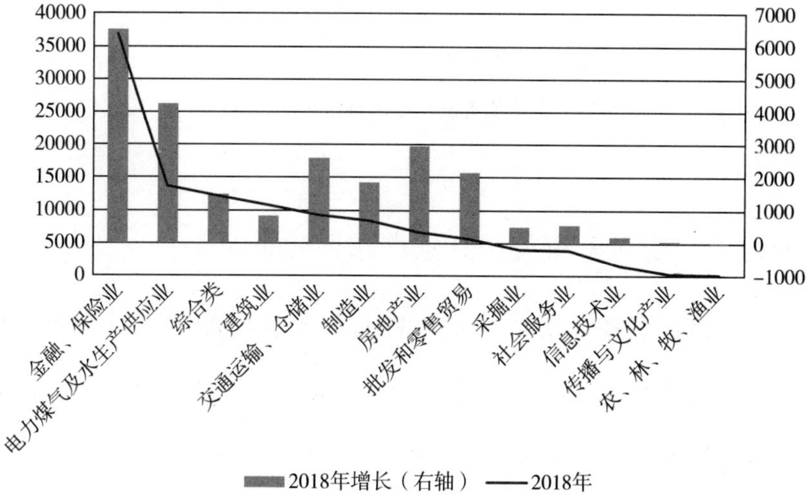

图6-17　企业债券发行额的行业分布（亿元）

资料来源：Wind。

分地区看，东部发达地区债券发行增加较多。2018年，各省市区企业债券发行规模由高到低排列，前9位依次是北京、广东、上海、江苏、浙江、山东、福建、天津、重庆，均为发达地区或直辖市。北京是央企总部所在地，所以发行规模远超其他省区。2018年，大多数省区债券发行规模均比2017年增加。其中，北京、广东、上海、天津、福建、浙江增加较多，尤其是北京，增幅高达9885.6亿元，表明央企和国有商业银行融资规模较大。重庆、湖南、黑龙江、贵州、安徽、内蒙古、青海等省区市债券发行规模比上年下降，集中在中西部地区。

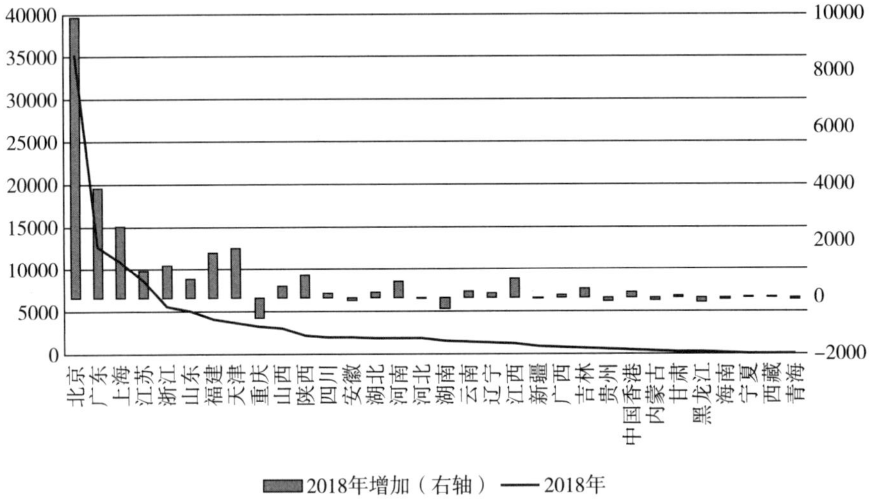

图6-18 企业债券发行额的地区分布（亿元）

资料来源：Wind。

5. 债券违约风险显著增大，且集中在民营企业

2018年，经济增长逐季放缓，去杠杆政策和金融严监管对企业的资金面产生较大压力，企业债券违约风险显著增大。据Wind统计，2018年共有125只债券发生违约，违约债券金额达到1209.61亿元，首次违约发行人为43家，违约债券只数和金额均达到2017年的3.6倍。

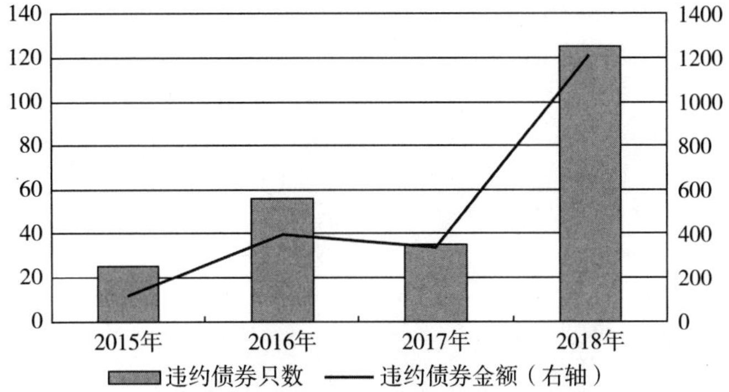

图6-19　违约债券余额（亿元）和只数

资料来源：Wind。

2018年债券违约具有两个特点。一是违约债券集中在民营企业。125只违约债券中，民营企业违约债券106只，占比达到84.8%。二是上市公司债券违约较多。全年有43只违约债券为上市公司发行，占比达到34.4%。

债券违约风险产生多方面负面影响。一是企业债券发行难度增大，加剧了企业流动性紧张和信用风险暴露。据Wind统计，2018年有713只企业债券推迟发行或发行失败。有的上市公司由于债券发行失败导致股价大幅下跌，引发股票质押融资风险。二是企业债券融资成本仍在高位。2018年，货币政策转向中性偏松，货币市场利率、国债收益率均大幅下行，但产业债和城投债的信用利差都出现了较大幅度上升。三是对民营企业特别是资质较差的融资主体冲击更大，低评级主体发行债券的信用利差明显扩大，发行规模下降。

从时间趋势看，2018年下半年的债券违约风险较上半年更大。7月下旬开始，企业债券信用利差有所回落，城投债比产业债信用利差更早收窄。但10月份，违约债券只数、余额和首次违约发行人数均创历史新高。在支持民营企业融资的一系列政策出台后，11月开始，民营企业债券违约风险有所下降，信用利差趋于回落。

图6-20 AA评级产业债和城投债信用利差（BP）

资料来源：Wind。

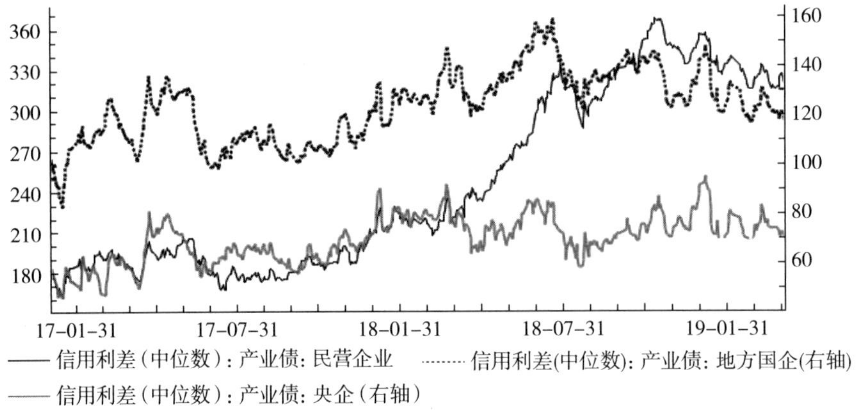

图6-21 分企业性质产业债信用利差（BP）

资料来源：Wind。

6. 债券市场杠杆率水平明显下降

作为金融体系去杠杆的一部分，2018年债券市场杠杆率水平明显下降。2013~2015年，银行间市场杠杆率[①]持续上升。其中尤其是2014~2015年，央行连续降息降准，债券市场持续走强，银行间资金成本下降，机构投资者加大杠杆享受套息收益，银行间市场杠杆率上升较快。2016年货币政策回归中性，央

① 银行间市场杠杆率=债券托管余额月度平均值/（债券托管余额月度平均值–待购回债券余额月度平均值）。

行提高公开市场操作利率引导市场去杠杆，市场整体杠杆显著下降。2017年杠杆率水平略有上升。2018年市场杠杆率水平明显下降，为五年来最低。

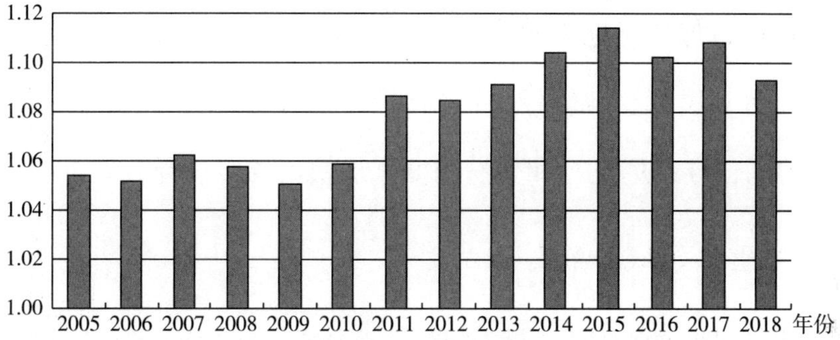

图6-22　债券托管量/（债券托管量-待购回债券余额）

资料来源：Wind。

7. 境外机构投资规模快速增长

近年来，中国债券市场对外开放步伐加快。2017年以来，人民币汇率企稳，境外机构投资中国国内债券规模持续增长。据人民银行统计，2018年，境外机构和个人持有境内人民币债券规模比2017年增加5127.6亿元。境外机构主要投资国债和政策性金融债。2018年，境外机构持有国债余额比2017年大幅增加4694亿元，持有政策性金融债余额则保持稳定。

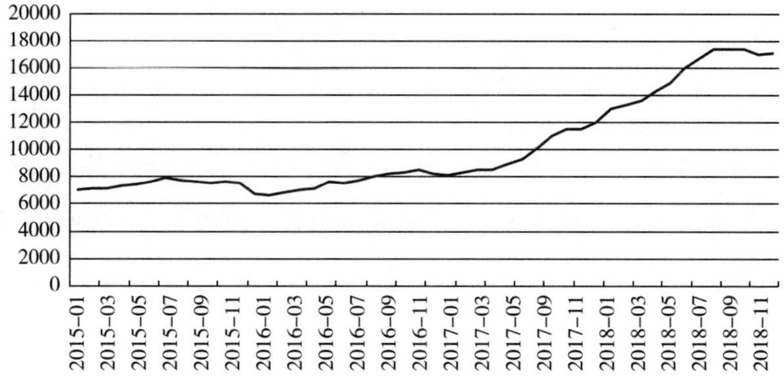

图6-23　境外机构持有国债和政策性金融债（亿元）

资料来源：Wind。

（二）2018年以来债券市场的政策环境

2018年以来，在各类金融风险仍然高发易发的情况下，监管部门进一步强化市场风险管理，加强对地方政府隐性债务风险管控。在此基础上，继续丰富债券品种，加大对民营企业等经济薄弱环节的支持力度，同时推进债券市场统一监管，完善了债券市场发行和交易制度，加快市场对外开放。

1. 加大对重点领域金融支持力度

加强对民营和小微企业债券融资的支持力度。2018年，随着去杠杆政策的推进，民营企业和小微企业融资也受到一定程度的影响。2018年6月，人民银行、银保监会等部门联合印发《关于进一步深化小微企业金融服务的意见》，完善小微企业金融债券发行管理制度，支持银行业金融机构发行小微企业贷款资产支持证券。6～7月，人民银行先后将AA级及以上的小微企业相关的金融债券和公司信用类债券纳入中期借贷便利（MLF）担保品范围，额外给予MLF资金用于支持产业类信用债投资，引导商业银行加大对中低评级信用债的投资。10月，人民银行引导设立民营企业债券融资支持工具，以市场化方式缓解民营企业债券风险。针对上市民营企业股票质押融资风险突出的问题，上交所、深交所推出纾困专项公司债，化解民营企业融资风险。

加大对市场化债转股、商业银行补充资本、住房租赁市场的债券融资支持力度。市场化债转股方面，2018年1月，国家发改委等七部委发布通知，允许符合条件的上市公司、非上市公众公司采取向实施机构发行可转换债券等方式募集资金偿还债务。商业银行补充资本方面，2018年2月，人民银行发布2018年第3号公告，规范银行业金融机构发行资本补充债券。3月，银监会、人民银行从增加资本工具种类、拓宽发行渠道、扩大投资主体范围等方面，支持商业银行资本工具创新，拓宽资本融资渠道。2019年1月，人民银行创设央行票据互换工具（CBS），支持银行发行永续债补充资本。住房租赁市场方面，2018年4月，证监会、住房城乡建设部联合发布《关于推进住房租赁资产证券化相关工作的通知》，明确开展住房租赁资产证券化的基本条件，推动多类型具有债权性质的房地产资产证券化产品创新发展。

2. 强化债券市场金融监管

有序推进债市统一监管，提升债券市场协同监管效率。2018年8月，国务院金融稳定发展委员会明确提出“建立统一管理和协调发展的债券市场”。9月，人民银行、证监会联合发布第14号公告，对逐步统一银行间债券市场和交易所债券市场评级业务资质、提高评级质量等方面进行规范，为信用评级行业统一监管做出重要制度性安排。12月，证监会联合人民银行、国家发改委共同发布《关于进一步加强债券市场执法工作有关问题的意见》，明确由证监会依法对银行间债券市场、交易所债券市场违法行为开展统一的执法工作，并明确了执法过程中人民银行、国家发改委等部门的协助职责和方式。

加大违法违规行为追究力度，债券市场的法治化进程加快。2018年以来，财政部、发改委、证监会等部门对多起违规发行企业债券涉及的会计事务所和发债企业进行处理。在中恒通欺诈发行债券案中，涉及的券商和会计事务所工作人员被出具刑事判罚，成为我国债券市场首宗因欺诈发行被追究刑事责任的案件。

3. 完善债券发行和交易机制

进一步完善债券发行机制，提高债券市场融资效率。2018年6月，上交所、深交所分别发布基础设施类资产支持证券挂牌条件确认指南，规范基础设施类资产证券化业务发展。7、8月，上交所、深交所对市场认可度高、行业地位显著、经营财务状况稳健且已在债券市场多次开展债券融资的公司申请发行公司债券实行简化审核，进一步提高公司债发行效率。8月，人民银行试点开展金融债券弹性招标发行，允许金融机构根据认购情况动态调整最终债券发行规模，金融债券发行机制更趋市场化。

完善债券市场交易机制，规范业务发展，提高市场流动性。2018年1月，针对机构违规“代持”、盲目增加杠杆等行为造成的债券市场脆弱性上升、风险隐患增大情况，人民银行、银监会、保监会、证监会联合发布《关于规范债券市场参与者债券交易业务的通知》，重申针对市场参与者的有关禁止性规定，明确要求债券市场参与者将自营、资产管理、投资顾问等各类前台业务相互隔离，合理控制债券交易杠杆比率，严禁通过任何形式的“抽屉协议”或通过变相交易、组合交易等方式规避内控及监管要求。4月，上交所、中国结算正式发布实施《债券质押式三方回购交易及结算暂行办法》，从投资者适当性、担保品管理、交易结算安排、持续管理等方面明确三方回购业务规范。10月，人民银行在银行间债券市场正式推出三方回购交易，降低回购双方之间的协商成本，进一步提高债券二级市场流动性。

4. 加强债券市场风险管控

强化债市风险管控要求。2018年是债券违约风险的高发年，人民银行等监管部门相互配合，综合施策，从债券存续期信用风险管理、交易投资风险、私募债和企业债发行、证券公司短融市场等方面有针对性地加强了债券市场风险管控。

丰富处置方式，加快违约债券处置。2018年以来，违约债券发行人在金融资产管理公司等各方支持下，采取打折回购或收购、实质性重组等组合手段化解违约债券风险，取得积极进展。6月，中国外汇交易中心、全国银行间同业拆借中心开展债券匿名拍卖业务，并将违约债券、受违约影响的债券、资产支持证券次级档等低流动性债券纳入业务范围，提高违约债券流动性。

加强地方政府隐性债务风险管控。2018年以来，中央和有关部门对地方债务管理的要求不断强化。一方面，通过“开前门”纾解地方政府融资压力，加快地方政府专项债发行进度，提升市场化发行水平。截至2018年末，地方政府专项债已经涵盖了棚改、土储、收费公路、轨道交通等政府支出的重要领域。另一方面，通过“堵后门”继续加强地方政府性债务风险管控。财政部等部门陆续发布多项政策，对地方政府、国有金融机构、信用评级机构、发债企业等提高要求，加大违规处罚力度。2018年，有关部门全面摸底地方政府各类债务，地方政府制定化解隐性债务计划，计划用5~10年化解存量隐性债务。

5. 推进债券市场对外开放

提高境外机构的投资便利化水平。2018年6月，央行简化境外投资者进入中国银行间债券市场投资备案的信息收集和报备要求。8月，“债券通”（北向通）全面实现券款对付结算，提升了结算效率，降低了结算风险，更好满足了境外投资者的风控及监管要求。11月，财政部、税务总局对境外机构投资境内债券市场取得的债券利息收入暂免征收企业所得税和增值税，提升了我国债券市场对外资的吸引力。

放宽外资机构开展信用评级及债券发行业务的市场准入。3月，银行间交易商协会明确境内外评级机构将按照平等原则，通过申请注册开展信用评级活动。国际三大评级机构均已设立在华独资评级公司，并向交易商协会提交了评级业务注册申请文件。4月，银保监会进一步明确外商独资银行、中外合资银行可以依法代理发行、代理兑付、承销政府债券，无需获得金融监管部门的行政许可。

支持“一带一路”债券及熊猫债的发行。2018年3月，上交所、深交所开展

“一带一路”债券试点，鼓励“一带一路”沿线国家（地区）政府类机构、企业及金融机构等发行“一带一路”债券。9月，央行、财政部联合发布《全国银行间债券市场境外机构债券发行管理暂行办法》，确立了银行间债券市场熊猫债发行的监管框架，提升了熊猫债监管的协调性和发行制度的透明度，降低了境外机构发行人的沟通成本，增强了银行间债券市场对境外发行人的吸引力。

（三）2019年债券市场展望

近年来债券市场的快速扩容，有力支持了稳增长、调结构的宏观政策目标的实现，同时快速提高了直接融资的比重，改善了融资结构。2019年债券市场在收益率面临上行压力和信用风险继续释放的挑战下，仍需要以信用风险为重点防范化解市场风险，同时继续拓宽服务实体经济的广度和深度，进一步推进市场开放，助力经济高质量发展。

1. 债券市场运行展望

2018年，世界经济下行压力增大，发达国家货币政策正常化的进程发生反向调整，这是中国债券市场的有利外部环境。但另一方面，在货币政策放松、稳增长政策发力的作用下，中国经济增长可能企稳，这将对债券市场形成压力。

债券信用风险方面，由于经济下行风险仍存，且即使经济企稳，经济结构调整和结构性去杠杆仍将继续，同时2019年信用债到期规模较大，且其中的低等级债券占比较高，因此预计2019年债券违约规模仍将维持高位，但可能低于2018年水平。需要防范在新一轮货币政策放松后，部分企业可能再次盲目扩张、激进投资、大规模短债长投而形成的新的风险。

2. 进一步防范化解债券违约风险

2019年，债券违约风险防范和处置仍然是债券市场的风险防控重点。防范债券违约风险方面，一是对各类企业债券的偿还风险进行提摸排，提前介入和处置债券违约风险。二是密切监测各金融市场风险，防范债券违约风险与其他金融风险共振。三是对主业健康但遇到暂时流动性问题的企业给予必要的金融支持，进一步完善金融机构投资民营企业债券的尽职免责机制。四是在进一步清理化解地方政府和融资平台债务风险中，妥善处置城投债的潜在风险。五是稳妥化解处置风险引起的次生风险，做好市场预期和舆情管理。

化解债券违约风险方面，一是针对债券违约企业往往有其他类型债务违约，应统筹做好债务处置工作。完善债权人委员会的运作机制，在违约债务处置中加强区域间协调合作。引导国有资本和其他各类社会资本积极参与债券违约企业的债务处置。二是有效控制债券违约风险释放的节奏和规模。相对于银行不良贷款风险，公募债券违约的风险外溢性、传染性更强，因此对其风险释放和处置要更为审慎，而不能简单比照不良贷款率，容忍其违约率在短期内过快提高。三是针对已违约债券大部分尚未处置的情况，着力完善债券违约处置机制。地方政府、监管部门、金融机构应发挥合力，加大对存量违约债券的协调处置力度。健全债券投资者保护和司法救济制度。在债券发行、债务违约处置流程等多方面完善信息披露制度。在监管层面制定要求，在债券发行募集文件中增加多样化的投资人保护条款和救济措施。进一步完善并保障债券持有人会议制度、受托管理人制度的实施。建立违约债券交易机制，发展不良债券处置市场。督促信用增进机构依合约履行代偿责任。提高破产执法效率。完善责任追究机制。

三、2018年外汇市场回顾和2019年展望

2018年国际金融市场震荡，特别是中美经贸摩擦给市场预期带来不利影响。但人民币汇率基本稳定，外汇储备保持在3万亿美元以上，并进一步完善汇率市场化形成机制。展望2019年，我国外汇市场运行有望继续保持平稳，外汇管理的重点在于服务实体经济、防控金融风险、深化金融改革。

（一）2018年外汇市场运行回顾

2018年，我国外汇市场保持了平稳运行的总基调。国家外汇管理局统计数据显示①，2018年我国外汇市场（不含外币对市场，下同）总计成交29.07万亿美元，较2017年同比增长20.7%。按交易对象划分，银行对客户市场成交4.23万亿美元，银行间外汇市场成交24.85万亿美元；按交易品种划分，即期市场成交11.06万亿美元，衍生品市场②成交18.01万亿美元。

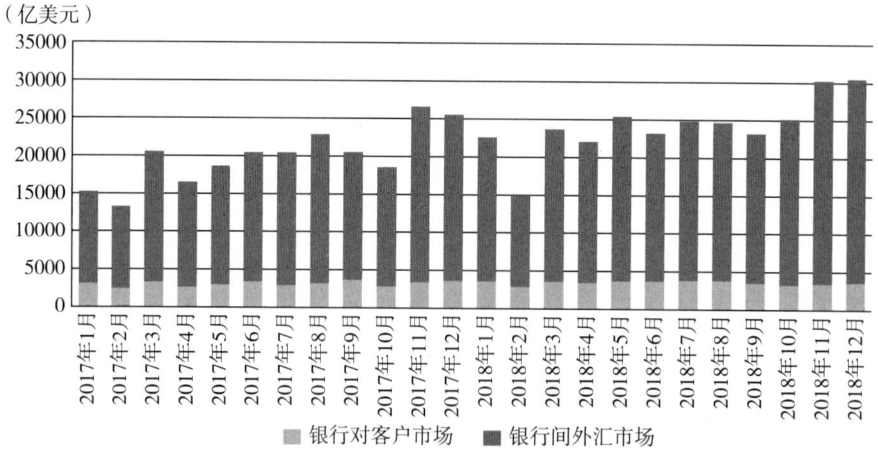

图6-24　2017～2018年我国外汇市场交易概况（按交易对象）

---

① 除特别说明外，本节内容涉及的数据均来源于国家外汇管理局网站。

② 外汇衍生品市场包括远期市场、外币和货币掉期市场以及期权市场，从交易金额看，以外币和货币掉期市场为主导。

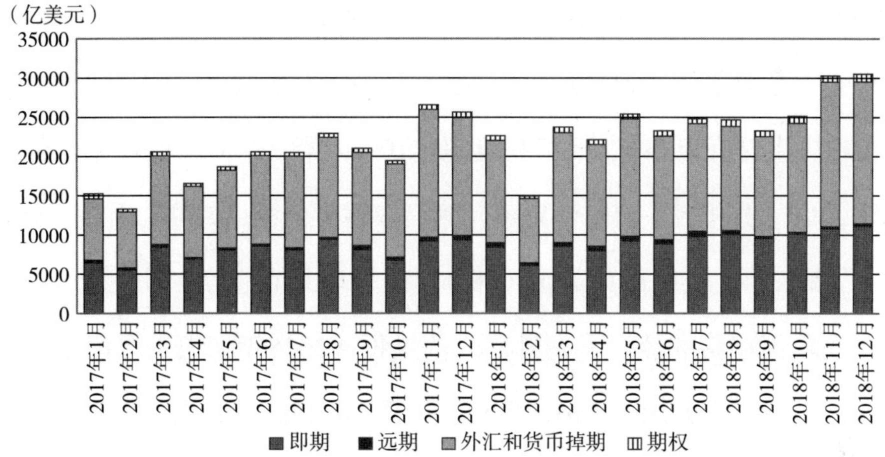

图6-25 2017～2018年我国外汇市场交易概况（按交易品种）

1. 跨境资本流动相对平稳

2018年，在我国经济平稳增长的大背景下，随着国家监管政策的变化以及结汇率的上升，跨境资本净流出规模总体缩小，外汇供求更加平衡，外汇市场运行的整体稳定性有所加强。在银行结售汇方面，全年银行结汇1.89万亿美元，售汇1.95万亿美元，结售汇逆差为560亿美元，同比下降49.82%，其中第一季度、第三季度、第四季度逆差分别为183亿美元、418亿美元和279亿美元，第二季度顺差为320亿美元；在非银行部门（企业、居民个人等）跨境资本净流出方面，银行代客涉外收入3.48万亿美元，银行代客涉外支出3.56万亿美元，银行代客涉外收付款逆差为858亿美元，较2017年的1245亿美元同比下降31.08%，其中第一季度顺差（净流入）为107亿美元，第二季度至第四季度净逆差（净流出）分别为228亿美元、444亿美元、293亿美元，资本净流出规模有升有降。总体而言，在考虑即期交易和衍生品交易影响的情况下，2018年我国外汇供求基本处于相对均衡状态，资本净流出情况较2017年有所好转。

2. 人民币对美元总体贬值

2018年，人民币兑美元汇率可以分为三个阶段：第一个阶段是震荡升值（1

月至5月中旬），这期间人民币兑美元的汇率[①]从6.51总体升值到6.33，但中间有升有降；第二个阶段是快速贬值（5月中旬至10月），这个阶段人民币兑美元的汇率从6.33快速贬值到6.96，贬值幅度超过10%；第三个阶段是平稳升值（11月至12月），11月份开始，人民币兑美元的汇率逐步企稳，并略有升值，从6.96升值到6.86。2017年，人民币兑美元大部分时间呈现升值趋势，对一篮子货币相对稳定。人民币汇率指数经历了先升后降的过程，2018年初人民币汇率指数（参考BIS货币篮子）[②]为95.89点，6月中旬增加至101.21点，后极速下降并平稳至96点左右。人民币对美元贬值的原因包括：一是中美经贸摩擦引起的不确定性，自2018年年初以来，美国政府多次威胁并具体实施对中国的一系列贸易保护措施，严重影响中美经贸关系正常发展，这给部分在华投资的外资带来巨大的不确定性，部分外资非理性流出；二是美联储加息缩表式的货币紧缩政策，2018年美联储共加息4次，并不断缩表，全球美元流动性紧缩，人民币兑美元贬值在情理之中；三是中国引入逆周期因子，使人民币兑美元汇率更能反映市场供求情况，人民币汇率变化与美元指数的变化更加相关，美元升值对人民币贬值的影响更为明显。

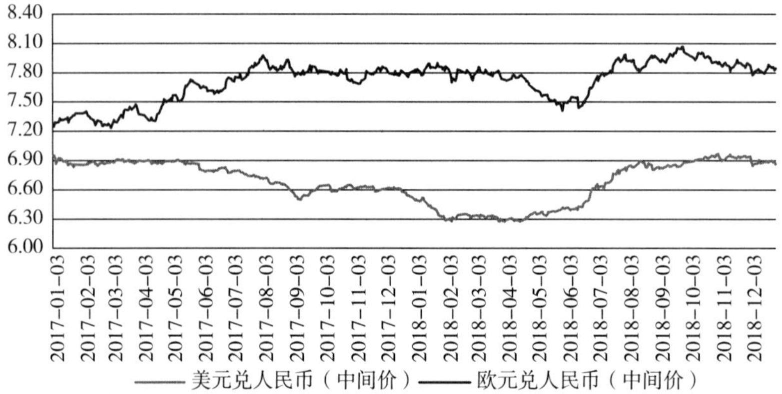

图6-26　2017～2018年人民币汇率变化

① 此处为直接标价法汇率。

② 此处数据来源于Wind数据库。

3. 外汇储备降中有稳

截至2018年12月末，我国外汇储备总额为3.07万亿美元，较2017年末的3.14万亿美元下降672亿美元，同比降幅为2.14%。分月份来看，1月份至8月份均在3.1万亿美元之上，9月份之后略有下降，但仍保持在3万亿美元之上。总体而言，我国外汇储备规模仍处于正常的波动区间内。我国经济基本面的持续向好、跨境资本流出收窄、外汇供求更趋平衡等因素，均对我国外汇储备的相对稳定起到了积极影响。

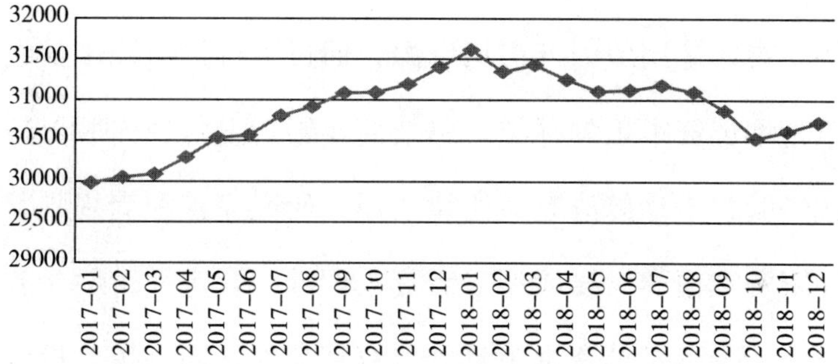

图6-27　2017～2018年我国外汇储备总额（单位：亿美元）

（二）2018年外汇市场政策环境

国家外汇管理局作为我国外汇管理的主管部门，2018年工作重点主要聚焦于服务实体经济和加强监管。具体体现在以下四个方面。

1. 多渠道管理创新以服务实体经济发展

第一，完善结售汇管理。2018年2月13日，为进一步支持金融机构服务实体经济防范外汇风险，国家外汇管理局发布《国家外汇管理局关于完善远期结售汇业务有关外汇管理问题的通知》。远期结售汇业务是目前国内外汇市场最基础和主要的衍生产品，从丰富交易机制的关键环节入手，继2016年放开远期结汇差额交割后，允许远期售汇到期交割方式根据实际需求选择全额或差额结算，至此远期结售汇在市场定价、交割结算、风险管理等方面完全实现了市场化。

第二，创新商业银行资本工具。商业银行资本充足率水平总体保持稳定，新型资本工具发行环境逐步改善。具体包括：一是积极支持商业银行资本工具创新的有益探索。支持商业银行在资本工具创新方面的有益探索，营造有利于商业银行资本工具创新的外部环境，充分调动商业银行资本工具创新的积极性和主动性。二是拓宽资本工具发行渠道。持续完善市场基础设施，研究修订配套制度，支持商业银行在强化内源性资本积累的前提下，充分发挥境内外金融市场互补优势，有效运用境内外市场资源，通过多种渠道稳步扩大资本工具的发行规模。三是增加资本工具种类。总结商业银行发行优先股、减记型二级资本债券的实践经验，推动修改有关法律法规，研究完善配套规则，为商业银行发行无固定期限资本债券、转股型二级资本债券、含定期转股条款资本债券和总损失吸收能力债务工具等资本工具创造有利条件。四是扩大投资主体范围。在防范风险的前提下，研究社保基金、保险公司、证券机构、基金公司等机构对商业银行资本工具的投资政策，扩大商业银行资本工具的投资主体范围，分散集中度风险，降低商业银行资本工具的发行成本。五是改进资本工具发行审批工作。优化资本工具发行审批流程，总结资本工具发行审批的现有做法，探索并联审批；完善储架发行机制，逐步完善储架发行审批制度，探索在相关部门批准的发行额度内允许商业银行自主控制发行节奏的工作机制。

第三，完善融资租赁外汇管理。融资租赁是自由贸易试验区中的一个重要组成部分，为了推进自由贸易试验区改革试点经验的复制推广，切实服务实体经济发展，国家外汇管理局专门出台融资租赁业务的外汇管理规定。包括：一是确定融资租赁定义。融资租赁类公司包括银行业监督管理部门批准设立的金融租赁公司、商务主管部门审批设立的外商投资融资租赁公司，以及商务部和国家税务总局联合确认的中资融资租赁公司等三类主体。二是收取租金方式。融资租赁类公司办理融资租赁业务时，如果用以购买租赁物的资金50%以上来源于自身国内外汇贷款或外币外债，可以在境内以外币形式收取租金。三是自行办理租金购付汇手续的条件。如果出租人出具的支付外币租金通知书，或能够证明出租人“用以购买租赁物的资金50%以上来源于自身国内外汇贷款或外币外债”的文件，抑或银行要求的其他真实性证明材料等。四是租金存储方式。融资租赁类公司收取的外币租金收入，可以进入自身按规定在银行开立的外汇账户；超出偿还外币债务所需的部分，可直接在银行办理结汇。

2. 加强监管防范风险

一方面，规范保险机构开展内保外贷业务。鼓励保险机构开展内保外贷业务，是推动我国金融机构境外融资的重要途径。重点包括：一是明确资产负债匹配管理原则。保险机构应当按照资产负债匹配管理原则，综合考虑资产组合的流动性、国际金融市场利率汇率水平和未来变化趋势、融资成本和收益等因素，审慎开展内保外贷业务，完善风险控制机制，规范业务操作流程，切实防范相关风险。二是提出穿透原则。保险机构通过内保外贷业务开展境外投资，应当遵循穿透原则，确定投资项目或投资项目的底层资产所属的大类资产类别，并在合并报表的基础上将境外投资与境内投资合并计算保险资金运用比例，确保符合保险资金运用比例监管政策。三是严格内控制度。开展内保外贷业务时，保险机构上季度末综合偿付能力充足率应当不低于150%，保险公司偿付能力风险综合评级不低于A类监管类别；科学、合理地控制融资杠杆比例，通过内保外贷业务实际融入资金余额不得超过其上季度末净资产的20%，并纳入融资杠杆监测比例管理等。

另一方面，加强对外商投资事中事后协同监管。国家外汇管理局与商务部、财政部、税务总局、质检总局和统计局等联合发布《关于开展2018年外商投资企业年度投资经营信息联合报告的通知》，旨在打破信息孤岛，实现数据共享，为优化营商环境、加强对外商投资事中事后协同监管提供详实的信息基础。

3. 双向扩大资本市场开放

走出去方面，支持境内机构创新对外投资方式。国家外汇管理局自2013年起分别在上海和深圳推出合格境内有限合伙（QDLP）/投资企业（QDIE）试点。结合试点情况，适应市场主体跨境资产的配置需求，国家外汇管理局稳步推进QDLP和QDIE试点工作，并于2018年将上海和深圳两地试点额度分别增加至50亿美元。

引进来方面，完善合格境外机构投资者外汇管理。主要政策措施包括：一是取消QFII资金汇出20%比例要求，QFII可委托托管人办理相关资金汇出；二是取消QFII、RQFII本金锁定期要求，QFII、RQFII可根据投资情况汇出本金；三是允许QFII、RQFII开展外汇套期保值，对冲境内投资的汇率风险。

4. 完善调查统计工作

一方面，修订贸易信贷统计调查制度。修订的主要内容包括三方面：一是将《贸易信贷调查制度》更名为《贸易信贷统计调查制度》；二是将申报主体确定原则修改为“谁进行贸易收付款，谁申报”；三是进一步明确“贸易信贷”“离岸转手买卖”“主要出口国家及地区”等概念，调整“期末账面出口应收/预收款余额”“期末账面进口应付/预付款余额”等指标解释。并且，发布《贸易信贷统计调查业务指引（2018年版）》。

另一方面，完善对外金融资产负债及交易统计制度。主要包括：一是新增类。比如新增“居民持有境外上市红筹企业股权”“债券通”“QDLP”“QDIE”

等业务类型，在Z01表增加“全球法人机构识别编码”（“LEI编码”）指标等。二是调整类。比如修改A表中关于“全体股东”的表述，统一B表、H表中与投资工具类型相关指标的名称等。三是细分类。细分投资者（被投资者）所属部门和行业，在A01、A02表“境外（被）投资机构所属行业”中增加“不动产”和“为住户服务的非营利机构”选项，将各表投资者（被投资者）所属部门类别由五类拓展为九类。

表6-3　2018年国家外汇管理局发布的制度文件

序号	时间	名称	备注
1	2018年2月13日	《关于规范保险机构开展内保外贷业务有关事项的通知》	开展内保外贷业务，加强境外融资业务监管，防范境外融资风险。
2	2018年2月13日	《关于完善远期结售汇业务有关外汇管理问题的通知》	进一步深化外汇市场发展，更好服务实体经济。
3	2018年3月19日	《关于开展2018年外商投资企业年度投资经营信息联合报告的通知》	加强对外商投资事中事后协同监管。
4	2018年3月20日	《关于进一步支持商业银行资本工具创新的意见》	拓宽商业银行资本补充渠道，提升其支持实体经济的能力。
5	2018年3月23日	《关于融资租赁业务外汇管理有关问题的通知》	进一步推进自由贸易试验区改革试点经验的复制推广，切实服务实体经济发展。
6	2018年6月12日	《合格境外机构投资者境内证券投资外汇管理规定》	促进境外投资者境内证券投资。
7	2018年6月20日	《关于印发〈贸易信贷统计调查制度〉的通知》	一步完善贸易信贷统计调查工作，明确相关概念与指标解释。
8	2018年7月19日	《关于印发〈贸易信贷统计调查业务指引（2018年版）〉的通知》	进一步规范贸易信贷统计调查工作。
9	2018年11月7日	《关于印发〈对外金融资产负债及交易统计制度〉的通知》	进一步完善对外金融资产负债及交易统计。
10	2019年1月18日	《现行有效外汇管理主要法规目录（截至2018年12月31日）》	提高政策透明度。

资料来源：根据国家外汇管理局官网整理。

（三）2019年外汇市场展望

改革开放以来，我国外汇市场经历了开办外汇调剂业务、外汇调剂市场、公开外汇调价市场和统一的银行间外汇市场四个发展阶段。统一的银行间外汇市场形成之后，又经历了银行间外汇市场迅速发展和人民币国际化背景下的市场开放新阶段[①]。展望2019年，我国外汇市场运行有望继续保持平稳，外汇管理的重点在于服务实体经济、防控金融风险、深化金融改革[②]。

1. 外汇市场有望继续保持平稳

随着中美经贸摩擦压力减小，发达国家货币政策紧中趋稳，我国外汇市场将有望继续保持平稳。

一是资本双向流动更为平稳有序。根据联合国发布的《全球投资趋势监测报告》（2018年），外商直接投资（FDI）流入发展中国家呈增长态势，作为世界经济增长的重要引擎，我国仍具有吸引外资的潜力。世界银行发布的营商环境报告显示，我国2018年营商环境总体排名较上一年上升32位，随着不断改善的营商环境，2019年我国外商直接投资有望继续同比增长。同时，借助"一带一路"倡议这一平台，我国企业将进一步加快"走出去"的步伐，中国资本助力"一带一路"沿线国家发展经济。故而，资本双向流动会更为平稳有序。

二是人民币汇率双向波动更为常态。由于外部环境风云变幻，2018年人民币兑美元汇率出现过一段时间的贬值。2019年，国际环境仍具有很大的不确定性。但随着人民币汇率双向波动成为常态，保持人民币汇率在合理均衡水平上的基本稳定并非难事。基于2018年人民币兑美元汇率的贬值，以及人民币汇率双向波动机制逐步形成，要特别注意在2019年人民币兑美元汇率可能存在一定的升值空间。

三是外汇储备更为坚实。随着国际经济环境的不断改善，以及国内供给侧结构性改革的不断推进，我国经济仍将保持较为强劲的增长。这就确保了我国

---

① 引自：孙国峰，《我国外汇市场发展与外汇管理体制改革》，新浪网：http：//finance.sina.com.cn/review/jcgc/2018-11-12/doc-ihmutuea9386395.shtml，2018-11-12。

② 参考"外汇简政放权不断加大 资本项目可兑换稳步推进"，载于《金融时报》，2018-12-10。

外汇储备的相对稳定性，预计2019年我国外汇储备稳中有升。当然，仍然需要关注外部环境的剧烈变化。

2. 外汇管理重点在于三大任务

按照党中央和国务院决策部署，2019年外汇管理政策的重点在于服务实体经济、防控金融风险、深化金融改革。首先是服务实体经济。进一步促进贸易自由化、便利化，不断提升服务实体经济发展水平；以渐进式改革思路有序提高跨境资本和金融交易可兑换程度，大力提升外汇管理服务实体经济能力；进一步完善QDLP/QDIE宏观审慎管理，更好服务国家全面开放新格局。其次是防控金融风险。防范金融市场异常波动，防控外部输入性风险；在守住不发生系统性风险底线的同时，稳妥有序推进资本项目可兑换和金融市场双向开放。最后是深化金融改革。以拓宽交易范围、丰富交易工具、扩大市场主体、推动对外开放、健全基础设施、完善市场监管为重点，继续推动外汇市场深化发展①；稳步推进金融供给侧结构性改革。

四、2018年货币市场运行回顾和2019年展望

2018年，货币市场实现规模较快增长，票据市场规模增速由负转正，融资功能明显恢复。同业存单、大额存单规模快速增长；银行间市场交易量增速加快；货币市场利率下行明显。展望2019年，在货币政策逆周期力度加大背景下，货币市场利率仍有望保持低位甚至出现一定幅度下行，货币市场规模也有望继续保持较快增长。

① 参考“以服务实体经济为要义 促进外汇市场健康发展”，载于《金融时报》，2018-12-10。

（一）2018年货币市场运行回顾

1. 票据市场

票据融资功能恢复较明显。从融资余额看，2018年末票据融资余额为5.8万亿元，较2017年末增长48.7%，占非金融企业及机关团体贷款比重为6.5%，较2017年末上升1.7个百分点（见图6-28）。尽管2018年末未贴现银行承兑汇票余额降至14.3%，较2017年末萎缩14.3%，但票据融资和未贴现银行承兑汇票余额合计达9.6万亿元，较2017年末增长15.1%，明显高于同期社会融资规模存量增速。受此影响，票据融资及未贴现银行承兑汇票合计占社会融资规模存量比重上升0.2个百分点至4.8%（见图6-29）。

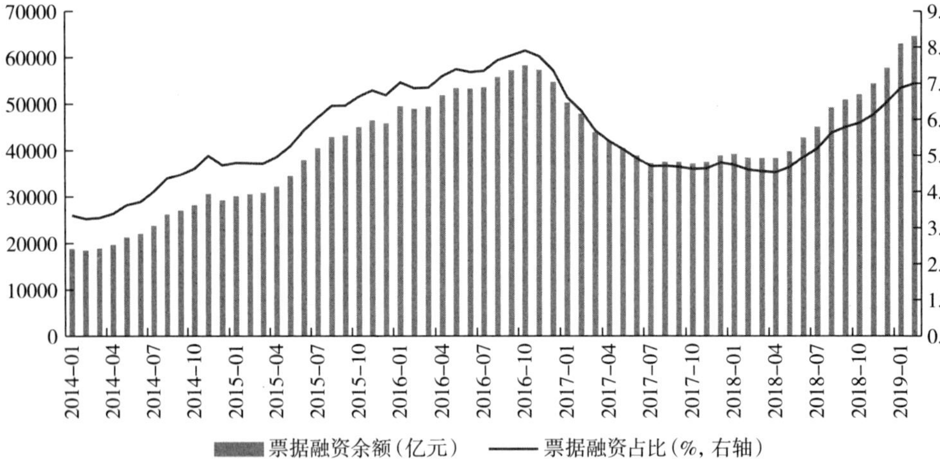

图6-28　票据融资余额及其占非金融企业及机关团体贷款比重

资料来源：中国人民银行。

票据市场利率显著下行。2018年，票据利率呈下行态势，6个月票据转贴平均利率、6个月长三角地区票据直贴平均利率分别为3.52%和3.75%，较2017年下降38个和31个基点。2018年下半年票据利率下行态势更加明显，6个月票据转贴平均利率、6个月长三角地区票据直贴平均利率分别为3.01%和3.27%，较2018年全年低51个和48个基点（见图6-30）。

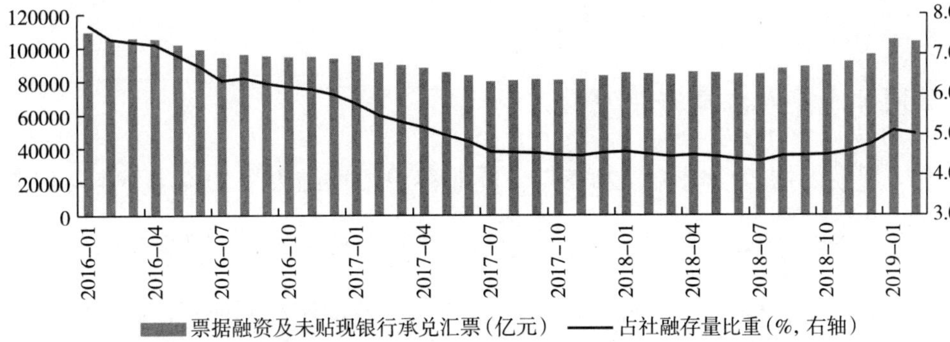

图6-29　票据融资及未贴现银行承兑汇票合计余额及其占社融存量比重

资料来源：中国人民银行。

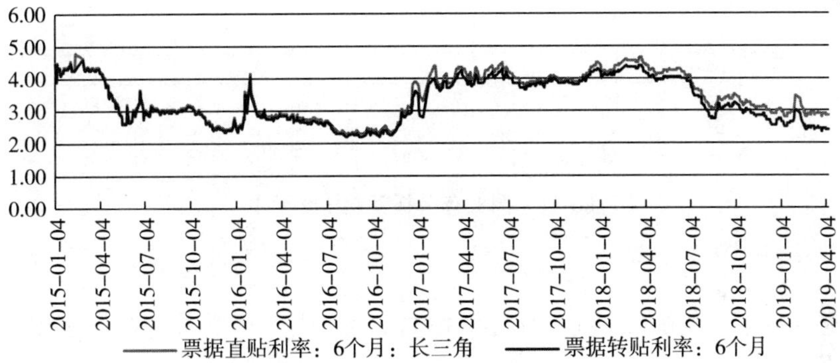

图6-30　票据市场利率（%）

资料来源：中国人民银行、Wind资讯。

票据期限拉长。根据上海票据交易所的统计，2018年商业票据签发的期限主要集中在中长端，承兑期限超过6个月的票据占比高达76.8%。其中，承兑期限超过9个月的占比达到31.6%。调研中，企业也普遍反映商业票据期限拉长的问题。

电票比重继续上升。从承兑额看，2018年票交所办理的电票承兑额增长4.2万亿元至17.2万亿元，占比达到94.1%，较2017年进一步上升5.1个百分点；纸票承兑额比重降至5.9%。从贴现额看，2018年电票贴现发生额为9.7万亿元，占比达到97.9%；纸票贴现发生额占比进一步下降至2.1%。从票据交易量看，2018年电票交易40.6万亿元，占比97.3%，较2017年小幅下滑1.2个百分点；纸票交易占比为2.7%。

2. 同业存单及大额存单市场

市场规模保持较快增长。2018年，同业存单市场结束了2017年下半年以来的下降态势，全年总体保持增长态势（见图6–31）。2018年末，同业存单余额达9.9万亿元，较2017年末增长23.5%，增速远超同期存款增速和同业资产增速。

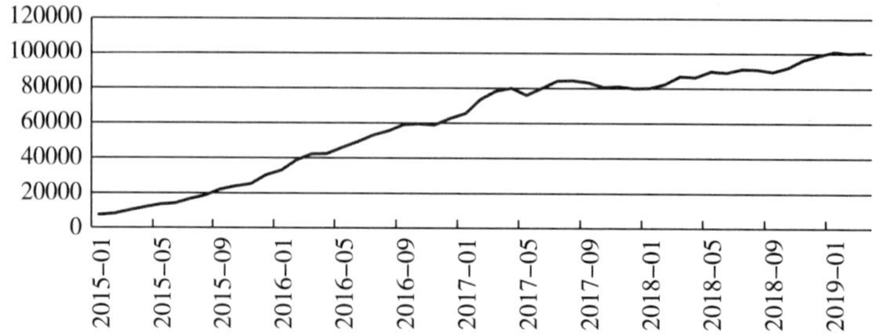

图6-31 同业存单托管量（亿元）

数据来源：上海清算所。

同业存单利率大幅回落。2018年12月，1个月、3个月、6个月和9个月同业存单平均收益率分别为3.27%、3.15%、3.25%和3.30%，分别较2017年12月下降2.14个、2.14个、1.95个和1.85个百分点。2018年全年，1个月、3个月、6个月和9个月同业存单平均收益率分别为3.24%、3.63%、3.84%和3.95%，分别较2017年下降0.96个、0.89个、0.70个和0.55个百分点（见图6–32）。

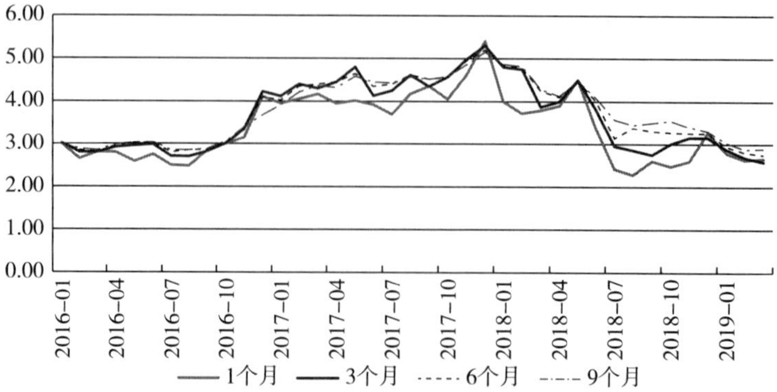

图6-32 AAA同业存单收益率（%）

资料来源：上清所，Wind资讯。

大额存单发行量快速增长。2018年，金融机构发行大额存单4.0万期，发行规模9.23万亿元，发行量较2017年增加2.99万亿元，增速达到47.9%。

3. 银行间同业拆借市场和质押式回购市场

市场规模再现快速增长。在经历了2017年的零增长后，银行间同业拆借和质押式回购市场规模再次出现快速增长（见图6-33）。2018年全年，银行间同业拆借和质押式回购交易量合计848.0万亿元，较2017年增长27.1%。其中，银行间同业拆借和质押式回购交易量分别为139.3万亿元和708.7万亿元，较2017年增长76.4%和20.5%。银行间同业拆借交易量占比提升至16.4%，较2017年高4.6个百分点。

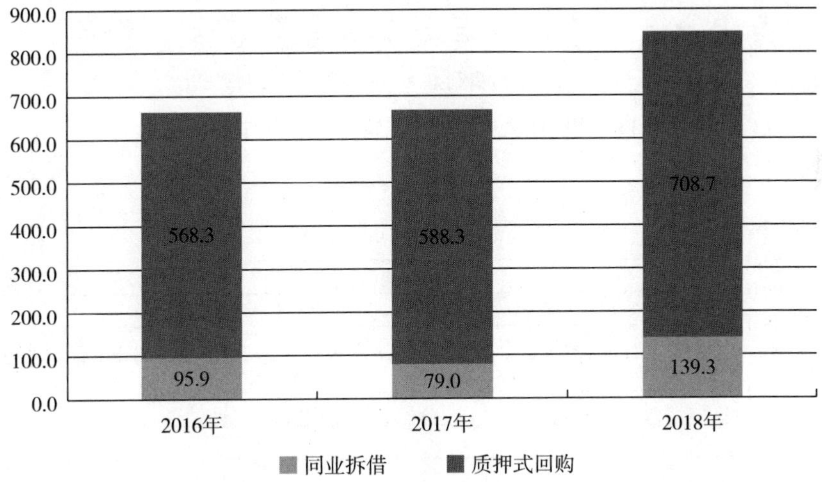

图6-33　银行间市场交易量（万亿元）

数据来源：Wind资讯。

市场利率整体下行。2018年银行同业拆借加权平均利率和银行间质押式回购加权平均利率呈整体下行态势（见图6-34），全年平均利率分别为2.61%和2.69%，较2017年下降16个和21个基点。2018年12月，银行同业拆借加权平均利率和银行间质押式回购加权平均利率分别为2.57%和2.68%，分别较2017年12月下降35个和45个基点。

隔夜品种成交量占比明显上升。2018年全年，同业拆借和质押式回购隔夜交易量分别为125.5万亿元和578.3万亿元，占全部交易量比重分别为90.1%和81.6%，较2017年提高4.0个和0.9个百分点（见图6-35），交易短期化特征明显。

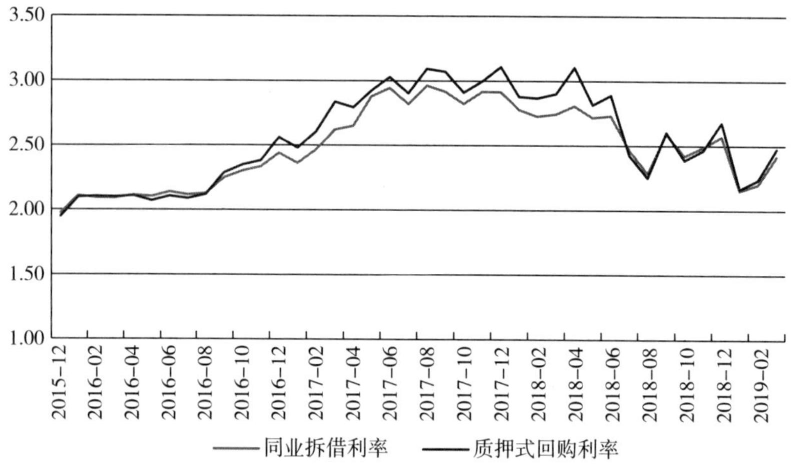

图6-34 银行间债券质押式回购加权平均利率（%）

数据来源：中国人民银行。

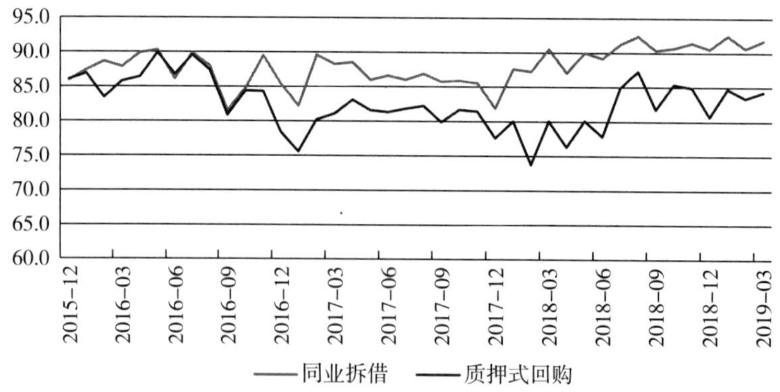

图6-35 债券质押式回购交易量中隔夜品种占比（%）

数据来源：Wind资讯。

（二）货币市场主要政策及其影响

大额存单及同业存单市场。大额存单方面，为扩大金融机构负债产品市场化定价范围，推动大额存单在推动利率市场化改革方面的作用，为“双轨并一轨”创造条件，人民银行先后两次扩大大额存单发行主体范围。2018年1月，市场利率定价机制扩大大额存单发行主体至543家（新增40家）；2018年8月，再次大幅扩大发行主体至1197家。发行主体扩展后，许多农商行、农信社乃至一些村镇银行均可发行大额存单。大额存单主体的扩大，直接推动了大额存单发行规模的快速增长。同业存单方面，一是2018年一季度开始把同业存单纳入MPA同业负债比例考核，不过由于同业负债比例不高于三分之一并未对大银行形成紧约束，该政策并未对同业存单发行带来明显抑制。二是扩大同业存单发行主体范围。2018年8月，市场利率定价机制扩大同业存单发行主体范围，可以发行同业存单的机构数由1712家扩大至2051家。

票据市场方面，一是票据市场基础设施建设继续推进。2018年1月，中国票据交易系统首批直联接入正式上线投产；2018年7月所有系统参与者顺利接入上海票交所系统；2018年10月上海票据交易所顺利完成纸电票据交易融合，纸质票据和电子票据的同场交易。二是票据市场得到进一步规范。2018年5月银保监会发布《关于规范银行业金融机构跨省票据业务的通知》（银保监办发〔2018〕21号），要求银行业金融机构审慎开展跨省票据承兑、贴现业务，业务开展规模和发展速度应与其跨省授信管理能力相适应；要求银行业金融机构尽快接入人民银行电子商业汇票系统和上海票据交易所中国票据交易系统，不断提高电子票据在转贴现、买入返售（卖出回购）等票据交易业务中的占比。此外，资管新规及配套办法涉及对票据市场的规范。受此影响，票据市场电子化进一步推进，电票比重上升，票据案件风险得到有效防控。

银行间市场方面，银行间债券市场正式推出三方回购交易，市场参与者可以更加便利地开展回购业务，降低结算失败等风险；推出质押式回购匿名点击业务；将买断式回购交易期限延长至365天，回购市场品种序列进一步丰富完整。

（三）2019年货币市场展望

展望2019年，货币市场利率继续下行，货币市场规模有望继续保持较快增长。

一是货币市场利率有望继续下行。2019年货币政策逆周期力度将加强，通过降准（或降准替换中期借贷便利）来释放低成本、长期限的流动性可能成为货币政策的主要选项之一。充裕的流动性将支撑货币市场利率下行。实际上，2019年1月人民银行已经分两次降低了法定存款准备金率1.0个百分点，并带来了货币市场利率的下行。

二是货币市场规模有望继续保持较快增长。大额存单方面，由于发展大额存单市场被作为进一步推动利率市场化（"双轨并一轨"），提高金融机构负债产品市场化定价范围的重要抓手，2019年大额存单发行量有望继续保持较快增长。同业存单市场方面，虽然自2019年一季度起将资产规模5000亿元以下金融机构发行的同业存单纳入MPA同业负债占比指标进行考核，但并不会同业存单市场规模的整体扩张构成明显约束。银行间市场方面，由于货币市场利率下跌以及债券市场利率下行，"资产荒"可能重现，依靠货币市场融入低成本资金加杠杆以提高投资回报率的现象很可能再现，银行间市场的交易量可能继续保持较快增长。

五、2018年资管市场运行回顾和2019年展望

2018年，资管市场监管补短板大力推进，"资管新规"及其主要配套细则出台，通道类资管行业规模出现较大幅度萎缩并带动资管市场总规模出现下降，资管转嵌套乱象有所遏制。资管产品收益率涨跌不一，银行理财收益率下

降但信托产品收益率大幅上升。展望2019年，资管市场规模有望回复正增长，但需要持续推进资管市场存量风险的防范化解，并避免资金借资管市场违规流入股市楼市，助长资产泡沫风险。

（一）2018年资管市场运行回顾

资管市场规模出现首次年度性萎缩。受资管新规影响，资管市场规模首次出现年度萎缩。2018年末，资管市场规模合计108.4万亿元，较2017年末下降3.0万亿元，降幅为2.7%（见图6-36）。其中，其中银行理财产品32.8万亿元，信托资产22.7万亿元，公募基金13.0万亿元，券商资管13.4万亿元，基金管理公司及其子公司专户业务11.3万亿元，期货公司资管0.13万亿元，私募基金12.7万亿元，保险资管2.5万亿元。

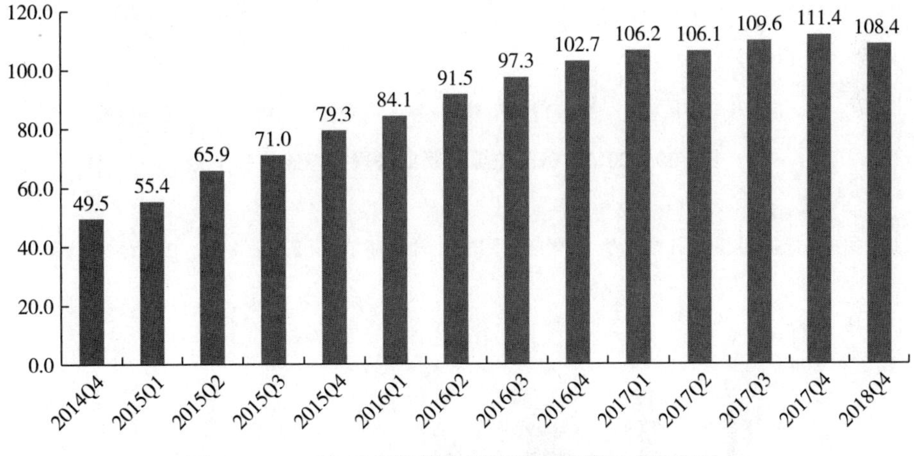

图6-36　2014年以来资管市场规模变化情况（万亿元）

注：资管业务包括银行理财、信托、公募基金、券商资管、基金管理公司及其子公司专户业务、期货资管、私募基金和保险资管等。本图中的资管市场规模为各类资管业务规模之和，各类资管业务之间存在相互嵌套、相互持有现象。

资料来源：银行业理财登记托管中心、中国信托业协会、中国证券投资基金业协会、中国保险资产管理业协会。

资管市场规模变化的行业差异明显。从增速上看，保险资管、私募基金、公募基金、银行理财和保持了较快增长，2018年年末增速分别达到21.9%、

14.5%、12.3%和11.0%；券商资管、基金子公司专户和信托资产则出现了较大幅度萎缩，2018年末降幅分别为20.9%、17.8%和13.5%（见图6-37）。从增量上看，银行理财规模增速最大，为3.3万亿元，不过非保本理财规模变化不大；公募基金、私募基金和保险资管分别增长1.6万亿元、1.4万亿元和0.5万亿元。由于券商资管带来的“去通道”效应，信托资产、券商资管和基金子公司专户规模萎缩较多，分别达3.6万亿元、3.5万亿元和2.5万亿元（见图6-38）。

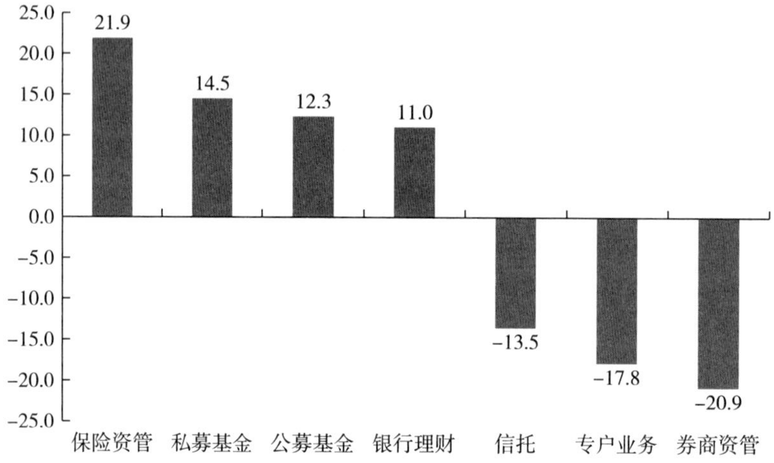

图6-37　2017年各类主要资管业务规模增速（%）

注：专户业务为基金公司及其子公司专户业务。
资料来源：银行业理财登记托管中心、中国信托业协会、中国证券投资基金业协会、中国保险资产管理业协会。

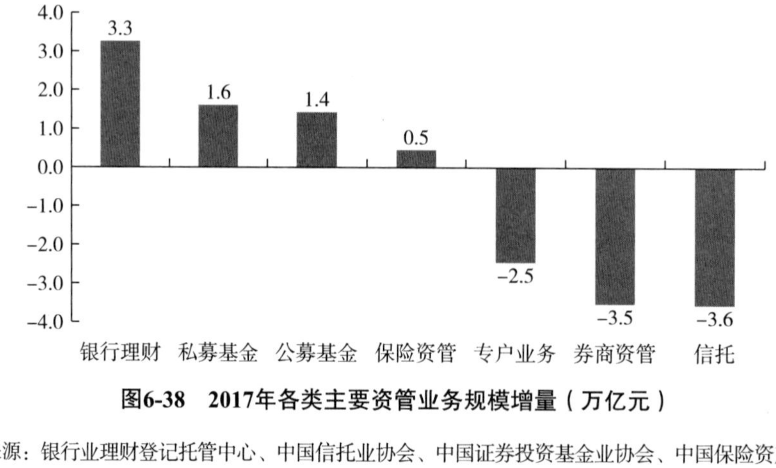

图6-38　2017年各类主要资管业务规模增量（万亿元）

资料来源：银行业理财登记托管中心、中国信托业协会、中国证券投资基金业协会、中国保险资产管理业协会。

资管产品收益率有升有降。银行理财产品收益率大幅下降。2018年12月，1个月和3个月银行理财产品平均预期收益率分别为4.21%和4.36%，较2017年12月下降56个和51个基点（见图6–39）。相反，受信托资产规模萎缩影响，信托市场收益率则明显上行。2018年12月，1年期及以下贷款类信托和1～2年期贷款类信托平均预期收益率分别为7.88%和8.70%，分别较2017年12月高1.10个和1.12个百分点（见图6–40）。

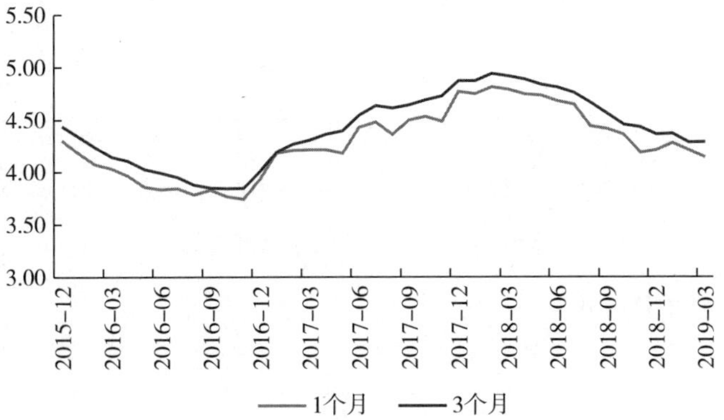

图6-39　银行理财市场预期收益率（%）

资料来源：Wind资讯。

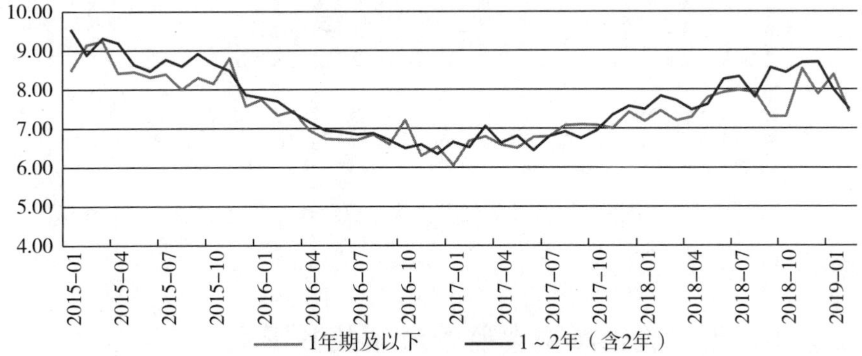

图6-40　贷款类信托产品预期收益率（%）

资料来源：Wind资讯。

资管空转嵌套乱象得到遏制。同业理财规模大幅萎缩。2018年末，同业理财产品余额降至1.22万亿元，较2017年末萎缩62.5%；同业理财占比降至3.8%，较

2017年末下降7.2个百分点（见图6–41）。存款类金融机构大量投资资管产品现象得到遏制。2018年末，存款类金融机构股权及其他投资余额20.0万亿元，较2017年末萎缩9.4%（见图6–42）。

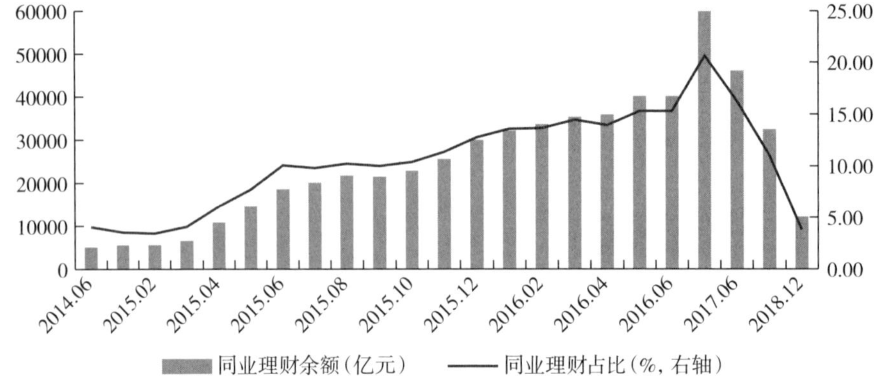

图6-41 同业理财余额及其占比

资料来源：银行业理财登记托管中心。

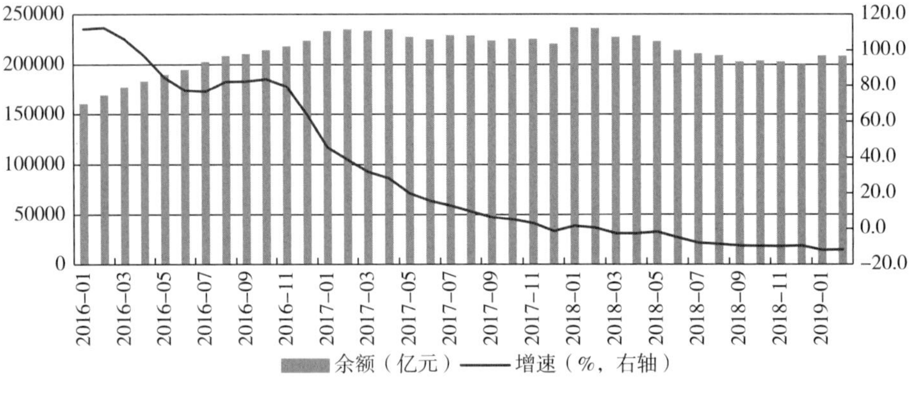

图6-42 存款类金融机构股权及其他投资

资料来源：中国人民银行。

（二）2018年资管市场主要监管政策及其影响

2018年是资管市场监管补短板取得重大成效的一年。2018年4月，《关于规范金融机构资产管理业务的指导意见》（以下简称“资管新规”）发布。“资管新规”强调：按照产品类型统一监管标准，从募集方式和投资性质两个维度对资产管理产品进行分类，分别统一投资范围、杠杆约束、信息披露等要求；资产管理业务不得承诺保本保收益，打破刚性兑付；分类统一负债和分级杠杆要求，消除多层嵌套，抑制通道业务；坚持产品和投资者匹配原则，加强投资者适当性管理，强化金融机构的勤勉尽责和信息披露义务；严格非标准化债权类资产投资要求，禁止资金池，防范影子银行风险和流动性风险；加强监管协调，强化宏观审慎管理和功能监管。“资管新规”发布后，“资管新规”主要配套细则也在2018年基本出齐，分别是：人民银行2018年7月发布的《关于进一步明确规范金融机构资产管理业务指导意见有关事项的通知》，银保监会2018年9月和12月发布的《商业银行理财业务监督管理办法》《商业银行理财子公司管理办法》，2018年10月证监会发布的《证券期货经营机构私募资产管理业务管理办法》。此外，由于委托贷款是大量资管产品的投资标的资产，2018年年初原银监会发布的《商业银行委托贷款管理办法》也是与资管市场相关的监管政策。

2018年出台的“资管新规”及其主要配套细则，有力地推动了资管市场的去通道、去嵌套和去杠杆，通道类资管行业和资管市场规模出现萎缩。

（三）2019年资管市场展望

展望2019年，资管市场规模有望回复正增长。一方面，2018年资管市场已经出现了一定幅度的萎缩，减缓了2019年的规模下行压力。另一方面，由于经济下行压力较大，稳增长和防风险之间的潜在冲突增加，资管市场去杠杆、去通道的节奏和力度可能会出现一定幅度的调整，从而推动资管市场规模企稳。实际上，从前两个月披露的金融数据看，信托规模已经出现了明显的企稳迹象。

值得强调的是，在资管市场规模可能回复正增长的同时，仍要注重防范化解资管市场中的存量风险。一方面，净值化和打破刚性兑付需要继续推进，否则刚性兑付预期可能进一步得到强化。另一方面，要避免资金通过资管产品渠道违规流入股市和房市，助长资产泡沫风险。

执笔人：王　洋　朱鸿鸣　孙　飞

参考文献

[1] 刘沛伦、王雯婧、夏妍妍、刘艳，2018年度债券市场发展报告，联合信用评级有限公司，2019年1月。

[2] 中国人民银行货币政策分析小组，中国货币政策执行报告（二〇一八年第四季度），2019 年 2 月 21 日。

[3] 中债资信评估有限责任公司技术开发部，2018年度债券市场违约总结，中债资信评估有限责任公司，2019年3月。

第七章　2018年国际金融运行回顾与2019年展望

自上轮全球金融危机爆发以来，世界经济增速有所恢复，全球金融体系经过一系列改革之后相对更加稳健。国际金融监管在标准、工具和实践方面取得进步，国际银行业在资产规模和质量方面较危机前得到强化，宏观审慎理念在全球获得更多推广和应用。以上是全球主要国家共同努力的结果。然而，回顾2018年，全球经济增长的不平衡及一些不稳定因素对经济增长和金融稳定有所影响。部分经济体的贸易保护主义情绪升温，以美国为代表的发达经济体相继提升外国投资国家安全审查力度，国际贸易紧张局势不断升级。与此同时，全球主要国家货币政策持续收紧，财政政策施行空间十分有限，金融监管力度进一步增强。受上述因素影响，2018年国际金融市场波动幅度加大，资产价格出现回调。展望2019年，国际金融运行或将延续调整态势。在此背景下，2019年度甚至放眼中期，全球金融体系能否保持稳定，新一轮危机会否即将到来，各国决策者都将面临严峻考验。本报告将在回顾2018年国际金融运行状况、分析其背后关键影响因素和作用方式的基础上，展望2019年国际金融运行趋势。报告最后强调在发达经济体增长动力已显疲弱的背景下，切实提升全球宏观政策协调的有效性至关重要。

一、2018年国际金融运行整体上进入调整阶段

与2017年整体恢复态势相比，2018年国际金融运行进入调整阶段。全球经济增长动能开始放缓，各国增长速度和通胀水平出现分化。以股市为代表的资产价格明显下跌，市场风险偏好转化为风险规避。同时，2018年全球主要央行货币政策由分化转为整体收紧，新兴经济体利率调整频率增加。从规范金融运行的规则制定视角来看，主要发达经济体金融监管标准和投资安全审查力度逐渐趋严。

（一）全球经济增长分化明显

2018年，世界经济整体上延续增长势头。根据国际货币基金组织（IMF）估计，2018年全球GDP同比增长3.7%，其中发达经济体增长2.3%，新兴市场与发展中经济体增长4.6%，较2017年均下降0.1个百分点（表7–1）。同时IMF还指出，世界经济增长同步性有所下降，地区之间出现明显分化。受益于减税增支财政政策的刺激作用，美国经济增长强劲，失业率降至近50年来的低位水平，全年经济增速提升至2.9%。特朗普税改显著提升了美国企业收益，利润率达到创纪录的11.7%，成为支撑美国股市的关键因素。然而，其他发达经济体中，欧洲和日本的经济增速呈放缓态势。新兴经济体增速虽普遍高于发达经济体，但一些国家增势也开始减弱。非洲、西亚、拉丁美洲和加勒比国家的部分地区，经济或停滞不前或增长低微；阿根廷、巴西、土耳其等国，增长亦趋于缓慢。全球经济发展不均衡现象更加明显。国际贸易方面，动力同样不足，2018年增速从2017年的4.7%大幅回落至4.0%，发达经济体和新兴经济体的增速分别为3.2%和5.4%。大宗商品方面，2018年国际油价增速从2017年的23.3%提升至29.9%。

表 7-1　　IMF对全球经济增长的估计和预测（单位：%）

	2017年（估计值）	2018年（估计值）	2019年（预测值）
全球	3.8	3.7	3.5
发达经济体	2.4	2.3	2.0
美国	2.2	2.9	2.5
欧元区	2.4	1.8	1.6
德国	2.5	1.5	1.3
日本	1.9	0.9	1.1
英国	1.8	1.4	1.5
新兴市场和发展中经济体	4.7	4.6	4.5
亚洲新兴经济体	6.5	6.5	6.3
东盟5国	5.3	5.2	5.1
欧洲新兴经济体	6.0	3.8	0.7
拉美和加勒比地区	1.3	1.1	2.0
巴西	1.1	1.3	2.5
撒哈拉以南的非洲地区	2.9	2.9	3.5
世界贸易规模（货物和服务）	5.3	4.0	5.1
其中：发达经济体	4.3	4.0	4.0
新兴经济体和发展中国家	7.1	5.4	4.8
油价	23.3	29.9	−14.1
消费者价格——发达经济体	1.7	2.0	1.7
消费者价格——新兴经济体和发展中国家	4.3	4.9	5.1

资料来源：IMF，“World Economic Outlook Update，January 2019”，https：//www.imf.org/en/Publications/WEO/Issues/2019/01/11/weo-update-january-2019。

（二）资产价格下跌，流动性收紧

2018年，美联储持续推进加息缩表进程，部分新兴经济体也亦跟随收紧货币政策，以抑制资本外流压力。2018年10月，联合国贸易和发展会议（UNCTAD）发布的《全球投资趋势监测》数据显示，全球外国直接投资继

2017年同比下降23%之后，2018年继续下降，上半年同比降幅达到41%[①]。此外，国际市场资金流动性持续收紧，给全球资产收益造成不小冲击。一是全球股票市场普遍出现下跌。美国道指、标普和纳指全年分别下跌5.63%、6.24%和3.88%，均创下2008年以来最大年度跌幅，引发全球股市大幅震荡，市场恐慌情绪逐步升温。自2018年9月下旬以来，VIX指数一路飙升，全年涨幅为156.7%[②]。MSCI全球股指全年累计下跌10.8%，MSCI新兴市场股指下跌16.5%。而根据美国财政部今年3月发布的数据显示，外资正在抛售美国资产。2018年12月～2019年1月，外资合计净流出2572亿美元美国资产，为十年以来最大净流出额（按连续两个月累计）。这一数据说明，2018年前期美股上涨行情很大程度上是由于特朗普国际税制改革，促使美国跨国公司利润回流至股市，从而抬高了资产价格，并不能如实反映实体经济的表现，也未必体现真实的资产价格。二是部分主要国家长期国债收益率上涨。发达经济体中，美国十年期国债收益率全年涨幅为10%。新兴经济体中，阿根廷、委内瑞拉、土耳其等国家债市涨幅也十分显著。三是除美元和日元之外，主要国家外汇普遍走低。美元指数从年初低点88.26一度涨至97.71的年度高点，下半年基本上在95～97之间浮动，全年涨幅为4%。日元全年涨幅亦为4%。欧元、英镑全年跌幅则分别为4%和7%。MSCI新兴市场货币指数下跌超过4%。四是伴随着全球经济复苏势头减弱，大宗商品市场价格回调。其中，国际原油期货价格跌幅超过20%。五是加密数字货币年内跌幅较深。比特币全年跌幅高达76.63%，与2017上涨约12倍的行情形成强烈反差。

---

① UNCTAD，“Investment Trends Monitor”［R］，Oct. 15，2018，pp. 1–2.

② 汇丰：“2019年十大黑天鹅”，2018年12月30日，https：//finance.sina.com.cn/stock/usstock/c/2018-12-30/doc-ihqhqcis1667750.shtml。

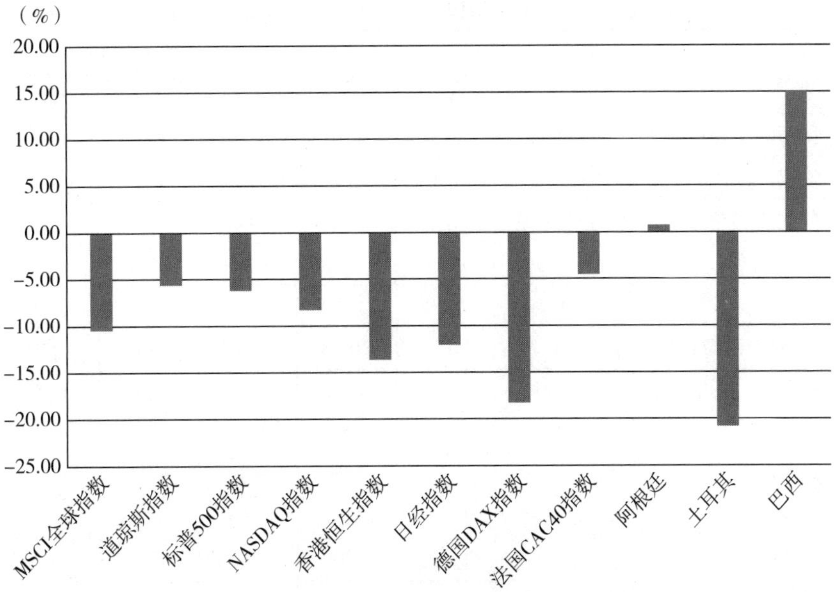

图7-1　2018年部分国家股指增长率

数据来源：Wind资讯。

（三）全球主要央行货币政策整体收紧

2018年，美联储持续加息缩表进程，年内共加息四次，将联邦基金利率目标区间上调至2.25%～2.50%，减持证券共3681亿美元。美联储收紧货币政策对全球货币政策产生不小影响。英国、加拿大、韩国等发达经济体随即开始加息。欧元区于2018年12月13日结束了为减缓危机而出台的2.6万亿欧元债券购买计划。为缓解本币贬值和资本外流压力，部分新兴经济体亦跟随加息。例如为应对里拉危机，土耳其将其政策利率由7.25%上调至22.5%；印度尼西亚、印度、马来西亚、菲律宾、南非等也分别上调政策利率。但也有一些新兴经济体为缓解国内经济增速下滑压力而采取降息政策，例如巴西和俄罗斯。整体而言，2018年由于全球通胀企稳回升，主要经济体货币政策趋于收紧。

表7-2　2015年以来主要经济体政策利率变动一览表（%）

国家	利率	2015年	2016年	2017年	2018年			
					Q1	Q2	M11	M12
美国	联邦基金目标利率	075	1.00	1.50	1.75	2.00	2.25	2.50
日本	政策目标利率	0.00	–0.10	–0.10	–0.10	–0.10	–0.10	–0.10
欧元区	存款便利利率	–0.30	–0.40	–0.40	–0.40	–0.40	–0.40	–0.40
英国	基准利率	0.50	0.25	0.50	0.50	0.50	0.75	0.75
加拿大	隔夜目标利率	0.50	0.50	1.00	1.25	1.25	1.75	1.75
瑞士	3个月LIBOR目标利率	–0.75	–0.75	–0.75	–0.75	–0.75	–0.75	–0.75
澳大利亚	货币市目标利率	2.00	1.75	1.50	1.50	1.50	1.50	1.50
韩国	基准利率	1.50	1.25	1.50	1.50	1.50	1.75	1.75
南非	回购利率	6.25	7.00	7.75	6.50	6.50	6.75	6.75
巴西	隔夜利率	14.25	13.75	7.00	6.50	6.50	6.50	6.50
俄罗斯	关键利率	11.00	11.00	7.75	7.50	7.25	7.50	7.75
印度	再回购利率	5.75	5.75	5.75	5.75	5.75	6.25	6.25
土耳其	隔夜利率	7.25	7.25	7.25	7.25	16.25	22.50	22.50
印尼	基准利率	7.50	4.75	4.25	4.25	5.25	6.00	6.00
泰国	隔夜利率	1.50	1.50	1.50	1.50	1.50	1.50	1.75
马来西亚	隔夜利率	3.25	3.00	3.00	3.25	3.25	3.25	3.25

数据来源：Wind资讯。

（四）银行体系规模提升和金融监管加强

2018年，在银行体系规模继续提升的同时，全球金融体系整体上延续了危机以来加强监管的趋势。国家和国际组织层面出台了一系列重要制度和政策，监管框架得到进一步完善。

1. 银行体系资本稳步增加

2008年金融危机以来，全球银行体系资本逐步增加，规模愈加庞大。据统计，2018年世界排名前1000位的银行总资产已达到124万亿美元，资本回报率为0.9%，一级资本比率升至6.7%，明显高于2008年①。总体来说，银行流动性缓冲

① Deloitte Center Financial Services，“2019 Banking and Capital Markets Outlook”[R]. p.1.

有所改善，银行业基础相对稳固。然而，银行仍持有规模较高的企业、家庭和主权债务，拥有部分透明度相对较低和流动性较差的资产①。银行体系内的这些问题在一定程度上加剧了全球金融体系的脆弱性。而对于那些容易遭遇外部融资风险和贸易冲击且缺乏充足外汇储备或国内投资的国家而言，其金融体系面临的挑战更大。一旦这些国家本币出现大幅贬值，银行体系则可能面临无法展期的困境。

2. 金融监管政策持续趋严

2018年，全球金融监管延续了危机以来的趋严态势。在全球层面，银行业监管方面，2017年底《巴塞尔协议III（最终版）》出台。截至2018年9月底，巴塞尔银行监管委员会全部27个成员均已实施更为严格的最低资本充足率要求、流动性覆盖比率要求和留存资本缓冲要求，其中26个成员实施了逆周期资本缓冲要求并针对国内系统重要性银行采取更严格的监管要求；大型金融机构监管方面，金融稳定委员会（FSB）修订了G-SIBs评估办法，进一步完善G-SIBs自救和可处置融资计划措施框架，而FSB 2015年时通过的总损失吸收能力要求（TLAC）正在顺利推进，对G-SIBs的资本补充逐步施加更多监管压力，有效数据加总要求达标时间日益临近；金融基础设施监管方面，金融工具会计准则9号（IFRS 9）已正式实施，基准利率体系改革得到推进，场外衍生品交易监管制度继续完善；金融科技监管领域，多个国家和地区强化对金融科技、数字货币、影子银行等新型金融业态的监管立场，一定程度上抑制了影子银行的过度扩张和加杠杆行为②。在地区层面，欧盟理事会和欧洲议会专门委员会审议通过了“在欧外国银行设立中间母公司”（IPU）提案，将对非欧外资金融机构资本制定更为严格的标准。此外，欧盟还发布了《一般数据保护条例（GDPR）》，

① IMF，“2018 Global Financial Stability Report” [R]. p.ix.

② 参见：中国银行国际金融研究所，《全球银行业展望报告（2019）》[R]，第9页。

首次向欧盟公民提供全面数据保护，继续重塑隐私和数据所有权政策，提升费用透明度；亚太地区，监管机构对外国投资、复苏和解决方案规划进行了更加深入的研究。中国、马来西亚银行业监管机构还相继发布了金融从业人员的行为规范。

但须注意，全球金融监管整体趋严态势下，也并非全无分歧。特朗普执政以来，美国政府金融监管逐渐呈放松趋势。2018年5月，特朗普签署《促进经济增长、放松监管要求和保护消费者权益法案》，美国劳工部要求金融机构按照客户最佳利益行使信托的规则已被推翻，消费者金融保护局（CFPB）的执法行动也较从前减少。

（五）外国直接投资国家安全审查力度加强

为缓解近年来以中国为代表的新兴经济体对高科技产业不断增加的投资可能威胁发达国家技术领先地位的焦虑，主要发达经济体相继在立法层面强化对外国直接投资安全审查的力度。美国国会改变其一贯宣称的促进投资自由的政策立场，尤其体现在对外国投资国家安全审查制度中的“根本安全”是否明确包括“经济安全”的态度发生重要转变。2017年底，参众两院几乎同步推出旨在扩大CFIUS国家安全审查权限的改革法案，这项名为《外国投资风险评估现代化法案（2018）》（FIRRMA）的提案被附加在《国防授权法案》中，于2018年8月经特朗普总统正式签署成为法律[①]。改革后的法案赋予CFIUS极其宽泛的审查范围、考量因素和自由裁量权，为其恣意否决他国投资提供充分法律依据。欧洲方面，欧盟于2018年11月就新外资审查框架草案达成政治共识，将强化对外资赴欧收购的审查力度。英国《外商投资审查新规》已于2018年6月生效，该法案降低了对某些领域交易进行并购控制审查的触发条件。受此保护主义氛围影

① H.R. 5515，Title XVII，Subtitle A，115th Congress，Aug. 13，2018.

响，市场不确定性陡然增加，风险大幅提升，促使投资者暂缓做出投资决定。2017年全球外国直接投资同比下降23%，流入发达经济体的外国直接投资下降37%，其中美国、英国吸收外国直接投资更是分别下降40%和92%。2018年上半年，流入发达经济体的外国直接投资降幅为69%，流入发展中经济体的外国直接投资降幅为6%，相对较为温和①。

二、2019年国际金融仍将延续调整态势，金融体系脆弱性将接受考验

有观点认为②，全球央行此轮收紧货币政策，并未考虑到（或无法兼顾）刺激经济增长，而是将重点放在应对下一轮衰退。这表明，一方面主要央行的货币政策难以马上转变为刺激经济增长，另一方面未来全球再次发生危机的风险仍在不断累积。2019年，国际贸易紧张局势的影响会在宏观经济层面上得到体现，全球债务压力之下财政政策的效果将会受到限制，而地缘政治、新兴风险和极端天气的影响仍难以预料。因此，对全球来说，这依旧将是充满不确定性的一年。关键问题在于，市场能否充分认识到：在当前金融环境不断紧缩的背景下，实体经济对金融波动将会更加敏感，潜在的流动性压力对金融体系或将造成较大冲击。

（一）全球贸易局势、美国经济和货币政策走势以及全球债务压力仍是主要影响因素

1. 全球贸易局势

特朗普执政以来，因认为当前国际经济秩序未能体现美国利益，而现存国

① 商务部："世界贸易形势"，载于《中国对外贸易形势（2018年秋季）》，第3页。

② 金融界："市场遭遇2008年金融危机以来最糟糕的一年"，http：//www.sohu.com/a/283641248_114984。

际规则不足以扭转这一局面，不吝采取单边措施，以“对等”为前提，用加征关税为手段，施压包括其盟友在内的主要贸易伙伴，企图重塑国际贸易秩序，以恢复美国逐渐流失的领先优势，单方面挑起关税战。中国作为美国当前最大贸易逆差来源国，成为美国政府削减贸易逆差的首要目标。截至目前，美方仍对中国价值2000亿美元的输美商品加征10%的关税。中美关税战能否停止，将取决于仍在进行中的中美贸易谈判结果。美国作为全球第一大经济体，其做法不仅严重削弱了多边制度效力，更因关税威胁笼罩导致国际经济秩序不确定性大幅提升，降低市场可预期性，加大市场运作风险，影响融资环境。自2018年7月以来，作为全球贸易“晴雨表”的波罗的海干散货指数（BDI）一路下行，截至2019年2月底，跌幅已超过65%，仅2019年1～2月的跌幅就达到50%。这一数据充分表明，国际贸易紧张局势给全球经济带来的负面效应不可小觑。若这一局面不能得到有效遏制，将会导致全球资源配置混乱，全要素生产率进一步受损，加剧结构性改革的艰巨性和紧迫性。此外，若各方不够克制，有可能会引发关税混战的可怕后果，让全球经济再次陷入危机之中。据WTO贸易限制措施监测报告，2017年10月至2018年5月，G20国家新出台39项限制措施，较上期增长一倍。全球贸易预警（Global Trade Alert）统计数据则进一步显示，2018年，全球出台的保护主义措施为1414项，为2014年以来最高水平。相对应的，则是促进贸易自由化的措施逐年下降。2018全年为390项，是2010年以来的最低水平。从数据中清晰可见，特朗普上任以来，美国贸易保护主义措施呈现上升态势（图7-2）。

虽然美国以平衡贸易关系为由向贸易伙伴进行施压，2018年其贸易逆差总额却仍高达6210亿美元，为十年以来的最高水平（图7-3）。其中对华贸易逆差为4191.62亿美元，较上年增加11.6%，创历史新高。事实上，这更验证了经济学家们的观点，一国长期贸易逆差应归因于各国相对增长率、货币价值、储蓄和投资率等宏观经济因素，尤其是国民储蓄和国内投资差额，低技术工人工资相对下降应归因于美国自身经济技术进步[①]。而另一方面，美国经济复苏自然会带动国内消费需求回暖，这也会导致进口额攀升。然而，本届美国政府却将之主要归因于他国不公平竞争手段。若持这种零和思维不变，未来期间美国仍会继续对进口产品采取贸易保护主义措施。

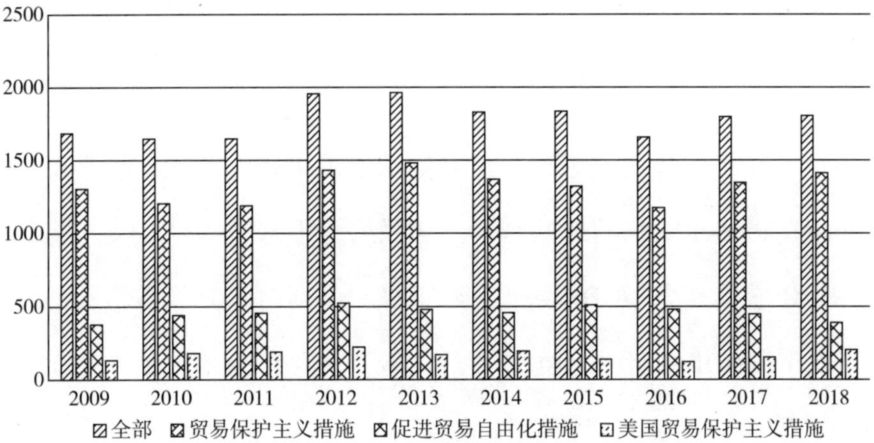

图7-2　全球/美国贸易干预措施（2009～2018年）

数据来源：Global Trade Alert。

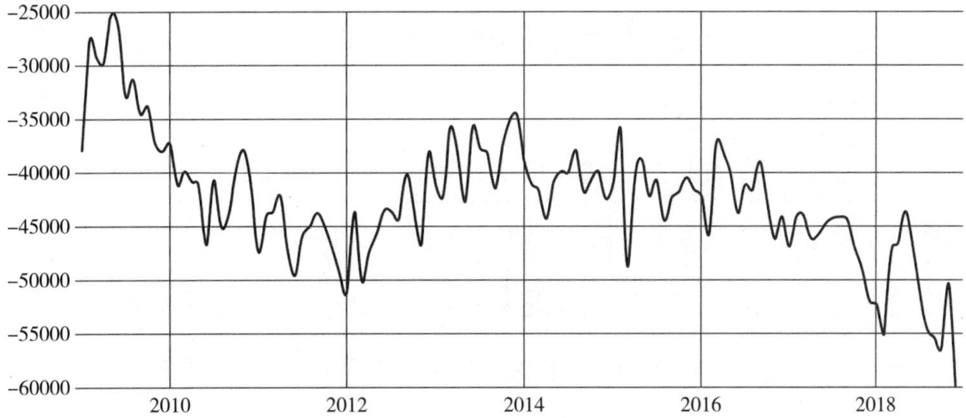

图7-3　美国货物贸易逆差（2009～2018年）

数据来源：U.S. Census Bureau。

---

① [美]罗伯特·吉尔平：《全球政治经济学：解读国际经济秩序》，杨宇光等译，上海世纪出版集团2013年版，第183～184页。

此外，须特别注意2018年9月底达成的美墨加三国协定（USMCA）中出现的“非市场经济体”相关条款①。美国意图用国内法将他国划分为“市场经济体”和“非市场经济体”两大阵营，以此来限制成员方选择自贸协定伙伴的自由。此外，USMCA还规定了高标准的原产地规则。可以预见，未来美国签署的其他自贸协定极可能包含类似条款。这会导致全球产业链布局发生重要调整，影响跨国公司全球资源配置。

2. 美国经济和货币政策走势

2018年，在特朗普税改等有利因素推动下，美国企业盈利水平明显提高，失业率维持在1969年以来的最低水平。居民薪资上涨拉动消费支出提升，带动美国经济强劲增长，全年GDP增速达到2.9%。但同时，其经济增长动力已有所减弱，第四季度GDP增速回落至2.6%，与第二季度4.2%和第三季度3.5%相比，下滑趋势明显。随着全球经济继续放缓，外部需求会持续下降，依靠特朗普税改等财政政策所产生的刺激效用毕竟有限，而美国与他国贸易摩擦的负面影响则会逐步显现，再加上其自身债务和财政状况仍在恶化，受上述因素综合影响，未来期间美国宏观政策调整空间十分有限，经济或将承受较大压力。2018年底，美国金融市场出现巨幅震荡，道指、纳指曾创下十年来最大单周跌幅，投资者恐慌情绪一度飙升。2019年以来，美国包括通胀水平、非农就业、制造业活动、消费者信心等多个经济指标出现下滑。2019年3月22日，作为全球资产价格定价之锚的美国十年期国债收益率跌至2.418%，三个月国库券和十年期国债收益率曲线发生倒置，此现象为2007年以来首见，触发全球市场对美国经济衰退的极大担忧，这可能会进一步导致系统性风险累积，测试美国金融体系的压力水平。于此情势之下，2019年3月底，美联储再次调降今年美国经济增速预

① USMCA（2018），Chapter 32，Section B，Article 32.10.该条规定，若协定中任何成员与“非市场经济国家”签订自贸协定，其他成员有权退出该协定。

期至2.1%。相较去年9月，这一数字已回调了0.4个百分点。同时，美联储宣布维持联邦基准利率在2.25%～2.5%不变，暗示年内或将不再加息并表示将于9月停止缩减资产负债表规模的计划。至此，美国自2015年底以来逐渐收紧货币政策的步伐即将停止，这表明美联储认为未来期间美国经济进入低增长周期的可能性正在上升。美国作为全球最大经济体，经济复苏若由强转弱，将会在多个层面对全球金融市场带来重大影响。

3. 全球债务问题

全球层面，目前全球债务已攀升至较高水平，潜在的系统性风险正在不断累积。根据国际金融协会（IIF）最新公布的《全球债务监测》，截至2018年底债务总计约243.2万亿美元，增加了约3.3万亿（兆）美元。尽管增幅小于上年同期，债务与全球GDP比率也较2017年变动不大，为317%，但按照历史标准来看依然很高①。而根据2018年10月IMF发布的报告，拥有系统重要金融部门国家的非金融债务总额已从2008年的113万亿美元升至167万亿美元，占GDP总量的250%。

发达经济体层面，宏观财政债务高居不下，非金融部门杠杆水平仍在提升，信贷发放标准持续恶化，一些主要市场资产价格过高。以美国为例，截至2019年1月9日，其政府债务规模达到21.93万亿美元，早已超出政府债务上限。宏观财政债务高企意味着如果一旦发生风险，政策空间将会受到严重限制，应对工具可能不够充足。此外，投资者的风险偏好和宽松的承销标准将会推动高杠杆和投机级债券公司新债继续增加。根据汇丰报告，美国企业债务正处于历史高位，而在美元投资级债券指数组成部分中，约有50%的债务评级为彭博综合信用评级BBB。这一领域信用状况的恶化将会带来极大风险，一旦遭遇共同

① IIF，“Global Debt Monitor”，Apr.1st，2019. https：//www.iif.com/Publications/Members-Only-Content-Sign-in?returnurl=/publications/id/3296.

抛售，容易引发流动性危机。

新兴经济体层面，截至2018年8月，超过45%的低收入国家正面临或已经处于债务危机的高风险中。而根据IMF的债务可持续评级，这一比例在2016年时约为三分之一，2013年时约为四分之一[①]。对于依赖外部融资的新兴经济体来说，一旦美元利率提升，就会处于债务违约的高风险之中。国际金融协会（IIF）在其最新分析报告中指出，低收入国家外债总额和政府债务已经达到自2005年以来的最高水平，债务脆弱性再次成为令人担忧的问题[②]。

（二）地缘政治、新兴风险和极端天气带来的影响不容忽视

尽管从直观上来看，地缘政治、新兴风险和极端天气并非是影响金融市场的主要因素，但因其不确定性较大且可控性较低，极易在短期内给国际金融运行造成巨大冲击。

1. 地缘政治动荡

2018年，美国退出伊核协议并对伊朗重启制裁、朝鲜半岛局势、卡塔尔退出OPEC、中东乱局、叙利亚内乱、欧洲难民等冲突及其产生的区域影响，均构成重要的地缘政治风险因素。此外，为谋求地缘政治权力，大国间不断加剧的商业和政治摩擦，严重破坏来之不易的多边制度体系，降低国际合作水平，进一步加剧全球经济下行风险。一旦发生突发事件，很可能会因互信不足、合作不够、应对不当而无法及时防控危机发生和蔓延，引发国际金融市场动荡。

2. 新兴风险因素

当今科技冲击已经并将进一步模糊传统金融要素的边界，对金融业结构、

---

① IMF，“Global Financial Stability Report” [R]. p.20.

② IIF，“Global Debt Monitor”，Apr.5th，2019，https：//www.iif.com/Publications/Members-Only-Content-Sign-in?returnurl=/publications/id/3302.

模式和功能产生颠覆性的创新。诸如大数据、分布式账簿技术、贷款处理自动化和电子交易平台等新金融技术活动，规模虽然不大，但正在迅速增长。金融科技发展一方面可提升金融业效率和透明度，有助于服务实体经济，但另一方面也对金融体系结构、人力资源和监管水平提出更高要求，容易发生对新技术产品监管不足甚至缺位的情形，导致风险不断积聚。例如以区块链为底层技术的加密货币在法定货币体系外创造大量流动性，不仅影响各国央行货币政策效率，其暴涨暴跌特性也易形成泡沫。此外，由于金融部门日益依赖信息技术和系统互联性，网络威胁逐渐成为影响金融稳定的重要因素。若发生网络安全事件，不仅会带来高昂的直接成本，附随产生的声誉损失等间接成本也不容小觑，因它会放大对整个金融体系的冲击效应。又因金融技术日新月异，监管者技能短缺、跨部门合作乃至国际合作不足将会严重制约识别和应对风险能力。因此，准确把握新技术所带来的问题，尽快建立防范和治理体系，对减少风险具有不容忽视的重要意义。

3. 极端天气影响

环境恶化已经成为国际社会必须长期共同面对的重大风险。“2019年全球气候风险指数”报告指出，1998年至2017年间共发生超过1.1万次极端天气事件，造成52.6万人死亡，带来的经济损失约为3.47万亿美元[①]。2018年，欧洲和北美的野火造成创纪录的生命损失，受严重洪灾影响的人口高达3540万人，而2019年初美国多城所遭遇的极端寒流天气在导致人员伤亡的同时，也给当地基础设施带来极大挑战。根据慕尼黑再保险公司的报告显示，因受自然灾害影响，多家大型企业集团业绩严重下滑甚至破产。可见，极端天气已不仅是环境

① German Watch，“Global Climate Risk Index 2019”[R]，p.4.

问题，同时也是影响全球经济的重要因素①。它一方面会直接导致基础设施受损甚至瘫痪、运营活动受阻和供应链中断，另一方面还会改变人们行为预期，影响投资者决策，间接影响企业生产运营活动乃至宏观经济表现。严重的极端天气事件更会在短时间内削弱投资者信心，冲击金融市场，造成大规模经济损失。

三、2019年国际金融整体爆发系统性危机的可能性并未显著提高，但应警惕局部风险

从整体而言，国际金融体系经过系列结构性改革后相对稳健，影子银行规模较从前有所缩小，多数国家也已建立宏观审慎管理工具，有助于监测和控制金融系统风险。因此，尽管2019年国际金融运行不确定性依然较大，但在最新一期全球风险感知度的调查中，经济和金融风险仍未被重点提及。然而，从局部来看，风险点仍不在少数且不容忽视，一些持续存在的问题迄今未能获得有效解决。

（一）整体上看，全面爆发系统性金融危机的可能性并未显著提高

1. 国际金融体系稳定性尚在

IMF最新发布的《全球金融稳定报告》指出，2008年金融危机爆发以来，在国际社会共同努力下，制定了多项监管议程，改革金融监管框架，加强对全球系统重要性金融机构的监管要求，以提升金融体系整体安全性。银行业方面，银行体系资本持续增加，一级资本比率稳步提高，资产回报率较危机前得到提

① 根据标普全球统计数据显示，在2017财年，约有15%的标普500指数成分披露天气等相关事件对公司收益的影响，其中有4%的公司将影响进行了具体量化，结果显示公司收益平均受到约6%的影响。

升，流动性缓冲显著增加。大多数国家已经建立宏观审慎监管体系，系统性风险监测扩大至影子银行和市场融资行为，影子银行规模有所缩减；证券市场方面，监管框架得到完善，业务透明度有所提升。证券机构须对其商业决策承担更多责任，尽可能降低交易复杂性并适当减少对外部信用评级结果的盲目依赖；国际场外衍生品方面，通过改革建立交易报告制度并推行中央对手清算制度，提升了全球主要金融市场场外衍生品交易的透明度。从监管框架相较危机前更加完善的角度来看，国际金融体系的系统性风险有所降低。

2. 经济金融风险在全球风险感知度调查中的排序并未上升

世界经济论坛结合全球专家和决策者观点，识别分析当今时代最为紧迫的风险，每年发布《全球风险报告》。从近年来的报告内容来看，存在一个明显趋势：随着世界经济总体延续复苏态势，国际金融危机影响逐渐被淡化，经济金融风险在全球风险感知度调查中的排序逐年下降，环境问题上升成为全球最受关注的风险。

表7-3a和7-3b分别从发生的可能性和造成的影响力这两个不同的角度为各类风险进行排名，时间跨度为2008～2019年。经整理发现：就发生的可能性而言，2008～2010年，资产价格崩溃被视为最大风险。从2011年开始，经济金融风险的重要性逐步降低。2015年开始，经济金融类风险彻底退出全球前五大风险之列。从风险的影响力来看，经济金融风险的被感知度相对更强。2008～2014年间，最大风险均为经济金融类风险。但同样自2015年开始，经济金融类风险不再出现在前五大风险之列。2019年调查结果还显示，前五大风险无论从发生的可能性或是其影响力来看，内容与去年并无二致，仅在内部排序上有所变化。从中可得知，一方面，经济金融类风险感知度与全球经济状况存在重要关联，在全球经济逐步迈入复苏轨道之后，经济金融类风险的感知度呈

下降趋势；另一方面则说明在经济状况良好时，人们倾向于忽视经济金融风险的存在。然而，历史无数次证明，风险恰恰容易在此时酝酿，对此应特别加以警惕。

表7-3a　　2008～2019年排名前5位的风险（以风险发生可能性来衡量）

	1	2	3	4	5
2008	资产价格崩溃	中东局势不稳	国家失败或衰退	石油价格上升	慢性疾病
2009	资产价格崩溃	中国经济放缓（低于6%）	慢性疾病	全球治理失灵	全球化退缩
2010	资产价格崩溃	中国经济放缓（低于6%）	慢性疾病	财政危机	全球治理失灵
2011	风暴飓风	洪水	腐败	生物多样化丧失	气候变化
2012	严重收入不平等	长期财政不平衡	温室气体排放	大规模网络攻击	水资源供给危机
2013	严重收入不平等	长期财政不平衡	温室气体排放	水资源供给危机	人口老龄化应对
2014	严重收入不平等	极端天气事件	结构性失业和不充分就业	气候变化	大规模网络攻击
2015	国家间冲突	极端天气事件	国家治理失败	国家崩溃	结构性失业和不充分就业
2016	大规模人口非自愿移民	极端天气事件	气候变化与应对措施失败	国家间冲突	重大自然灾害
2017	极端天气事件	大规模人口非自愿移民	重大自然灾害	大规模网络攻击	数据欺诈或盗窃
2018	极端天气事件	重大自然灾害	大规模网络攻击	数据欺诈或盗窃	气候变化与应对措施失败
2019	极端天气事件	气候变化与应对措施失败	重大自然灾害	数据欺诈或盗窃	大规模网络攻击

资料来源：《2019年全球风险报告》。

表7-3b　　2008～2018年排名前5位的风险（以风险影响力来衡量）

	1	2	3	4	5
2008	资产价格崩溃	全球化退缩（发达经济体）	中国经济放缓（低于6%）	石油价格上升	传染性疾病
2009	资产价格崩溃	全球化退缩（发达经济体）	石油价格上升	慢性疾病	财政危机
2010	资产价格崩溃	全球化退缩（发达经济体）	石油价格上升	慢性疾病	财政危机
2011	财政危机	气候变化	地缘政治冲突	资产价格崩溃	能源价格剧烈震荡

续表

	1	2	3	4	5
2012	重大系统性金融危机	水资源供给危机	食品短缺危机	长期财政不平衡	能源价格剧烈震荡
2013	重大系统性金融危机	水资源供给危机	长期财政不平衡	大规模杀伤性武器	气候变化与应对措施失败
2014	财政危机	气候变化	水资源供给危机	结构性失业和不充分就业	重要信息基础设施瘫痪
2015	水资源供给危机	传染性疾病	大规模杀伤性武器	国家间冲突	气候变化与应对措施失败
2016	气候变化与应对措施失败	大规模杀伤性武器	水资源供给危机	大规模人口非自愿移民	能源价格剧烈震荡
2017	大规模杀伤性武器	极端天气事件	水资源供给危机	重大自然灾害	气候变化与应对措施失败
2018	大规模杀伤性武器	极端天气事件	重大自然灾害	气候变化与应对措施失败	水资源供给危机
2019	大规模杀伤性武器	气候变化与应对措施失败	极端天气事件	水资源供给危机	重大自然灾害

资料来源：《2019年全球风险报告》。

（二）局部来看，风险点仍然存在且不容忽视

2018年以来，尽管世界经济总体保持增长，金融体系监管框架进一步完善，银行体系资本规模和质量稳步提升，系统性风险较危机前有所降低，全球性危机爆发的可能性相对不大，但仍须看到，近来包括中美在内的不少主要经济体经济指标均不及预期。2019年1月9日，世界银行在其发布的《全球经济展望》半年度报告中将今年全球经济增长预期下调至2.9%，并指出新兴经济体外部债务脆弱性已经上升。1月21日，IMF在其报告中预测未来两年发达经济体经济增速将持续下降。世界经济下行风险更加明显，全球金融脆弱性正在提升。展望2019年，负债水平的继续走高、外部融资环境的可能恶化、贸易保护主义的持续升温以及部分国家政治和政策的不确定性，均可能成为危机的促发因素。相对而言，以下局部风险点较为突出：

1. 欧央行对抗经济下行风险的政策性工具有限

欧盟委员会预计2019年欧元区通胀率仅为1.4%，而欧央行则将今年欧元区经济增长预期下调至1.1%，并计划将从9月开始第三轮定向长期再融资操作（TLTRO）。但问题在于，欧元区利率已长期处于低位，非常规货币政策虽可持续使用，但其对恢复通胀至目标水平和促进经济增长的作用究竟如何，仍然有待商榷。

2. 欧洲地区部分国家政府债务占GDP比重过高

一方面，这会限制政府应对经济衰退的财政刺激空间，另一方面，未来财政政策的不确定性会削弱人们对金融市场的信心，导致市场紧张情绪蔓延，进一步加大风险爆发的可能性。尤其是欧元区第三大经济体的意大利，截至2018年10月底，其政府债务已超过2.6万亿美元，位列全球第四。投资者担忧情绪升温触发该国政府债券息差大幅上涨，十年期国债收益率一度飙升至五年以来的最高水平。该国债务偿付问题迄今仍是欧元区金融稳定的重要隐患。

3. 英国脱欧前景不明朗导致不确定性持续存在

2019年3月29日，英国首相特蕾莎·梅的脱欧协议在英国议会第三次遭遇否决，从而失去了5月22日正式脱欧的最后机会。4月10日，欧盟各成员国达成一致，允许英国延期“脱欧”至10月底，6月份欧盟将对此决定再次进行评估。英国脱欧究竟会延期至何时，又是以怎样的方式脱欧，仍然不得而知。若脱欧谈判最终破裂，将会在短期内给英国和欧洲其他地区的企业运营和合同履行带来极大不确定性，严重扰乱正常经济秩序并可能造成持久的经济损失。此外，脱欧乱局给金融市场带来的混乱可能导致大批不良贷款出现，引发跨境资金流动异常或中断，而持续一段期间的金融压力则会带来严重的负面溢出效应，成为金融风险的重要来源。

4. 部分新兴经济体外部债务过高提升金融脆弱性

此前述及，截至2018年8月，有超过45%的低收入国家面临或已经处于债务危机的高风险。而对于依赖外部融资的新兴经济体来说，一旦美元利率上升或国内经济增速不佳，债务违约的风险更大。一些新兴市场的外部脆弱性引发本币大幅贬值，特别是土耳其和阿根廷，2019以来，土耳其里拉下跌9.3%，阿根廷比索跌幅已达12.2%①，使得人们十分担忧该国银行的健康状况，这种情形极易给他国带来广泛的负溢出效应，例如外国银行现特别关注其对土耳其的风险敞口问题。

5. 不少新兴市场进行国内大选加大市场不确定性

一般而言，国内选举结果的未知性和政府换届会显著提升国内政治环境和政策走向的不确定性，使公共治理和政策制定变得更加困难。而新兴市场国家因经济发展相对较快，社会和政治结构变化较大，不同政党主张差异明显，更易发生上述情形。例如，2018年土耳其大选后，总统埃尔多安的经济政策对投资者的信心产生不小影响，而这与土耳其里拉暴跌现象存在密切联系。2019年，印尼、印度、南非、阿根廷等新兴市场国家相继进行国内大选，这会大幅提升市场的不确定性，使金融体系面临严峻挑战。

6. 新兴经济体间竞争性贬值加剧资本外流压力

为争夺全球市场份额，一些新兴经济体选择通过本币贬值来提升国内出口商品的竞争力，但这同时会加剧国内通胀现象，加大资本外流压力。对于经常账户赤字本已巨大、银行系统高度依赖外部资金的国家来说，短期内资本大量流出会导致流动性枯竭，更易面临债务违约风险。

---

① 数据统计截至2019年4月19日。

7. 发达国家货币政策外溢效应增加金融体系压力

尽管近来因全球经济放缓明显，美欧等多个发达经济体相继暂缓货币政策紧缩步伐，短期内升息可能性相对减弱，新兴经济体货币贬值压力有所缓解，但由于发达国家货币政策外溢效应十分显著，新兴经济体极易受其政策转向影响。特别是不少新兴经济体的外债仍在持续增加，一旦外部环境恶化，容易面临大量资本流出和外部融资困境。而在经济下行期间，国际投资者对新兴市场经济韧性和政策可信度的担忧，会导致全球避险情绪上升，更易发生资本外流现象。据IMF资本流动在险水平分析，新兴经济体或面临1000亿美元资本外流风险。阿根廷、土耳其、印尼、墨西哥等新兴经济体试图通过加息和干预货币市场的方式来缓解外部压力，但此举会造成市场流动性紧缩，加剧经济下行风险。

8. 科技股泡沫风险正在不断累积并存在破灭可能

2019年初至4月19日，美国标普500指数上涨约16%，其中科技板块涨幅约为25%，位于各板块涨幅之首，而纳指上涨21%，均逼近历史高点。前已述及，根据美国财政部3月公布的数据，外资正在抛售美国资产，这说明此前美股上涨行情很大程度上是由于特朗普国际税制改革，促使美国跨国公司利润回流至股市。而美国最近一轮上涨行情，则是很大程度上与美联储调整货币政策暂缓加息的决定有关。随着税改等财政刺激政策效应消退，上市公司很难维持当前的高盈利水平。全球最大对冲基金桥水日前发出警告，没有持续的利润扩张，美股股价将比当前低40%。如果真发生如此大幅度调整，科技股作为前期推动美国股市上涨的主要驱动力量，一旦其积聚的泡沫风险破灭，会给市场带来巨大震荡。而美股总市值极其庞大，约占全球股市40%左右。若其崩塌，全球股市都难免受到波及。

9. 风险叠加效应发生的可能性正在进一步上升

多边贸易秩序的不稳定、英国脱欧前景的不明朗以及近来油价大幅上涨带动大宗商品价格提升等因素，容易形成风险叠加效应。虽然与历史水平相比，新兴经济体经常账户失衡现象有所改善，近期全球市场流动性也较前期宽松，脆弱性相对温和，但新兴国家金融市场压力依旧十分突出，需要进一步增强缓冲，才能更好应对随时可能趋紧的市场流动性风险。

四、小结

整体而言，2018年世界经济继续复苏态势，国际金融监管持续趋严，全球金融体系相较危机前显得稳定和健康。但同时，全球经济复苏之路并不平稳，增长态势和通胀水平有不同程度分化，资产价格出现下调，市场波动率大幅增加，全球金融体系脆弱性有所凸显。

展望2019年，由于全球经济增长动能减弱，世界经济未来前景不确定性上升，投资者或会因此推迟或改变投资行为，加大金融市场波动性，甚至可能发生短期大幅下挫现象。一方面，发达经济体经济增速已明显放缓，而人口老龄化、移民和政府债务等问题会进一步形成掣肘，影响其经济发展和金融市场稳定。另一方面，部分新兴经济体财政状况十分脆弱，抵御流动性风险能力明显不足，金融市场动荡可能性较大。除此之外，多边贸易秩序正面临重构，国际经济秩序不稳定性正在提升，而地缘政治、新兴风险和极端天气等风险因素仍将持续存在。虽然经济金融类风险仍未出现在2019年全球前五大风险之列，但并不能充分说明金融体系一定是安全的。国际社会需要认真评估会否因为近年来经济复苏状况良好，反而容易忽视风险的存在，高估全球金融体系抵御冲击的能力。

如前所述，市场对风险，特别是金融环境收紧条件下的潜在流动性风险能否有充分认知并及时进行调整，对未来金融体系的稳定性至关重要。为做出更好应对，国际社会必须切实加强全球宏观政策协调的有效性，努力克服监管框架中的政策协调盲区。各国应充分重视宏观财政健康状况、资产价格定价、杠杆率水平和金融科技风险等问题，在防范系统性危机的同时，稳步推进深层次结构性改革，尽可能化解金融体系中所蕴含的不稳定因素。

执笔人：陈　宁　柯　静

参考资料：

[1] [美]罗伯特·吉尔平，杨宇光等译. 全球政治经济学：解读国际经济秩序. 上海：上海世纪出版集团，2013.

[2] IMF，2019：“World Economic Outlook Update”，January.

[3] IMF，2018：“Global Financial Stability Report”，October.

[4] WEF，2019：“The Global Risks Report，14th Edition”，January.

[5] Deloitte Center Financial Services，2018：“2019 Banking and Capital Markets Outlook”，September.

[6] German Watch，2018：“Global Climate Risk Index 2019”，December.

[7] UNCTAD，“Investment Trends Monitor”，Oct. 15，2018.

[8] IIF，2019：“Global Debt Monitor”，January，https：//www.iif.com/Search-Results?sb-search=318%25&sb-bhvr=1&sb-logid=7944-5frr5a470erh3rfz.

[9] 商务部，2018：“世界贸易形势”. 中国对外贸易形势（2018年秋季）.

[10] 中国银行国际金融研究所，2018：“全球银行业展望报告”. 11月28日，http：//dy.163.com/v2/article/detail/E4J9ASRB0518R54C.html.

专 题 篇

专题一　金融风险高发期的背景和成因

近年来，我国金融风险呈现易发高发态势，风险防控形势日益复杂严峻。2012年以来发生的主要金融风险有：2012年以来银行不良贷款率较大幅度上升，2013年的银行间市场“钱荒”，2014～2016年股票市场大幅波动，2015～2016年的人民币汇率贬值及资金外流，2016年以来尤其在2018年加大的企业债券违约风险，2018年股票质押融资风险，及P2P等互联网金融风险等。除已经发生的金融风险外，还有尚未暴露的风险隐患，主要是房地产风险和地方债务风险。各领域金融风险交替或反复发生，风险的突发性、传染性和共振性不断增强。厘清金融风险的背景和成因，才能分清主要和次要风险、长期和短期风险、周期性和体制性风险、外部和内部风险、风险实质和风险表象，做到前瞻判断、化繁为简、分类施策、标本兼治，更好化解金融风险。从国际环境看，发达国家货币政策逐步正常化，带动全球流动性收紧和其他国家步入加息周期，但同时世界经济仍然面临增速放缓压力，美国挑起的贸易保护主义愈演愈烈，世界经济金融风险持续增大。从国内环境看，经济金融步入下行周期，经济发展模式面临转变，而金融监管没有跟上金融市场和新技术的发展，宏观、产业政策和市场基础性制度也有待完善。

一、世界经济金融风险增大

一是货币政策逐步正常化。2008年金融危机之后，美联储大幅度降息，并实施了前后三轮量化宽松政策，导致其资产负债表急剧扩张。此后随着美国经济的复苏，美联储逐步启动宽松政策退出计划。美联储的政策带动其他国家货币政策正常化持续推进。2018年，菲律宾、印度、印尼、土耳其、阿根廷、马来西亚、乌克兰、捷克、墨西哥、英国、俄罗斯等国央行都上调了利率。2018年12月，欧洲央行终止了为应对金融危机而出台的2.6万亿欧元债券购买计划。2018年12月以来，发达国家货币政策化的进程有所调整，但从中长期看，仍然是必经之路。

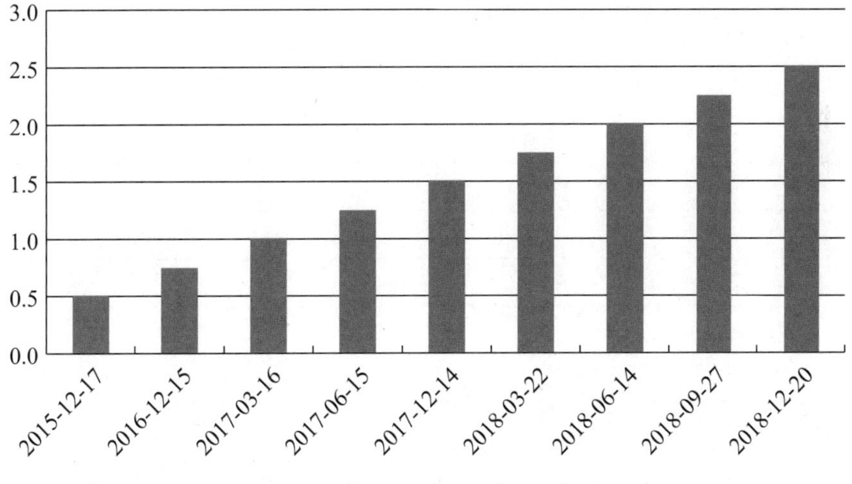

图1　美国联邦基金目标利率（%）

资料来源：Wind资讯。

二是世界经济放缓压力增大。2018年，美国经济依然强劲，而欧洲和日本经济增长均较为乏力，新兴经济体经济增长短期有所企稳，但持续复苏缺乏有效支撑。2019年，受海外需求放缓、国内财政刺激效应消退、美联储多次加息的滞后等多种因素影响，预计美国经济增长也将面临放缓压力。2018年11月，

OECD 下调2019年全球增长率至3.5%，比2018年展望调低0.2个百分点，并预计2020年美国和中国经济增长均将较大幅度放缓。

三是世界贸易摩擦风险加大。在世界经济多极化发展、贸易不平衡加剧、总体经济增长缺乏持久动力并再次面临放缓压力的背景下，美国为首的贸易保护主义抬头，“逆全球化”苗头不断显现，这对全球贸易环境、经济秩序和金融市场都造成严重冲击。中美经贸摩擦尤为突出。从世界历史看，守成大国与崛起大国之间形成新的平衡关系通常需要较长时间。就当前所处时点而言，美国经济处于复苏期，货币政策处在加息周期；而中国经济仍在增速下行期和结构调整期，货币政策放松空间受限，应对经贸摩擦的难度相对更大。近期中美贸易摩擦风险有所缓和，但未来仍不排除有再次加大或向其他领域延展的可能。

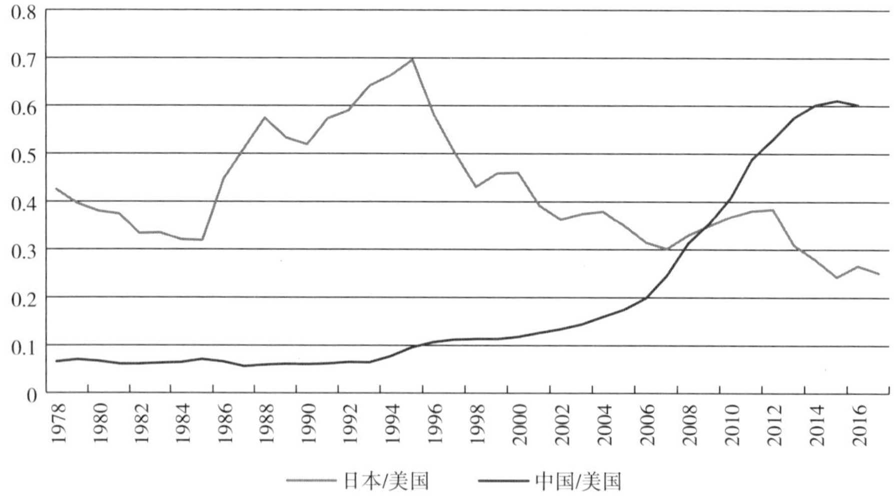

图2 中国和日本与美国GDP的比例

资料来源：Wind资讯。

四是国际金融市场动荡加剧。在各国货币政策逐步正常化、全球流动性收紧、世界经济放缓压力再次增大、经贸摩擦风险加大的背景下，全球金融市场持续动荡。而新兴经济体金融市场脆弱性高，市场调整往往更为剧烈。一方面，新兴市场国家本币大幅贬值。2018年，美联储继续加息和“缩表”进程，美元指数上涨至97附近，主要国家货币对美元汇率有不同程度的下跌，新兴市场国家中土耳其、阿根廷等国本币大幅贬值，资金大规模流出，发生货币危机。预计2019年新兴经济体国家本币汇率和跨境资本流动仍将面临较大压力。另一方面，美国股市调整产生外溢效应。2018年，美国股市两次大幅调整带动全球股市普遍下跌。目前美国股市估值处在历史相对高位，头部特征明显，在经济预计放缓、加息影响滞后显现的情况下，2019年有可能发生幅度超过2018年的调整，这将对其他国家金融市场产生溢出效应。

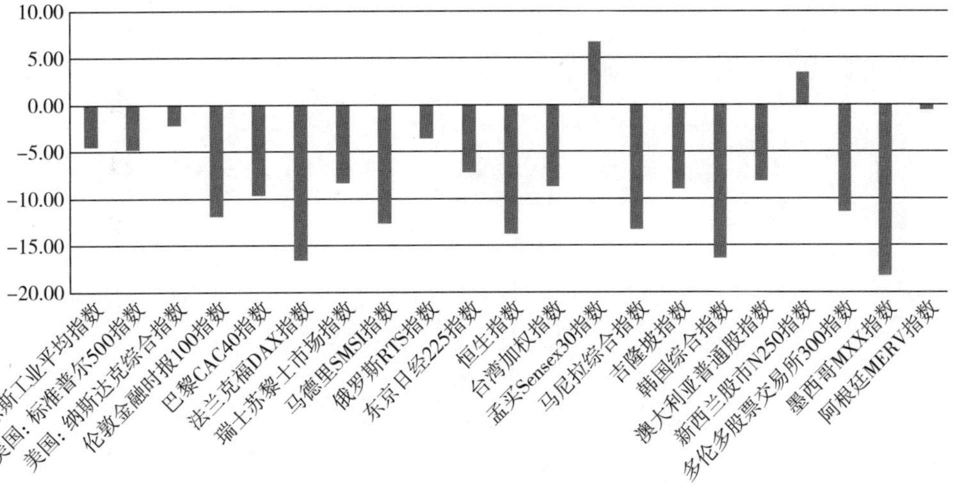

图3　2018年世界主要股票市场涨跌幅（%）

资料来源：Wind资讯。

二、中国经济金融周期下行

2008年金融危机发生后，中国经济增长尽管在经济刺激政策作用下快速反弹，但之后仍然持续放缓，中国经济从高速增长阶段向中高速增长阶段转变。同时，伴随经济增速下行，金融周期也步入下行期。

一是经济增长持续放缓。2018年，中国经济增长6.6%，比2017年回落0.2个百分点。预计2019年中国经济增速将继续放缓。经济增速放缓导致经济结构调整加快，带来相应的金融风险暴露。总量需求收缩导致供给过剩问题更加严重，经济新旧动能转换和结构调整加快，传统行业经营压力增大，微观层面粗放型经营企业面临更大的市场调整风险。以银行不良贷款为例，不良贷款增长主要是经济增速下行和结构调整的结果。本轮不良贷款集中的制造业、批发和零售业、采矿业均是如此。制造业不良贷款受外贸增速放缓影响从东南沿海外向型企业开始暴露，钢铁、煤炭等行业不良贷款来自前期形成的过剩产能和当期有效需求下降，批发零售业对资金环境敏感，经济下行、行业景气低迷、流动性偏紧等都会造成其资金周转困难、不良贷款率上升。

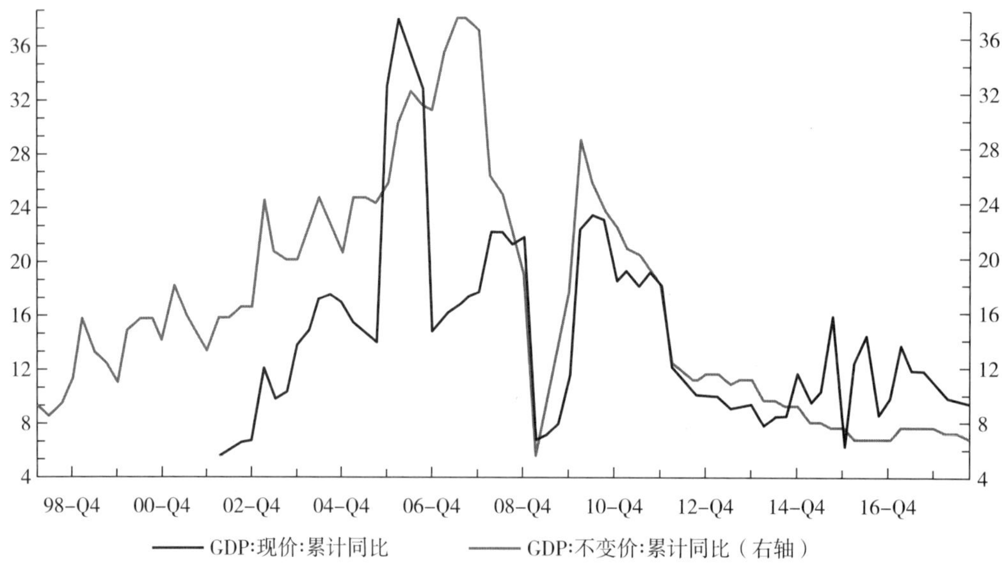

图4 中国经济增长：GDP现价累计同比和不变价累计同比（%）

资料来源：Wind资讯。

二是货币供给和金融信用增速下行。货币金融周期和经济周期密切相关。2010年以来，经济增速放缓特别是传统重资产行业投资增速放缓，导致贷款和社会融资规模存量增速从20%以上的高位持续快速回落。此外，房地产市场经历了20年的景气周期，价格总体上持续上行，但随着城市住房供求矛盾趋于缓和，住房需求和房地产投资增速逐渐放缓，这可能导致以房地产抵押为主要信用创造方式的银行信用扩张能力受限，而一旦房地产市场发生较大价格调整，可能引发严重的信用紧缩，同时不良贷款率大幅上升。

2018年金融信用收缩尤为突出。2017年7月份以来，在去杠杆、强监管政策的推动下，社会融资规模增速持续回落，金融信用收缩更加明显。2018年末，社会融资规模存量同比增长9.78%，比上年同期回落3.62个百分点。其中主要是影子银行业务萎缩。2018年末，委托贷款和信托贷款余额同比增长分别为–11.54%和–7.98%。其次，股票市场融资规模下降。2018年，由于股市持续下跌，全年A股市场募集资金比2017年减少5000亿元。再次，企业债券融资占比仍在低位。2018年，企业债券融资在社会融资规模中的占比进一步降至10%以下的低位。

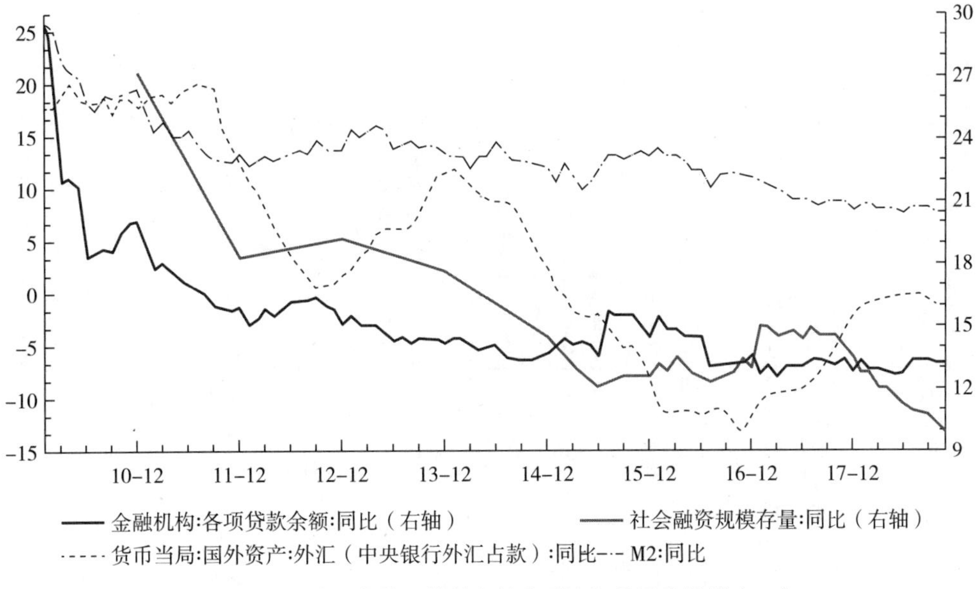

图5　M2、外汇占款、贷款和社会融资规模同比增长（%）

资料来源：Wind资讯。

三、经济发展方式面临转换

高增长模式以宏观杠杆率提升为主要特征。1998年以来中国经济高增长主要来自固定资产投资和外贸拉动。高投资率、高储蓄、间接融资为主的融资体系导致的高负债率成为中国经济高增长的主要特征。这种增长方式集中表现在M2/GDP的持续上升，目前已经超过主要发达国家。

M2/GDP水平较高来自三个因素：高间接融资杠杆、低资本回报率和工资收入在GDP收入分配中占比较低。对应的经济增长方式是，通过银行信贷支持高投资率，投资更重视产出而非利润从而资本回报率偏低，压低工资收入以提升企业积累，利于投资而不利于消费。M2/GDP的不断升高是这种增长方式不断趋于极致的表现。这种以更高的信贷杠杆、更快的资本积累、更低的资本回报率和工资收入比重为特征的增长方式不可持续。

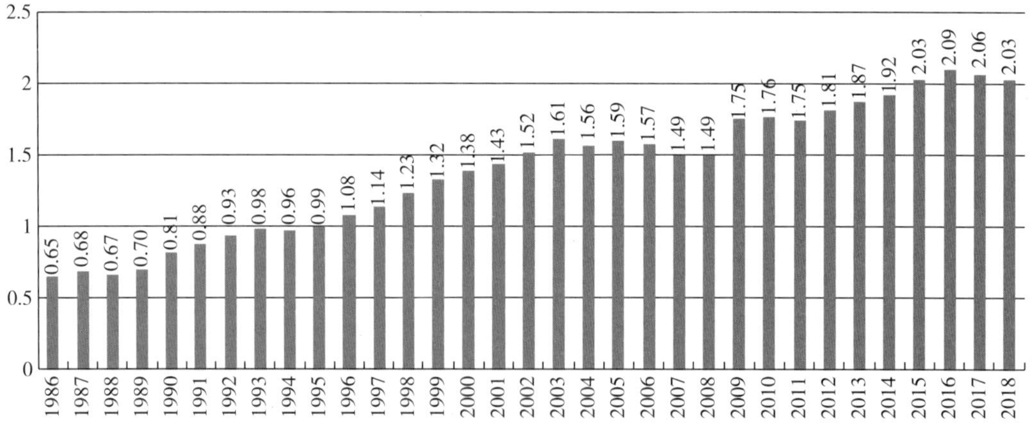

图6　中国M2/GDP

资料来源：Wind资讯。

高杠杆增长方式过度依赖房地产，累积系统性风险隐患。经济增长主要靠投资拉动，而投资主要是房地产投资、基建投资和制造业投资。基建投资主要依靠地方政府实施，而资金来源很大程度是土地收入和土地为抵押的政府融资。房地产投资最终通过居民部门增加杠杆来消化。制造业投资则很大部分来自基建和房地产的引致投资。这就形成了地方政府—房地产—金融机构之间的三角形增长模式。这种增长模式造成了经济对房地产的过度依赖，造成了地方政府和居民部门的杠杆提升，在房地产市场需求增速逐渐放缓、价格持续过快上涨的情况下，潜在的系统性风险不断增大。

增长方式转变带来金融风险释放。经济增长方式需要向降低投资率和负债率，提高消费率、资本回报率和工资收入比重的方式转变。这种转变需要控制宏观杠杆率的上升势头，直至逐步削减宏观杠杆率。增长方式的转变会带来经济增长下行和金融风险释放，包括金融信用收缩、不良贷款增长、金融市场波动等各类风险。

四、金融监管没有跟上金融市场和新技术的发展

一是金融体系市场化进程加快的风险。随着经济体系市场化程度的不断加深，金融体系已经不能满足经济发展的需要，金融体系市场化进程加快。对金融要素而言，主要是利率市场化、汇率市场化改革及人民币国际化。对金融机构而言，主要是市场准入放开。对金融业务而言，主要是金融创新加快、混业经营日益明显等。对金融市场体系而言，债券市场快速发展壮大，银行间市场交易商协会、发改委和证监会主管之下形成了三足鼎立、相互竞争的市场体系；多层次资本市场体系不断充实，新三板、区域股权市场快速发展。对金融基础设施而言，各类交易所数量快速增长，规模不断扩张。金融体系市场化步伐加快，无论是金融要素、金融机构、金融业务、市场体系等各层面，也都可能伴随风险。例如，利率市场化改革缩小了银行的净息差，降低银行抵御风险的能力。汇率市场化改革和经济增长放缓、外部冲击加大等因素的结合，增加

了人民币汇率波动幅度和资金流出风险。金融机构准入放开后，由于退出机制不完善等因素，出现了过度竞争和同质化竞争的情况。金融混业经营的发展，在分业监管的格局下，形成了大量的监管空白和监管冲突。

二是监管者发展目标和监管目标的冲突。金融监管部门具有金融发展和金融监管的双重目标，却不能很好进行平衡，往往重发展、轻监管。同时，分业监管、多头监管带来了监管者之间的监管竞争。2014～2015年的股票市场大幅波动，就有证券公司提高杠杆、发展资本中介业务的原因。证券公司加杠杆的原因部分来自做大规模的发展冲动和监管激励。保险公司通过发行万能险等高成本负债方式迅速做大规模，举牌上市公司，投资非标产品和高风险债券，投资控股其他金融机构等行为，背后同样有监管部门不断扩大保险公司资金运用范围、提升机构风险偏好的行业发展意图。债券市场分割和多头监管，客观上形成了监管者之间竞相降低门槛的竞争。此外，中央和地方金融监管权责不够明确。地方政府希望获得更多的金融发展权，但监管的能力和动力不足。区域股权市场、各类交易所的快速发展，都有地方政府发展金融的导向在推波助澜，最终形成了不少风险。

三是金融“伪创新”滋生蔓延。值得注意的是，金融创新中相当一部分是“伪创新”，监管存在缺位和滞后。金融机构或实际从事金融业务的非金融机构，或是通过各种通道、延长业务链条突破监管要求，将金融资源投向监管限制领域如房地产等，影子银行的发展相当大部分正在于此；或是规避监管，进行监管套利，以不平等竞争方式参与金融业务。

四是新技术在金融业应用的冲击。金融科技的发展增加了金融产品和金融市场的复杂性，进而增大了金融风险。一是金融科技带来的金融创新跨市场、跨行业、跨区域，风险传染性强、传播速度快、风险外溢性大。二是金融市场参与主体行为趋同，强化了羊群效应和市场共振，放大市场波动，增加系统性风险。三是金融市场操作走向智能化后，操作风险增加，微小的技术故障都可能造成重大损失。金融科技发展不规范也造成了风险。大部分金融科技公司游离于监管之外，有的过于追求市场规模和公司估值的增长，过分强调形式创新和利益驱动，或是没有金融牌照而实际做金融业务，或是进行金融套利甚至违法犯罪，对实体经济和金融市场发展带来不利影响，甚至引发较大金融和社会风险。

五、宏观政策、产业政策和市场基础性制度有待完善

一是频繁和过度使用宽松货币政策和稳增长经济政策的负面影响。例如，2008 ~ 2010 年实施的经济刺激政策，在应对危机冲击、稳定中国和世界经济方面起到了关键作用，但对长期投资、信贷投放的行政干预一定程度替代了市场决策，从而形成大量低效投资和不良贷款。宏观经济政策的收放加剧了经济和信用的周期波动，也助长了不良贷款形成。

二是产业政策不当造成一些行业的产能过剩和不良贷款增加。以光伏产业为例，几乎所有省份都曾将光伏列为重点发展行业，并采取多种形式的扶持政策，从而引发全国范围的光伏投资热潮。2014 年光伏行业产能利用率降至 60%，地方政府仍然鼓励新企业进入，最终大量企业破产，形成大批银行坏账。

三是市场经济体系和基础性制度不够完善。金融风险并不完全来自金融业自身。地方债务风险、产能过剩风险、房地产风险等重大风险都产生于金融体系之外，而最终体现为金融风险。这些重大风险的形成往往根源于市场经济体系和基础性制度的不够完善。

首先，地方政府财权事权不够匹配是形成地方政府债务风险的重要原因。

发展经济是地方政府的主要职责之一，地方政府通过基建投资、招商引资等方式发展经济。在财权财力不足的情况下，地方政府的资金来源主要是土地出让收入和以土地为抵押举债，因此地方政府有繁荣房地产市场的内在激励，最终形成对房地产市场的高度依赖。地方政府的资产端通常投资于收益低、期限长、规模大、流动性差的基础设施投资，而负债端依赖于土地出让收入增长和土地价格上涨，资金来源不稳定，且难以长期持续增长，这导致地方政府债务风险日益加大。地方政府债务风险也增加了房地产价格泡沫风险和居民部门债务风险。地方政府最大化土地出让收入带来地价持续上涨，地价带动房价同步上涨。居民部门由于房价相对收入过快增长而被动增加杠杆，造成财政风险和地方债务风险向居民部门债务风险的转移。

其次，作为市场主体的金融机构和国有企业均存在预算软约束问题，且退出机制不完善，导致了产能过剩和不良资产等风险。金融机构和国有企业更重视资产规模和增长速度的竞争而不是效益的竞争。在政府隐性担保、国企债务刚性兑付的背景下，地方政府和国有企业不断地从金融机构获得大量金融资源，扭曲了市场配置资源的机制，最终形成产能过剩为代表的实体经济风险。金融体系仍然以银行为主，银行又以国有银行为主，导致金融机构同质化竞争严重。

最后，市场经济体系不完善导致处置风险的风险增大。在处置风险时，由于市场体系不完善，金融政策收紧往往导致民营企业、中小企业首当其冲，而不是高杠杆、低效率的国有企业充分调整，处置风险可能带来更大风险，难以达到预期效果。

执笔人：王　洋

专题二　2019年我国商业银行风险防范的挑战与对策研究

我国是典型的银行主导型金融体系，银行业金融机构资产占金融机构总资产比重超过90%。打好防控金融风险攻坚战，必须做好银行业特别是商业银行的风险防范化解工作。随着金融供给侧结构性改革工作的稳步推进，商业银行在2018年整体运行稳健，盈利能力不断增强，风险防控能力不断提高，全球影响力不断提升。然而，挑战与机遇同在。在当前和今后的一段时间内，影响金融稳定的风险因素错综复杂，国际有贸易摩擦、大型经济体金融政策调整的外溢效应；国内有经济金融体制的结构性持续调整，部分领域潜在风险的防控任务依然较重，防范化解金融风险既是"一场攻坚战也是一场持久战"。面对经济运行、政策新规、自身经营出现的新挑战，商业银行如何实现自身的平稳运行，有效防范风险，切实发挥金融这一"温柔的手术刀"的作用，解决社会"痛点、难点"，将是2019年的重中之重。

一、宏观经济金融背景下商业银行风险防范关注点

（一）全球增长动力减弱，经济金融不确定性加剧

2019年1月，国际货币基金组织（IMF）在《世界经济展望》中进一步下调全球经济增长预期。贸易紧张局势升级、不断加重的债务负担等一系列因素，引发风险情绪进一步恶化，全球经济下行压力较大。

1. 主要经济体宏观政策的溢出效应

从2017年底开始，美国通过“税改”和加息，开始实施积极财政政策和紧缩货币政策的政策组合。除此之外，欧盟、英国、日本等全球其他主要经济体货币政策逐步正常化。在全球增速放缓的趋势下，一旦货币政策收紧过快引发全球流动性紧张，可能阻碍全球经济复苏进程并引发金融风险。

2. 逆全球化和保护主义盛行

全球贸易、投资、产出仍然受到政策不确定性和持续的贸易紧张局势的威胁。短期内，保护主义将通过阻碍贸易、抑制外商直接投资削弱全球需求，削弱经济复苏势头。长期来看，保护主义会阻碍资本、劳动力等生产要素在全球范围内有效配置，进一步加剧经济失衡。

3. 债务负担不断加重

各国政府长期实施量化宽松货币政策与积极财政政策，政府、居民和非金融企业杠杆率高企。居民部门债务会抑制消费，消费对经济复苏的拉动作用可能减弱。而非金融企业部门债务负担加重会降低企业的投资意愿，生产率增长低迷，全球投资前景也不容乐观。

此外，地缘政治冲突多点爆发，对经济金融的影响加大。与此同时，与金

融科技等新技术相伴而生的新风险亦不容忽视，也将对全球金融监管构成新的挑战。

（二）国内结构性矛盾突出，经济金融形势依旧复杂

当前，中国经济保持总体平稳，但下行压力依然存在，国内防范金融风险的任务仍然艰巨。

1. 货币政策延续宽松，财政政策亟待发力

中央经济工作会议确定了2019年宏观经济政策的基调。货币政策将延续宽松，保持流动性总量处于合理充裕。同时，央行将会通过中期借贷便利（MLF）、定向中期借贷便利（TMLF）、常备借贷便利（SLF）、扩大合格担保品范围等政策工具引导，加大对微观主体的金融支持。财政方面，通过税收制度改革加大减税降费力度为企业减负，同时提高居民可支配收入刺激消费；中央政府的财政支出将增加基础设施投资，并通过鼓励地方政府发行专项债来稳定基础设施投资增速。财政政策的效用显现或还需要一段时间。

2. 结构性杠杆问题凸显

高杠杆是经济和金融体系脆弱性的根源。2018年“三去一降一补”取得明显成效，但在总体杠杆率趋稳的同时，结构性分化的特征日益凸显。我国企业尤其是国有企业负债率仍然偏高，居民部门加杠杆速度过快，政府部门隐性债务大量存在。

3. 中美贸易争端持续影响

贸易摩擦将直接影响国内出口外贸型企业的经营状况，并通过产业链引发上下游企业的连锁反应，导致实体经济陷入困境，对国内产业结构升级进程

产生消极影响。同时，中美贸易摩擦将使人民币汇率承压，资本外流的风险加大，国内宏观经济政策实施变得复杂，这些冲击势必波及我国宏观经济发展和金融体系稳定。

（三）金融监管趋严，对商业银行风险防范提出更高要求

顺应监管导向是商业银行风险防范必须考虑的路径，监管政策的变化也将使我国商业银行的风险管控面临新的挑战。

1. 国际商业银行监管变化趋势

金融危机以来，国际金融监管改革主要任务是增强全球金融体系的安全稳健性，避免金融危机再次出现。一是确立多重约束的审慎监管体系。在强调资本充足性的基础上，增加了流动性监管、杠杆率监管、大额风险集中度等多元目标监管体系。二是强化资本充足率的监管标准，建立兼顾多种需求的资本计量方法，增强资本充足率的可信度，可比性和风险敏感性。三是识别全球系统重要性银行（G-SIBs）重点监管。提高G-SIBs损失吸收能力要求，制定恢复和处置计划，力求解决“大而不能倒”的问题。四是强调标准实施的国际一致性。标准要有统一的适用范围、统一的时间表，评估要同步实施、规则一致、实施一致。整体来看，银行业监管政策呈现统一化、审慎化和动态化的格局，更全面也更加严格。

2. 国内商业银行监管变化趋势

国际金融监管的变化趋势为我国深化金融监管改革提供了有益的借鉴。一是构建了宏观审慎监管与货币政策“双支柱”的监管体系。缓解了监管宏观与微观层面长期割裂的现状。二是较国际规则更为审慎的监管标准。包括实施更高的核心一级资本充足率和杠杆率要求、更严格的合格优质流动性资产定义、更高的拨

备监管要求等。三是强监管是近年来银行业监管主旋律。2018年全年银保监会对银行业金融机构开具超3800张罚单，其中涉及贷款管理、票据业务违规、同业投资违规、理财销售违规等多个领域。不论是从罚单数量还是罚款金额来看，都体现了前所未有的监管力度，也凸显了防范化解风险的决心和毅力。

二、2019年商业银行风险防范面临的冲击和挑战

（一）重点关注经济转型时期信用风险

2018年，商业银行整体资产质量相对稳定，不良贷款小幅下降。数据显示，2018年前三季度，银行不良贷款小幅增加，四季度不良贷款下降0.04个百分点，为两年来首次出现下降，资产质量稳定格局延续，总体风险可控。

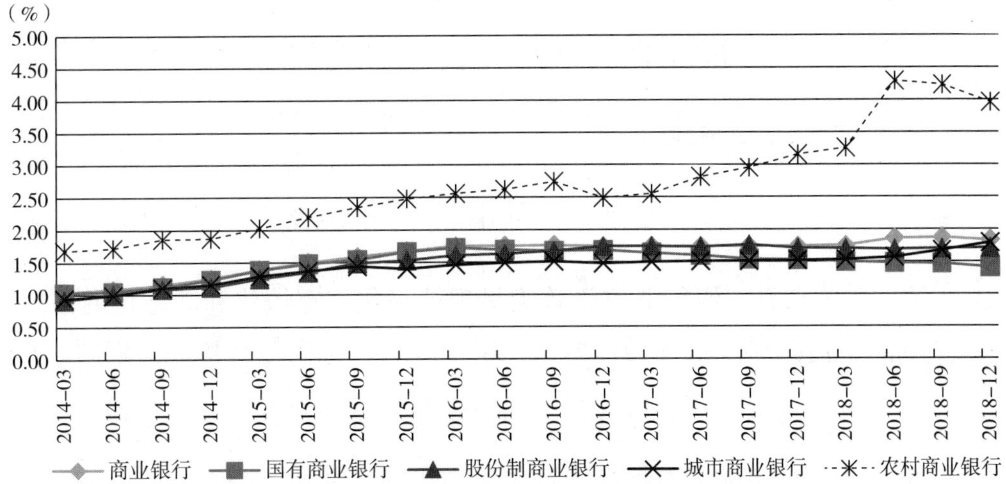

图1　商业银行不良贷款率变化情况

数据来源：Wind资讯。

2019年，宏观经济的持续底部运行将对企业的经营构成压力。不同类型的行业和企业的信用状况也将出现分化，与之相关的信用风险将会暴露。

1. 民营、小微企业信用风险

近期，中央支持民营企业发展的政策举措陆续出台，以小微企业为主的民营企业的信贷业务比重将不断增加。2018年，小微企业普惠金融贷款余额8万亿元，同比增长18%，增速比上年高8.2个百分点，全年增加1.22万亿元，同比多增6143亿元[①]。由于小微企业属于信用风险相对较高的业务领域，未来随着其信贷业务增量加大，将会对商业银行资产质量产生一定压力。

2. 地方政府隐性债务风险

在政府债务管理持续加强的背景下，地方政府融资规模快速增长的问题得到一定程度的缓解，但存量规模庞大。为了支持地方建设，通过各种有政府背景和信用支持的平台和渠道进行融资的情况仍然存在。由于这类债务的举债方式复杂多样，而在新的管理要求下，部分债务的还款来源和担保措施均显不足。随着房地产市场景气程度下降，地方政府与土地相关的收入增长也将放缓，未来财政实力较弱的政府融资平台债务将面临较大风险。

3. 房地产行业信用风险

银行对房地产行业的信贷敞口较为集中[②]，一旦房地产市场出现剧烈波动，银行业将直接面临信用风险。银行大量贷款的抵押物为房地产，如果房地产市场波动剧烈，可能通过抵押物价值变化渠道导致风险向银行传导。同时，房地产涉及众多上下游行业，其发展状况会对这些行业的经营效益和企业偿债能力产生影响。在未来房地产市场政策定位不会出现明显放松的背景下，商业银行潜在的信用风险仍将上升。

---

① 数据来源：Wind，《2018年金融机构贷款投向统计报告》。

② 2018年末，人民币房地产贷款余额38.7万亿元，同比增长20%，增速比上年末低0.9个百分点；全年增加6.45万亿元，占同期各项贷款增量的39.9%，比上年水平低1.2个百分点。数据来源：《2018年金融机构贷款投向统计报告》。

4. 资本市场风险引发商业银行信用风险暴露

从债券市场来看，2018年债券违约119只，涉及金额1166.51亿元，约是2017年的3.5倍[①]。违约主体也从具有较强周期性的低评级民营企业逐步蔓延至国企和城投等高评级企业。未来去杠杆的政策基调不会改变，信用债违约仍会出现。从股票市场来看，2018年股票市场因为内外不确定性因素的影响持续下跌，上市公司的股票质押风险快速增加。截至2018年末，市场质押股数6345.12亿股，占总股本的9.83%，市场质押市值约为4.23亿元。股票质押风险反映了股东的信用风险，而股票质押风险的扩散将会冲击实体经济。

（二）流动性风险中的“黑天鹅”可能高发

近年来，货币环境整体宽松，商业银行流动性指标持续改善。截止2018年末，商业银行流动性覆盖率为138.01%，同比上升14.75个百分点。从结构上来看，这主要得益于商业银行调整批发性融资负债规模。随着同业、理财、表外业务的逐步规范，这种结构调整不可持续。另一方面，央行货币政策工具不断丰富，操作灵活多变，商业银行对于央行借款补充流动性的依赖度日益提升，商业银行流动性管理的难度也将增大。

1. 资产负债管理难度加大

从资产端来看，目前整个银行业资产业务仍然延续了以往的增长模式和惯性，增速快于负债端增速。数据显示，存款类金融机构人民币贷款余额与存款余额的月均同比增速差额不断上升[②]。这意味着贷款规模的扩大对存款资金来源施加了越来越大的压力，合理匹配资产负债期限结构的难度不断提升。由于

---

① 数据来源：Wind资讯。

② 2016年增速差额均值为2.3%，2017年为3.29%，2018年为4.41%，数据来源：Wind资讯。

存贷利差逐渐缩小，部分银行还在通过扩大信贷规模及表外业务来增加利润，加剧期限错配。从负债端来看，资金来源不稳定，特别是存款压力较大，核心存款增长缓慢。互联网金融的发展吸收了大量闲散资金，导致商业银行存款流失。随着利率管制逐步放开，资金更加频繁的在存款、理财产品以及银行、资本市场间转换，进一步弱化了银行负债来源的稳定性。中小银行对同业存款、公司存款、财政存款等批发型负债的依赖较高，而这类资金金额大、期限短、不稳定，使得中小银行的流动性管理更为艰巨。

2. 流动性管理复杂度提升

由于流动性风险与系统性风险高度相关，国内外金融监管不断强化对于流动性的管理。流动性管理由静态转变为动态，由被动转变为主动，流动性管理复杂程度提升。近年来，央行不断丰富货币政策工具箱，操作灵活多变，期限品种搭配多样，综合运用货币政策工具组合释放流动性，对维持短期市场流动性的稳定起到了重要作用。但这一变化导致我国银行体系流动性对央行借款的依赖程度大幅提高。同时，由于货币政策操作期限和规模难以预测，商业银行对流动性主动管理的难度也大幅增加。此外，影子银行发放的非正式贷款规模巨大，拆短贷长造成的期限错配容易引发市场出现结构性的资金紧张，引发流动性“黑天鹅”事件。

（三）利率市场化进程加速、汇率波动幅度加大，商业银行市场风险面临新情况

1. 利率市场进程加速

2018年四季度货币政策报告称，要继续深入推进利率市场化改革，推动利率“两轨合一轨”。中国银行业净息差水平在2016年已经出现了明显下滑。在

当前仍然稳健的货币政策下，央行在下调存贷款基准利率方面依然可能谨慎，存贷款基准利率在未来一段时间里调整的可能性不大，而在基准利率不变的情况下，如何主动管理存贷款定价存在政策上的困难。

从商业银行内部来看，对于利率风险的管理，不论是在管理框架和流程的搭建上，还是对于利率风险计量工具的运用、对利率风险的识别和面对利率冲击的应对措施上，仍然缺乏完善的机制。一是利率敏感性和非敏感性业务的结构错配程度加大了基差风险。近年来，商业银行尤其是中小商业银行同业和理财业务占比明显上升。利率敏感性负债如表内理财、结构性存款、同业存款等负债的占比持续上升。二是利率敏感性较高的同业和金融市场业务期限错配程度较大。同业拆借和同业存单久期显著低于各类债券久期，较高的期限错配放大了重新定价风险和收益率曲线风险。

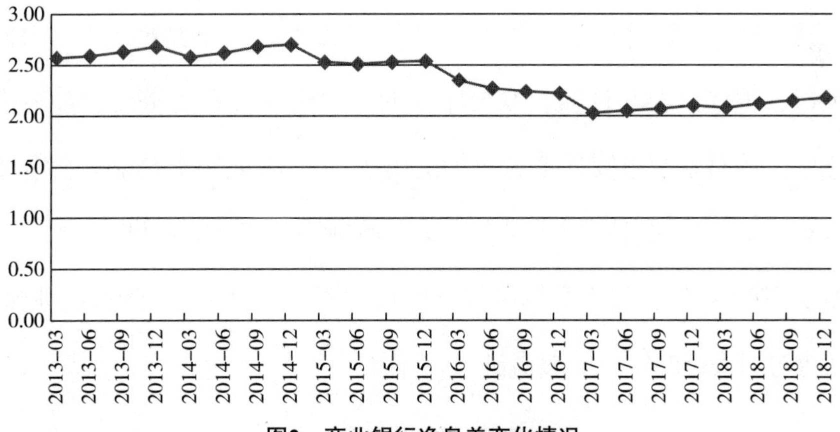

图2　商业银行净息差变化情况

数据来源：Wind资讯。

2. 汇率波动幅度加大

我国经济和金融对外开放的程度不断加深，商业银行外汇业务规模不断扩大。随着人民币汇率改革和人民币国际化进程的推进，汇率波动频率和波动幅度不断加大，从而使得商业银行产品和业务定价难度提高，对商业银行的风险管理也提出更高要求。一是汇率区间波动对商业银行本外币资产和负债的匹配管理形成了冲击。2018年受国际因素影响，人民币一度持续贬值，后又大幅升值。如果商业银行对汇率变动趋势判断失误，就有可能导致本外币资产负债的错配，造成资产的低效配置。二是汇率浮动区间的扩大对银行的结售汇业务以及外汇头寸风险管理提出了更高的要求。如果市场单边汇率预期强烈，企业和居民的外汇风险管理行为将使得商业银行为满足客户需求被动持有一定的外汇头寸，加大了商业银行外汇风险管理的难度。

（四）资本成为发展硬约束，商业银行资本补充压力增大

1. 商业银行资本充足率要求提高

根据银监会《商业银行资本管理办法（试行）》要求，到2018年底前，非系统重要性银行核心一级资本充足率、一级资本充足率、资本充足率均不得低于一定标准。央行、银保监会和证监会联合印发的《关于完善系统重要性金融机构监管的指导意见》还对系统重要性金融机构提出了1%的附加资本要求。在全球系统重要性银行框架下，四大行还要满足总损失吸收能力（TLAC）的监管要求。2019年初，TLAC规则将生效，如果大幅度提升银行的资本充足率，就相当于强迫银行降杠杆，这将对四大行的压力更加明显。

表1　　过渡期内资本充足率要求

银行类别	资本项目	2014年底	2015年底	2016年底	2017年底	2018年底
系统重要性银行	核心一级资本充足率	6.9%	7.3%	7.7%	8.1%	8.5%
	一级资本充足率	7.9%	8.3%	8.7%	9.1%	9.5%
	资本充足率	9.9%	10.3%	10.7%	11.1%	11.5%
其他银行	核心一级资本充足率	5.9%	6.3%	6.7%	7.1%	7.5%
	一级资本充足率	6.9%	7.3%	7.7%	8.1%	8.5%
	资本充足率	8.9%	9.3%	9.7%	10.1%	10.5%

资料来源：银保监会。

截止2018年末，四大行资本充足率最高是建行17.19%，最低是工商银行14.11%。与TLAC的监管要求还有距离，如果考虑加权风险资产的增长，则资本金的缺口将会更大。股份制银行不需要承担TLAC的资本压力，但是一级资本充足率、核心资本充足率也大多接近国内的监管红线。考虑未来业务对资本的消耗以及一级资本补充渠道的局限性，部分股份制银行存在一定的再融资压力。

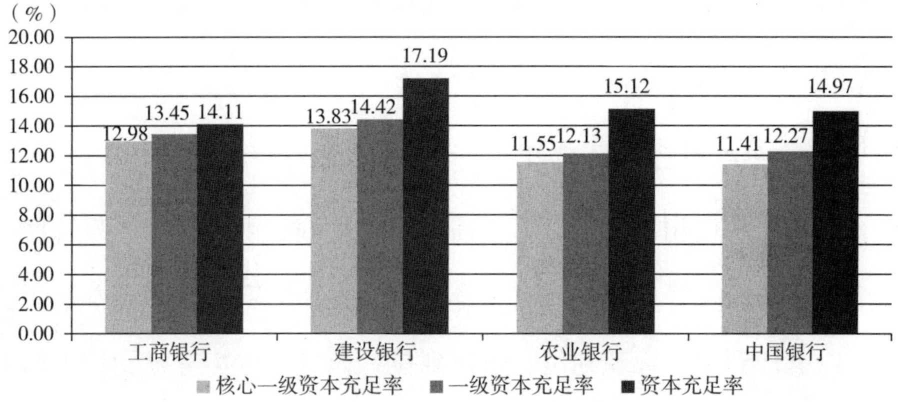

图3　四大行资本充足率

数据来源：Wind资讯。

2. 资本成为业务发展硬约束

在2017年以来的金融严监管以及去杠杆政策背景下，大部分表外业务及同业业务需要回表，需要占用更多的资本金。按照表内非标资产穿透至底层资产的原则，银行也需要补提资本。2018年二季度以来，商业银行加大表内信贷投放来填补表外收缩的缺口，又进一步加大了资本需求。2018年，监管部门陆续出台了“资管新规”和《商业银行理财子公司管理办法》，商业银行设立理财子公司将消耗其核心一级资本。2019年的地方债提前发行，银行也是地方债的主要投资者。内部业务发展需要充足的资本安全边界，而外部资本补充渠道仍有待进一步创新，内外补充渠道有限以及监管趋严，补充资本金将成为商业银行发展的硬性约束。

三、新形势下商业银行风险防范对策

面对复杂的国内和国际经济、金融形势，各种风险隐患交织，银行风险管理不但关系到银行经营管理，更关系到国家防范与化解金融风险的全局。我国商业银行应当把风险管理摆在银行经营管理的首要位置，切实提高防范和化解风险的能力，全面管、主动管。目前，建设银行做了许多有意义的工作，值得学习和借鉴。

1. 建立全面主动风险管理体系

结合巴塞尔协议相关要求，将全面风险管理框架引入银行风险管理，建立起集团全面主动风险管理体系。对于全面风险管理的定义是围绕本集团总体发展战略，以责任到位、管理到位、监督到位、人员到位、考核到位为抓手，董事会、监事会、高级管理层和全体员工各自履行职责，采用定性和定量相结合的办法，对集团所有分支机构、所有业务、所有员工、所有经营管理流程承担的所有实质性风险进行有效识别、计量、评估、监测、报告、控制或缓释和报告的持续管理过程。风险管理遵循匹配性、全覆盖、独立性、一质性与差异性并重、价值创造六项整体原则，既体现了风险管理的全面性也体现了运用风险管理创造价值的主动性，打造具有商业银行特色的全面主动风险管理体系。

2. 建立功能健全、职责清晰的全面风险治理结构

一是功能健全、职责清晰的全面风险治理架构。董事会是风险管理的最高决策机构，承担银行全面风险管理的最终责任，负责建立银行风险文化，制定风险管理策略及风险偏好，审批重大风险管理政策和程序等职能。监事会承担全面风险管理的监督责任，负责监督检查董事会和高级管理层在风险管理方面的履职尽责情况并督促整改。风险管理委员会负责执行董事会的决议，承担全

面风险管理的实施责任，包括建立适应全面风险管理的经营管理架构，明确全面风险管理职能部门、业务部门以及其他部门在风险管理中的职责分工；制定清晰的执行和问责机制，确保风险管理策略、风险偏好和风险限额得到充分传达和有效实施等职能。总行风险管理与内控管理委员会为高级管理层下设的负责集团风险管理与内部控制的研究、议事和协调机构，通过会议等方式定期或不定期听取集团全面风险管理情况报告，协调整体风险的防范、控制和应对，并督促落实。二是通过纵向、横向两个维度，设立了风险管理“三道防线”。第一道防线为各业务部门，承担所辖产品和业务风险管理的直接责任；第二道防线为风险管理部门和内容合规部，分别负责对各业务部门的风险管理活动进行规范、引导、协调、评估及监督、报告和督查其遵守法律法规、监管规定和及内部规章制度的情况；第三道防线为审计、纪检监察部门，负责对风险管理、控制、监督体系进行再监督和责任追究。

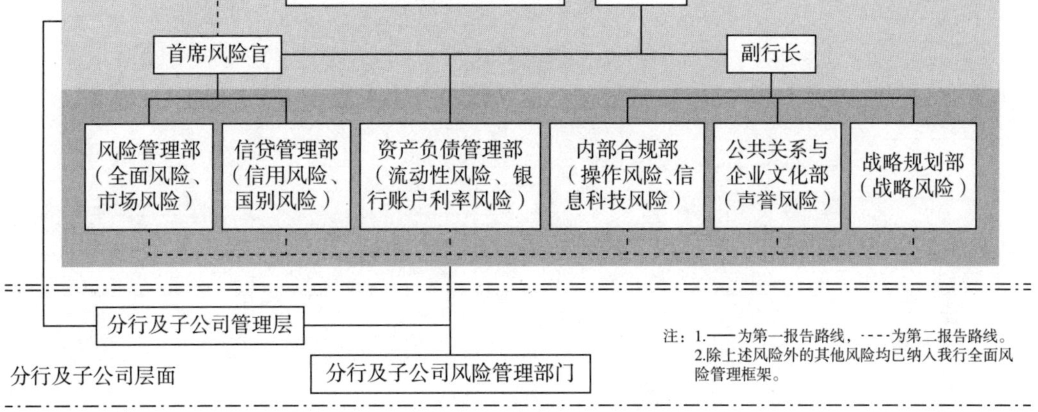

图4　建设银行全面风险管理组织架构

3. 畅通的风险偏好传导机制

一是通过资源配置、资本规划、综合经营计划、绩效考核、风险限额、标准、制度等引导风险偏好的传导，确保管理要求与风险偏好有效衔接。二是建立与风险管理策略和风险偏好相一致、清晰的风险管理政策和程序。包括各类风险的识别、计量、评估、监测、报告、控制或缓释，风险加总的方法和程序；风险定性管理和定量管理的方法；风险管理报告；压力测试安排；新产品、重大业务、机构变更和信息技术更新的风险评估；资本和流动性充足情况评估；应急计划和恢复计划等，确保能够在集团和法人层面计量、评估、展示、报告所有风险类别、产品和交易对手风险暴露的规模和构成。三是通过积累真实、准确、连续、完整的内部和外部数据形成数据库，用于风险识别、计量、评估、监测、报告，以及资本和流动性充足情况的评估。

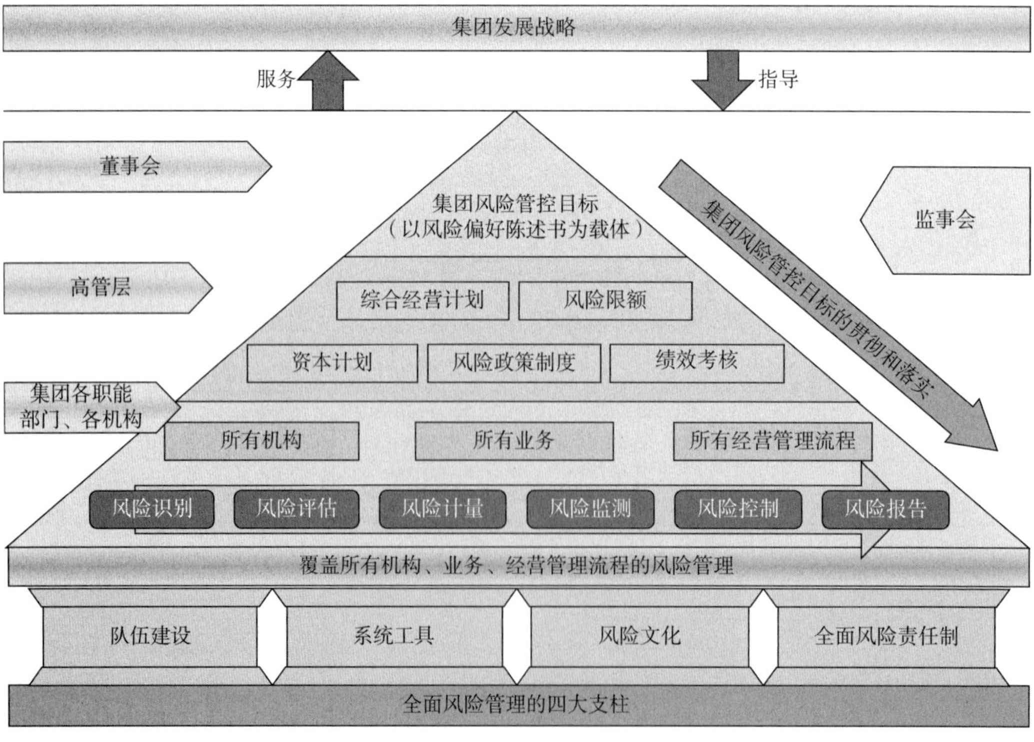

图5　建设银行风险偏好传导机制

4. 积极探索线上风控新模式

打造新的比较优势。一是全面覆盖各类风险，形成“9+X”的风险监控标的，九类主要风险包括信用风险、市场风险、流动性风险、操作风险、国别风险、银行账簿利率风险、声誉风险、战略风险、信息科技风险。而“X”作为延伸，包括但不限于集中度风险、外包风险、数据质量风险、合规风险、洗钱风险、法律风险、押品风险、估值风险、资产证券化风险、普惠金融风险、表外业务风险等。二是在识别各类风险的基础上，全面依托信息系统构建了企业级风险信息体系，采用大数据挖掘方式主动防控风险，全方位、全视角进行风险监控。贷前积极探索应用线上业务风险排查系统（RSD），通过不同维度数据交叉验证，对客户全息画像，提前排除问题客户。贷中应用风险模型管理组件（RMD），做好客户风险评价。贷后则运用全面风险监控预警平台（RAD），构建线上业务风险预警响应机制，探索线上业务风险资产处置新模式，拓展风险处置渠道。

执笔人：朱　红

参考文献：

[1] 中国人民银行. 中国金融稳定报告，2018

[2] 孙若鹏.《巴塞尔协议Ⅲ》最终版的背景、变化及对中国银行业的影响. 金融监管研究，2018（10）

[3] 许一鸣、胡鉴. 银行流动性管理新形势. 中国金融，2017（12）

[4] 董希淼. 银行补充资本有助回归本源. 经济日报，2019年1月3日

专题三　系统重要性银行监管比较研究

2008年爆发的全球金融危机，令国际大型金融机构的系统重要性和“大而不能倒”问题凸显。全球监管者高度重视金融危机带来的教训。2009年，G20国家建立了系统重要性金融机构名单，以及对全球系统重要性金融机构的监管机制。当前，全球经济环境具有较多的不确定性，风险事件频发，经济金融关联性加大了风险交叉传染的可能。在金融危机发生10年之期，全球经济体普遍担忧新一轮金融危机的到来。巴塞尔银行监管委员会（BCBS）和国际保险监督官协会（IAIS）按照FSB要求，分别发布了全球系统重要性银行和保险机构的评估方法，开展全球系统重要性银行和保险机构评估工作。当前，我国规模较大、复杂度较高的系统重要性金融机构，对我国金融体系整体稳健性以及服务实体经济的能力具有重要影响。打好防控金融风险攻坚战，也需要加强对国内系统重要性金融机构的监管，以有效维护金融体系稳健运行。

一、G-SIB框架

全球系统重要性银行简称G-SIB（Global Systemically Important Bank）。2011

年11月，金融稳定理事会（FSB）发布了《针对系统重要性金融机构的政策措施》，提出了针对全球系统重要性金融机构（G-SIFI）的监管计划，并且第一次发布了全球系统重要性金融机构名单，其中绝大部分为G-SIB。此后，每年发布一次G-SIB名单，入围的银行在30家左右（得分为130分以上）。巴塞尔委员会每3年会重新评估一次，调整评价方法。

表1　全球主要区域G-SIB数量　单位：家

国家或地区	2011年	2012年	2013年	2014年	2015年	2016年	2017年	2018年
中国	1	1	2	3	4	4	4	4
日本	3	3	3	3	3	3	3	2
美国	8	8	8	8	8	8	8	8
欧洲	17	16	16	16	15	15	14	14
加拿大	0	0	0	0	0	0	1	1
合计数	29	28	29	30	30	30	30	29

G-SIB评估体系强调银行倒闭或出现财务困难的系统影响。最近一次的修订是在2018年7月，包含5个维度、13个指标，指标加权评分得到最终评估结果。从业务规模、风险传染和溢出效应、机构间的网络效应、某种业务的市场地位、业务复杂性等多个方面对金融机构的系统重要性进行综合评判。指标修订方面，①在“跨境债权”和“跨境负债”指标口径中，纳入衍生工具的债权和负债；②在可替代性/金融基础设施中，增加了交易量指标；③将保险子公司纳入部分指标的口径。被评为G-SIB之后，商业银行将面临更高的监管标准，包括更高的资本充足率、杠杆率要求以及总损失吸收能力要求等。

目前，我国有四家银行进入G-SIB名单——工农中建。随着我国加快建设现代化经济体系、深化金融体制改革，预计未来有新的银行进入这一行列。交行、浦发、招商、中信、兴业银行的得分已经位于第31～50位。

G-SIB评估体系不单是一个重要性的结果。在银行的角度，我们也可从得分上，看到全球各大经济体银行的发展趋势和特色：

欧美银行在关联性、可替代指标、复杂度以及跨境经营方面得分均普遍较高，这与其开展投行业务和国际化水准密切相关。但在规模方面，欧美银行迫于资本和监管压力，都进行了瘦身，如花旗、汇丰、德意志等均出售了一些零售条线的业务。欧洲银行还受债务、难民危机、英国脱欧等因素影响，上榜数量从一度拥有17家降至目前的14家。

中国的银行主要是规模得分较高，工农中建四行在规模指标上的得分占到了总得分35%以上；除中行外，工农建的跨境行为得分均低于30分，是五项指标中的最低分数项。这也说明我们的国际化程度偏低，规模驱动的发展方式仍在持续。

日本银行在规模得分上也表现较为强势，这主要是其海外业务拉动规模增长。由于日本国内市场长期“低增长”和低利率政策，使得日资银行发展国内资产业务困难重重。海外业务对日本三菱、三井住友金融集团规模的增长、业务复杂性、跨境行为等均贡献不少分数。

从这些结论中，我们也可看出，G-SIB的评价核心并不是银行的竞争力或者经营水平，也不是其风险的大小，而是其倒闭对金融或经济的影响。这就要求银行机构，在做好自身经营管理的同时，需准确测度自身经营对外界的风险外延影响。

二、主要经济体D-SIB比较

各国银行的经营特点和监管沿革均有所不同。基于G-SIB的框架，各国提出了国内系统重要性银行（Domestic-SIB，简称D-SIB）的监管框架。

（一）国际主要经济体D-SIB

1. 美国

标准化、精细化的监测体系。美国在公布《多德—弗兰克法案》后，成立了金融稳定监督委员会（FSOC）。在该法案下，美国对于系统重要性机构的认定、监管、处置等规则非常清晰。如FSOC有权对大机构进行强制拆分；政府的事中救助受到限制；事后的有序清算规则明确了FDIC和财政部的权责。美国第一个完成G-SIBs通用数据采集模板的落地，最早发布本国银行系统重要性的披露要求。每个银行的董事会和高级管理层负责建立和维护有效的内部控制系统，并按照联邦储备系统发布的指示编制并提交《银行业组织系统性风险报告》。美联储汇总单家银行提交的《FRY-15》，按照一定的对应、折算关系映射成通用数据采集模板中的各项指标，形成《银行业组织系统性风险报告快报（FRY-15 snapshots）》。FSOC会协调各成员机构相关的信息收集和发布工作。《FRY-15 snapshots》包括G-SIBXLSX数据采集模板的映射路径、数据图表、时间序列数据、评分计算工具以及单家银行数据，以帮助专业人员做出更加准确、细致的分析和判断。美国的D-SIB监管标准化、精细化非常高，有很好的汇总、比较能力。

2. 欧洲

与国际监管要求保持一致的欧盟G-SII统计监测体系。为弥补全球系统重要性机构对金融体系造成的风险及其潜在失败可能对主权融资和纳税人造成的影响，欧洲银行管理局（EBA）根据《资本要求指令（CRD）》、FSB制定的框架以及BCBS制定的标准，确立了欧洲G-SII的《监管技术标准（RTS）》和《实施技术标准（ITS）》。RTS制定了统一的评估方法，用于识别G-SII并确定整个欧盟的适当自有资金水平。为了减少机构的行政负担，该评估方法与BCBS流程同步，使各机构能够向BCBS和国家当局报告相同的数据。ITS制定了统一的披露要求，用于提高数据质量并加强市场纪律，以宣传用于G-SII识别和评分过程的价值，同时为促进欧盟竞争环境的公平性并提高金融市场的透明度，目前的披露水平超出了BCBS要求的最低标准。整体上，欧盟的G-SII统计监测体系与G-SIBs的国际监管工作保持一致。

3. 日本

基于本国实际进行简化的日本G-SIBs统计监测体系。根据《日本银行法》，日本的银行采用"国际监管框架"进行统计监管，其中对G-SIBs的统计监管及信息披露包含于《巴塞尔协议III的信息披露》中。日本监管当局认为FSB设计的G-SIBs数据采集模板内容全、涉及面广，依靠手工和现有的科技手段难以汇总，可能导致无法准确测算最终风险。所以，监管当局在保证 5 个维度13个指标不变的前提下，结合本国实际对模板内容进行精简，确定适合本国的数据采集模板。

（二）我国D-SIB

2011年4月，银监会印发《关于中国银行业实施新监管标准的指导意见》，从市场准入，审慎监管标准、持续监管和监管合作等方面，对未来提高我国系统重要性金融机构监管有效性作出了初步规划；随后发文明确2013 ~ 2018年D-SIB的资本充足率相关指标最低要求。2014年1月，银监会发布《商业银行全球系统重要性评估指标披露指引》。据此我国有13 家银行需对全球系统重要性评估指标进行披露。

2018年11月，央行、银保监会、证监会联合印发《关于完善系统重要性金融机构监管的指导意见》（以下简称《指导意见》）。《指导意见》采用了国际金融监管规则的整体框架，同时结合我国实际情况，提出了特色化的监管要求和指标设计。《指导意见》对系统重要性银行的评估，也主要聚焦于机构经营失败对金融体系和实体经济的潜在影响，这与G-SIB框架一致。同样，以定量指标体系为基础，同时参考定性分析和其他信息进行监管判断，弥补定量指标体系广度不够、打分体系灵活度不足的欠缺。与G-SIB监管一样，我国D-SIB也提出了资本要求、杠杆率要求。

主要差别：在指标构建中，我国的D-SIB监管剔除了跨境业务指标，增加了资产变现指标。按照政策导向，我们认为这主要是考虑到我国银行的经营特点：跨境程度并不够高，跨境业务指标监管的意义偏低；但在城镇化、基础设施建设、房地产等方面融资支持较多，资产期限结构偏长，对固定资产抵押的依赖较为普遍，流动性问题更加需要关注，因此增加了资产变现指标。当然，在二级指标方面，《指导意见》并未完全明确，有待后续制定与完善。

在总损失吸收能力方面，《指导意见》并未明确制定约束规则。总损失吸收能力（TLAC），指的是全球系统重要性银行（G-SIBs）在进入处置程序时，能够通过减记或转股方式吸收银行损失的各类资本或债务工具的总和，主要用“合格TLAC工具/风险加权资产”，以及“合格TLAC工具/调整后的表内外资产余额”两个指标来衡量。近期，中行首单永续债发行成功，标志着D-SIB合格TLAC工具运用正式开启。随着我国银行的不断探索，未来合格资本工具和债务工具的应用将更加成熟。相应地，D-SIB监管中的总损失吸收能力要求也将进一步完善。

《指导意见》刚刚开启D-SIB监管之路。与其他经济体尤其是美国的D-SIB监管框架相比，我国在数据获取、流程设计等方面的精细度和完备度仍然不够。

三、思考与建议

《指导意见》的提出，一方面为防止大型金融机构过度承担风险、限制其业务复杂程度、限制其风险资产的规模。另一方面，也是保证金融市场的稳定性，更好支持实体经济发展。同时，也是我国积极参与国际金融规则制定和金融治理，提升金融业国际影响力的重要体现。

D-SIB监管的建立，短期内可能对银行带来压力与冲击。各行将面临更为严格的资本、杠杆率等监管要求以及更高的合规成本，资本充足率和经营发展指标均会承压。如我国资管新规体系框架已基本成型，后续执行资管新规体系，必然先从D-SIB抓起。但从长远看，D-SIB框架的建立有助于督促系统重要性银行转变经营思路，推动高质量发展，实现金融业平稳、健康运行。

1. 框架完善要结合中国银行业实际情况

我国银行仍然是金融体系的主体，且主要业务仍然是传统商业银行业务。当前的G-SIB数据采集模板主要是基于欧美国家金融机构的金融产品、业务模式和运行管理现状建立，与我国商业银行的主要经营模式和我国现行的金融统计框架之间存在一定差异。因此，D-SIB监管必须结合我国银行业发展的特点。如我国银行业在金融科技应用方面走在前沿，科技风险将逐步凸显，加上互联网金融机构的关联作用，技术因素也需要谨慎考虑。再如，我国银行业资产与房地产市场紧密关联，那么关联度等指标，可能还需要考虑以房地产市场为节点的金融市场共振问题。

2. 加强数据采集和分析工作

数据和工具是做好D-SIB监管的基础性工作。完善各项指标的统计口径，明确填表标准和质量要求；扩大数据填报机构的范围，如更多的银行、保险、基金、券商等机构，为长远监管构建数据基础；部分数据应当与填报机构的交易对手进行比较、核准。数据的分析使用方面，应当充分结合定性信息和其他补充信息，避免数字陷阱。G-SIB监管在高资本要求的影响方面，提出了三种[①]分析思路，并认为没有单一的正确方法。因此，我们在分析方法方面，也需要不断丰富和完善，力求在精准、严谨方面达到国际标准。

3. 监管仍要拓展前端和外延管理

鉴于银行监管指标往往有滞后性，出的问题往往也在当前监管范围之外。因此，D-SIB监管不能只局限于事后和资本要求等内容。一方面，加强银行前端市场管理。比如重要资产相关的价格，利率、汇率、大宗商品等价格变动。及早发现问题，给予银行充分的缓冲和自救时间。另一方面，充分关注关联事项或领域，与其他金融监管相融合，增加D-SIB监管的系统性和全面性，增强有效性。

4. 银行需主动调整经营发展方式

G-SIB或D-SIB监管解决的是“大而不能倒”的问题，但并不意味着大银行“不会倒”。我国银行在积极达到监管标准的同时，需要反思自身的经营发展思路。一是资产结构和业务发展方式需要优化，逐步降低对房产的依赖，缓释潜在的结构性风险；二是聚焦流动性管理，尤其要总结2008年金融危机的经验，防范重点环节或事项可能引发的流动性风险；三是强化服务流程优化、业务模式创新等工作，提升经营效率和效能，从根本上转变规模驱动的发展思路。银行若能从被动满足监管转换为主动协同监管，在资本补充安排、损失处置方面将更加“游刃有余”。D-SIB监管压力也将转化为银行发展的动力。

---

① Expected impact approach，Long-term economic impact，Too-big-to-fail funding subsidies.

5. 加强国际监管沟通和合作

D-SIB监管具有一定的本国特色。在积极落实国际监管规则的同时，也需要加强沟通，推动D-SIB与G-SIB监管的协同。一方面，这是我国参与国际金融治理，发表自主观念，提升国际影响力的需要；另一方面，也是中美贸易竞争背景下，主动防备国际金融监管制衡的现实需求。当然，学习国际发达经济体的经验和思路，也能够提升自身金融机构防范风险的能力。

执笔人：宋效军　李一阳

参考文献

[1] Financial Policy Committee. The Financial Policy Committee's framework for the systemic risk buffer[R]，Bank of England，2016. 01.

[2] Financial Policy Committee. The Financial Policy Committee's review of the leverage ratio[R]，Bank of England，2014，10.

[3] Global systemically important banks：serviced assessment methodology and the higher loss absorbency requirement，https：//www.bis.org/bcbs/publ/d445.htm，2018.07.

[4] Policy Measurment to Address Systemically Important Financial Institiutiongs，http：//www.fsb，org/2011.

[5] 关于完善系统重要性金融机构监管的指导意见. 中国人民银行、银保监会、证监会联合发布，2018年11月.

[6] 中国银行国际金融研究所. 中国银行全球银行业展望报告（2019年），2018年11月.

[7] 张晓艳. 英国宏观审慎政策工具的使用与经验. 金融纵横，2016，（9）：15-19

[8] 刘培峰. 英国系统重要性金融机构监管的经验与启示. 2017年7月.

[9] 廖岷，林学冠，寇宏. 中国宏观审慎监管工具和政策协调的有效性研究. 金融监管研究，

2014，（12）：30–35

[10] 张恒明.金融监管制度演变与金融机构风险管理研究.经济管理，2016（6）

[11] 鲁政委，王凤岩. 银行业研究：总损失吸收能力（TLAC）的框架及其内容. www.eastmoney.com，2016年11月.

[12] 20国集团. 处置中的全球系统重要性银行损失吸收和资本结构调整能力原则. 2015年11月.

[13] 商业银行杠杆率管理办法（修订）. 中国银监会，2015年1月.

专题四　商业银行理财子公司：国际经验和发展建议

设立商业银行理财子公司是银行业推动资产管理业务转型、防控理财业务金融风险，提高理财资金服务实体经济效率和满足人民群众多样化金融需求的重要举措。推动理财子公司健康发展，对于打好防范化解重大风险攻坚战具有重要意义。当前，我国商业银行理财子公司发展面临不少挑战。借鉴国际大银行资管子公司的发展经验，理财子公司宜找准特色与差异化定位、把握住金融科技带来的机遇，以全面风险管理带动转型，根据客户需求全面优化产品线，逐步提升大类资产配置能力和实施市场化人才战略。

一、商业银行理财子公司概述

（一）成立的背景

2004年以来，中国资产管理行业经过大力发展，成为扩张最快的金融领域之一。其中，商业银行的资产管理业务目前已成为最大的资产管理子行业，其规模2018年达到22.04万亿元（非保本）。资产管理行业的发展，有力地增加了居民财富收入，极大地支持了实体经济。

但是，商业银行资产管理业务规模急剧增长的同时，也留下了刚性兑付、期限错配、多层嵌套、风险集聚的隐患，加大了金融体系运行的整体风险。在此背景下，人民银行、银保监会等监管部门于2018年4月以来相继发布了《关于规范金融机构资产管理业务的指导意见》（以下简称“资管新规”）、《商业银行理财子公司管理办法》（以下简称“理财子新规”）等资管新政，以规范国内资产管理业务的发展，促成了银行资产管理业务的经营模式由行内资产管理部向理财子公司的转型。

从国外资管行业发展历史看，设立理财子公司是银行资产管理的发展方向，也是实现银行代客理财业务与自营业务风险隔离的必要途径。根据“资管新规”等政策要求，到2020年底具有证券投资基金托管业务资质的商业银行应当设立具有独立法人地位的子公司开展资产管理业务，其余商业银行可以在设立子公司和继续以银行资产管理部为主体中选择其一。截至2018年底，包括工商银行、建设银行、中国银行、农业银行、浦发银行等20家商业银行宣布将成立理财子公司，总注册资本金超过1100亿元，成立理财子公司已成为大势所趋。

（二）理财子公司的内涵

根据“理财子新规”，银行理财子公司是指商业银行经国务院银行业监督管理机构批准，在中华人民共和国境内设立的主要从事理财业务的非银行金融机构。理财子公司的主营业务包括：发行公募或私募理财产品，对受托的投资者财产进行投资和管理；理财顾问和咨询服务；经国务院银行业监督管理机构批准的其他业务。简而言之，就是包括公募产品、私募产品及理财顾问和咨询三种业务类型，主营业务近似于“公募基金+私募基金+信托公司”的综合体。

（三）理财子公司设立的影响

1. 对宏观经济的影响

理财子公司有利于修复实体融资渠道，避免新规过渡期内信用的快速收缩。受资管新规影响，基金子公司、银行理财、券商资管子公司等机构面临较大压力，这导致非标融资难度加大，同时导致债市的需求偏好下降，社会融资快速收缩。理财子公司的成立，在投资范围、销售门槛等方面的放松，一定程度上修复了实体的融资渠道。

2. 对商业银行的影响

商业银行通过子公司开展资产管理业务，有利于推动资管业务回归本源，实现与表内业务风险隔离。以往理财业务容易成为银行调节资产负债表和监管指标的工具。成立子公司之后，潜在风险将有所下降，利于银行理财业务的长期发展。

3. 对同业机构的影响

理财子公司同时具备资管与信托牌照，有着渠道与资源丰富、投资范围广的优势，将深刻影响我国资管行业。①对公募基金影响最大。公募基金净值型产品与银行原有预期收益型产品定位不同，竞争程度相对较小。未来随着公募基金与理财子公司监管口径的趋同，将对其产生不小的冲击。公募基金需要深入挖掘业务潜能，并寻找与理财子公司的新合作模式。例如依托其较强的权益产品投顾能力进行合作。②证券资管子公司与信托公司通道业务有所收缩。在资管新政发布后，银行理财的通道业务需求下降，券商资管子公司和信托公司的通道业务也被监管限制。双方未来可通过投资顾问服务、股票质押、定向增发等业务寻找合作点。③对私募基金有所利好。资管新规首次明确了私募基金作为投资顾问的准入门槛。未来，投资顾问模式将成为银行理财子公司与私募之间的主流合作模式。私募基金可拓宽资金来源，提升风险管控能力，商业银行可借助私募基金提升自主管理能力。

4、对理财客户的影响

中国的个人投资者过去比较依赖低风险金融产品，尤其是保本理财及货币基金产品。理财子公司未来发行的产品将以净值型产品为主，预期收益型产品将逐步退出，理财客户将接受产品净值的波动及不保本的可能。随着投资门槛的降低，更多的客户将尝试购买理财产品，增加资产配置种类。长期来看，打破刚兑将推动客户形成风险自担的投资理念，并形成客户分化。投资理念成熟、风险接受度较高的客户，将广泛接受多元化净值型产品，偏保守客户将分流至存款及货币基金等低风险产品。

目前，中国银行业的资产管理业务虽已达到了一定规模，但与国际先进大银行相比尚有一定差距，本文将以国际代表银行为例，简析其资管业务的运作模式与经验，以对我国理财子公司未来的发展有所借鉴。

二、国外大银行资管子公司运作经验借鉴

国外金融机构的资产管理①业务与国内概念相近，是对个人和机构客户的动产、不动产、股权、债权、其他财产权和资产组合受托进行管理、运用的综合金融服务（巴曙松，2013）。20世纪70年代以来，国外客户的资产管理需求日益旺盛，国际大银行资管业务的组织形式大多经历了从资产管理事业部到控股或成立子公司的发展历程，资管规模也逐步跟上了专业投资管理公司前进

① 国外对个人客户多称为财富管理，也称为资产管理；对公司客户多称为资产管理，本文不作区分，统称为资产管理。

的步伐。根据国际出版公司IPE统计，截至2017年末全球资产管理规模排名前10位的大型机构中：投资管理公司6家，管理资产规模约15.80万亿美元，占比70.7%；商业银行系的资产管理子公司有3家，管理资产规模约5.37万亿美元，占比24.1%；保险公司1家，管理资产规模约1.16万亿美元，占比5.2%。

表1　全球资产管理规模前十机构列表　单位：亿美元

序号	公司名称	国家	性质	2017年末	2016年末
1	黑岩集团（Black Rock Inc.）	美国	投资管理	53154.09	48845.50
2	先锋资产管理（The Vanguard Group）	美国	投资管理	40900.10	37274.55
3	道富环球咨询（State Street Global Advisors）	美国	银行系资管子公司	23165.33	23403.23
4	富达投资集团（Fidelity Investments）	美国	投资管理	20032.70	21296.50
5	纽约梅隆投资管理（Bank NY Mellon）	美国	银行系资管子公司	15859.20	15184.20
6	美国资本集团（Capital Group）	美国	投资管理	15043.59	14017.80
7	摩根大通资产管理（JP Morgan Asset Management）	美国	银行系资管子公司	14712.26	14791.25
8	太平洋投资管理公司（PIMCO）	美国	投资管理	14624.46	14063.50
9	东方汇理资产管理公司（Amundi）	法国	投资管理	14261.07	10827.00
10	保德信金融集团（Prudential Financial）	美国	保险公司	11605.83	12010.82

数据来源：IPE，Top 400 asset managers.

国外大型银行出于监管法规要求、收购兼并历史、税收筹划等多种因素考虑，形成了金融集团控股或参股众多子公司的组织架构，实现了有效的风险隔离。据IPE的统计，2018年资产管理规模排名前十的道富集团、纽约梅隆及摩根大通均是以子公司的形式开展资管业务。其中，道富集团与纽约梅隆是商业银行轻资产转型的代表，近年专注于资产管理与投资服务；摩根大通是综合化大银行的代表，传统商业银行业务与新兴资产管理业务皆排名世界前列。

（一）道富集团：机构业务与产品特色助力资管业务发展

道富银行是该集团的全资子公司，成立于1832年。随着资管业务的发展壮大，道富银行于1990年将资产管理部分离，成立子公司道富环球咨询管理有限公司（以下简称“道富环球咨询”）。目前道富环球咨询已是全球第三大资产管理机构，管理着2.3万亿美元的资产（2017年）。道富银行的特点在于：

1. 业务目标明确，主营投资管理与服务业务

道富集团于1999年出售了零售与商业银行业务板块，并于2003年出售了私人资产管理业务，集中资源维护机构客户的投资管理与投资服务业务。此外，道富集团是全球第二大托管行，托管了全美超过40%的共同基金，全球托管规模超过28.2万亿美元（2017年）。托管业务的领先发展反过来也促进了资产管理业务的繁荣。

2. 目标客户明确，主要服务全球战略机构客户

道富集团将主要服务目标群体定位于战略机构客户，主要包括美国、英国等在内的30多个国家的中央银行、保险公司、养老基金、主权财富基金等大型机构。2006年，道富环球咨询入选我国社保理事会第一批十家海外投资管理人；十几年来其一直担任我国社保基金的境外管理人。

3. 产品定位明确，主要特色产品占据市场领先地位

道富环球咨询为客户提供了丰富的资产管理产品，涵盖对冲基金、共同基金、ETF[①]等主要类别。道富环球咨询管理着全球总规模排名前十的两支ETF基金，其中道富标普500ETF是美国历史上首支且是目前规模最大（市场占有率约10%）的ETF产品。此外，香港政府于1998年亚洲金融危机爆发后，聘请道富环球咨询为救市设立了盈富基金。该基金是香港唯一上千亿规模的基金，也是日本以外亚洲地区最大的股票型ETF。

---

① 美国是全球最大的ETF市场。截至2017年末，美国ETF规模约3.4万亿美元，在全球ETF市场中占比达到71.5%，在全美所有资管产品中占比约15.1%。

（二）纽约梅隆银行：精品整合型资管机构代表

纽约梅隆银行是由纽约银行和梅隆金融公司（2007年）合并而来。随着纽约梅隆银行及其前身相继将信贷、信用卡、零售银行等传统银行业务板块出售，其主营业务目前主要包括资产管理、投资服务（托管与资金管理等）和其他三大板块。

1. 轻资产银行的典型，全面发展资产管理业务

纽约梅隆银行主打为全球金融机构提供资产管理、跨境交易、资产托管等综合金融服务，其资产管理规模与表内资产规模之比已超过400%（2017年）。纽约梅隆银行在纽约、伦敦等全球主要金融中心均设立了运营中心，使其资产管理与托管业务可全天候运作，极大满足了客户全球化资产结算与管理需求。纽约梅隆银行目前已是全球第一大托管行（2017年末全球托管规模超过29万亿美元）。此外，纽约梅隆银行是全球最大存托凭证资产管理人，并在第三方抵押资产管理领域独占鳌头。

2. “精品店”式管理，资管子公司多样发展

纽约梅隆投资实行“精品店”式管理，有13个子公司开展资产管理业务，且子公司之间有较强的独立性。针对不同的专业投资领域（如固定收益领域Cutwater、房地产投资领域URDANG、次级债券领域Alcentra、全球权益类Walter Scott等）和服务客户对象（如保险公司），子公司有符合自身特点的一套投资流程，极大地满足了客户的多样化需求。

（三）摩根大通集团：金融控股集团形成综合性优势

摩根大通集团成立于1968年，是一家业务遍布全球的金融控股集团，包括

摩根大通银行、摩根资产管理控股公司（以下简称“摩根资管公司”）等多个子公司。2018年，摩根大通银行在《银行家》杂志评选的千家大银行（一级资本为标准）中排名第三；摩根资管公司管理的资产规模在全球位列第七。可以说，摩根集团在传统银行业务与新兴资管业务中均取得了成功，究其原因主要有三：

1. 集团优势综合化，为客户量身定制服务

摩根大通集团的业务分为四大板块：消费与社区银行、公司与投资银行、商业银行、资产与财富管理。各板块之间协同性较高，可以充分与其他各部门及子公司合作，合作范围涵盖现金管理、信托、不动产、按揭贷款、其他银行服务等。摩根大通依据委托人的收益目标、风险偏好、限制条件、其他服务需求等因素，为客户量身定做综合组合方案，并进行实时监控和调整，从而实现委托投资效用最大化，满足了客户资产管理日益多元化的需求，这正是全能型银行的优势所在。

2. 人才激励精细化，人员稳定使其业绩领先

摩根大通的培训与绩效考核非常精细化，不仅有利于提升员工职业技能与福利待遇，更提高了员工的稳定性。摩根资管公司的从业人员和高级投资组合管理人才长期在该行工作。2017年，资管条线有超过三千名员工在摩根工作15年以上，其中近千名工作超过25年。摩根员工通过长期提供资产管理服务，积累了丰富的投资经验，其管理的86%的共同基金（2017年）从十年平均回报率来看远超过市场中位数。

3. 风险管理协同化，为业务全面发展提供保障

摩根大通设置了三道防线：第一道防线以组合经理为主；第二道防线为

投资团队内部的风险管理经理；第三道防线为独立于投资团队的风险经理。在风险管理架构上，在全集团及各业务板块均设置了风险管理委员会。各业务板块的风险管理委员会负责下辖板块的风险管理业务，做到专业专注。若有涉及多个业务板块或子公司的风险事项，也可以提交至全集团或其他风险委员会处理。全面的风险管理体系为摩根集团的综合性业务提供稳固保障。

可以看出，摩根大通充分发挥了其作为综合性金融集团的优势，在产品服务、人才激励、风险管理等各个方面均进行了既独立又交叉的设计，因此成为全球综合性银行系资管机构的代表。

三、理财子公司未来运行可能面临的挑战

资管新政发布后，商业银行资产管理业务的经营模式将由过去的刚性兑付、期限错配等业务模式，向公司化经营、产品净值型及单独管理等新型模式转变，背后面临着诸多挑战。

（一）体系内部协调与定位面临挑战

以子公司模式经营资产管理业务，在处理与母行及其他子公司关系时均面临挑战。一方面，子公司面临如何与母行保持协同优势的挑战。理财子公司运行初期，客户、渠道、资产、风险管理及金融科技等方面的资源仍主要来自于母行，如何充分利用银行的品牌、资源等实力面临挑战。另一方面，子公司之间的定位需进一步细化。银行系子公司中包括公募基金、信托公司、财险公司及期货公司等拥有各种牌照的金融机构。虽然理财子公司拥有业务类型广泛的比较优势，但其在人才配置和投研能力方面还有所欠缺。各子公司之间存在资源分配、品牌稀释等问题，处理好与其他子公司的利益关系，是同质化竞争还是差异化竞争，

是未来需要解决的问题，也决定了未来资管格局的重塑。

（二）理财产品净值化转型的挑战

银行理财产品未来将向净值型产品转型，同时新产品在信息披露、独立托管、期限匹配等方面也须符合资管新政要求。在转型过程中将面临定价、流动性等方面的问题。一是原有产品负债端价格较高，新产品发行难度较大。在债券、货币等新投资产品利率下降的背景下，新产品定价下降，导致商业银行出于维护客户的考虑，在资产端适当提升杠杆率，会产生一定的流动性风险。二是银行客户需求偏保守的挑战。银行客户的理财需求以收益稳定为主，风险偏好较低。在产品净值出现负向波动时，可能会引起短期内资金流出，管理规模和收入下降。三是高要求系统开发的挑战。资管行业发展日新月异，净值产品未来的销售、托管、投资运作、信息披露等相关的IT系统都要进行改造或再开发，要求商业银行迅速配备较高的技术体制支持、系统开发及后台保障能力。

（三）风险管理体系全面转型的挑战

银行理财原来具有一定的隐性兑付特征，阻碍了风险从资产端向投资者的传递，导致信用风险留存在了银行内部，普遍未建立全面风险管理体系。一方面，银行在市场风险管理方面有短板。原有摊余成本法的核算标准下，规避了一些市场风险，暴露的风险以信用风险为主。未来理财产品估值方法以市场法为主，债券、股票等标准资产的市场风险将迅速传递至产品净值，则要求银行加大市场风险的管理，加强资产配置与择时交易等方面的投研能力建设，补足短板。另一方面，全面风险管理体系建设的挑战。银行要全面提高管理信用风险、市场风险、操作风险、流动性风险等各方面的能力，为投资者的资产保值增值承担更大的管理责任。

（四）创新能力与人才激励机制方面的挑战

资产管理行业是高度市场化的行业。只有建立市场化的机制和体制，才能对内激发活力，对外与市场化的资管机构竞争。理财子公司将来要整合银行内外部的人力资源，在薪酬体系上以市场化为基准，吸引优秀的市场投研及风控人才，并完善考核、薪酬、晋升等流程。未来在团队建设的维护方面，也需要注入市场化理念，以先进的人才队伍培养模式为产品创新打下坚实基础。

四、商业银行理财子公司未来发展方向与建议

截至2018年底，包括工商银行、建设银行、中国银行、农业银行、浦发银行等20家商业银行宣布将成立理财子公司，成立理财子公司已成为大势所趋。

（一）找准特色与差异化定位

从国际经验来看，各家银行系资产管理机构存在着差异化的策略选择。摩根大通是综合性资管机构的代表，道富集团专注集团客户的资管投资与服务，纽约梅隆银行发展了特色精品店式资管机构的模式。因此，国内银行理财子公司要找准定位，充分发挥母行客户资源、品牌功能及风险管理等方面的优势，加强与母行及其他子公司之间的协调与联动关系。不仅可以与其他资管机构实现差异化发展，还可以形成互补、良性竞争的资管格局，探索出一条全新发展道路。

（二）把握住金融科技带来的机遇

未来资管子公司的运行需要同时依存系统、产品和客户三个方面，因此搭建一套集产品研发、销售、客户关系维护为一体的运行系统尤为重要。如今金融与科技的发展逐步趋于一体，资产管理已成为金融科技探索的前沿。纽约梅

隆银行高度重视科技投入，全球科技人员达到了1.3万名，占比超过20%。黑岩集团凭借向客户提供智能投顾服务、风险管理服务、退休养老服务等三大科技平台，吸引了广泛的个人和机构客户。因此，理财子公司要充分发挥银行在信息技术资源与开发实力方面的优势，着力打造核心技术，推动金融科技在资管业务领域的运用。

（三）以全面风险管理带动转型

打破刚性兑付、净值化转型将理财产品的风险从资产端向负债端传递，推动商业银行由重视信用风险转至全面风险管理。首先，风险管理要实现类型全面覆盖，包括信用风险、市场风险、投资风险、流动性风险、合规风险、操作风险及声誉风险等。其次，流程全面覆盖，涉及产品设计、发行及兑付，资产投资从投前、投中到投后，理财运作从登记、托管、估值、核算、披露等。第三，人员全覆盖，包括台前销售、投资和交易人员等，台中风险管理和会计核算等，后台技术开发、人力资源等方面。

（四）根据客户需求全面优化产品线

理财子公司要根据银行理财投资者的收益与风险偏好，设计出符合其特点的理财产品。未来理财产品的销售范围更广，可通过银行业代销，也可以通过银保监会认可的其他机构代销，这一点与国外银行类似。①自有产品线方面：根据现有客户风险偏好低、保本诉求高的特点，理财子公司建立初期主要以低波动净值产品为主，集中力量建立良好口碑与品牌。有实力的大银行可根据集团策略的定位，逐步推出现金管理、债券型、混合配置型、股票型等多元化产品线。实力偏弱的中小银行可以效仿道富集团，集中开发几类产品打响品牌，以此获取稳定的客户来源。②代销产品线方面：理财子公司可以补足代销产品类别，构建全面的产品体系，满足客户多样化需求。

（五）逐步提升大类资产配置能力

资管新政鼓励金融机构投资标准化资产。理财子公司未来将要在原有非标资产与固定收益品种投资优势基础上，加大投研资源的投入，提升大类资产配置能力。第一步：以非标资产与固定收益品种来源优势为根基，稳定产品的估值；同时逐步培养权益类资产的投资能力，随着客户投资理念的成熟，逐步扩展投资范围。第二步：提升各类资产的自主管理能力，专注大类资产配置，逐步实现全场投资覆盖。

（六）实施市场化人才战略

未来理财子公司人才战略重点要放在丰富人才结构、提升人员素质方面，建立一套完整的人才激励与竞争机制。在人才招聘环节，可以实行银行派驻与市场招聘相结合的方式。一方面充分利用银行员工丰富的业务与管理经验，在子公司业务创新需求下，为建立与银行整体经营理念相一致的管理与业务体系出谋划策；另一方面，市场招聘优秀人才涉及与其他资管机构的竞争，因此需要有吸引力的激励措施作支持，为优秀人才提供明确的考核、晋升及薪酬体系。在团队合作与激励方面，应该充分遵循市场规律，针对内外部引进人才特点的不同，适当采取差异化的激励方式，促进团队的协调与整合。

随着理财子公司的设立，商业银行的资产管理业务将进入一个新的转型发展阶段。在新的监管环境之下，商业银行积极调整，思考如何更好地发展资产管理业务，更为有效地服务实体经济。变革和调整之后的银行资产管理业务，必将迎来下一轮更为健康的发展。

执笔人：赵　晗

参考文献：

[1] Padrini F. Velocity innovation，financial markets and the real economy. Journal of Monetary Economics，2002，9：521–532.

[2] Duffie，D.&Rahi，R. Financial market innovation and security design：an introduction. Journal of Economic Theory，1995，65：1–42.

[3] 巴曙松.中国资产管理行业发展报告（2018）.四川人民出版社，2018

[4] 贾进，赵亚蕊.商业银行资产管理子公司的发展瓶颈、国际经验与未来发展建议.西南金融，2018（11）：5–12

[5] 银保监会.关于规范金融机构资产管理业务的指导意见. 2018–04–27.

[6] 银保监会.商业银行理财子公司管理办法. 2018–12–2.

[7] 周琼，崔江薇. 美欧商业银行资产管理业务经营模式探究.金融市场研究，2014（7）：118–127

专题五　商业银行支持科创企业发展的建议

实体经济健康发展是防范化解风险的基础，要坚持在推动高质量发展中防范化解风险。当前，我国经济发展方式正在向创新驱动型转变。金融支持实体经济、服务高质量发展，关键是要推动科创企业发展，实现实体经济、科技创新和现代金融的良性互动。商业银行作为我国金融体系的主体，有义务也有能力不断提升服务科创企业的效率。

一、金融支持科创企业发展的国际经验

（一）美国模式

纳斯达克市场是美国科创企业的“摇篮”，美国拥有一套金融支持科技创新的成熟做法。一是拥有发达的资本市场，美国股权投资者除了可以在纳斯达克资本市场上交易所投资的股权以外，还可以通过Share Post等非上市交易平台出售股权，增强股权投资品的流动性；二是投行系统发达，如硅谷银行等对科创企业进行直接投资，开展股权投资、股权投资认证、知识产权抵押等金融业务；三是通过灵活的债券交易市场、完善的担保体系、规模庞大的民间资本市

场为科创企业提供多层次的金融服务。

（二）德国模式

德国的科技金融体系也较为发达。一是设立众多政策性专项扶助项目。2005年，德国政府设立高科技创业基金（HTGF）和欧洲复兴计划启动基金，服务初创期科创企业。此外，还有联邦经济技术研究基础项目、天使投资补贴项目等。二是动用国家银行资源。德国复兴信贷银行旗下的中小企业公司（Kfw-tbg）可为初创期的高科技公司提供低息贷款和股权融资服务，这些业务逐渐成为德国复兴信贷银行的主要业务，占全部业务量的三分之一。三是提供完善的信息咨询。德国政府和各州政府会定期将国内外新技术发展的趋势，最新产品信息转达给中小科创企业，帮助这些企业了解市场动态，学习最新技术和产品，并免费为企业提供知识产权保护等方面的法律咨询。

（三）日本模式

日本是“银行导向型”融资模式，所以日本支持科创企业主要围绕信贷资源展开。主要特色：一是担保体系较完备。科创型中小企业如果一时无法提供担保物，中央与地方共担、担保与再担保的信用担保体系就会发挥作用，这种完善的担保体系解决了向银行间接融资时抵押物不足的问题，缓解了中小企业融资难的问题；二是保险体系较完善。日本财产保险公司推出了知识产权诉讼保险产品，一旦国内企业涉及知识产品纠纷，尤其是知识产权受到侵犯，企业为维护自身利益所产生律师费、咨询费、诉讼费、专利代理费等相关费用都可以获得保险公司的理赔，最大限度保护科创企业自身的利益。三是建立中小企业贷款援助制度。政府贷款援助制度，是日本中小企获得贷款的重要途径。其主要方式包括抵押贷款、税收优惠支持等方式。贷款援助的重要目的是实现中小企业自主创业、技术升级改造及优化出口等。

（四）以色列模式

以色列的“政府导向模式”，以色列政府出资1亿元成立YOZMA基金，基金出资20%成立母基金，与其他资本共同组建10支子基金。政府不参与基金的运作，具体的投资决策由基金管理人做出，同时完善风险退出机制，保障风险资本在运作成功后能够安全退出，以便其他的投资者能够源源不断地进入风投市场，逐渐扩大风投市场的总规模。

二、我国金融机构支持科创企业的困境

我国金融体系中，商业银行占有绝对的主导地位。风投机构和资本市场或多或少都与银行的资金供给相关。因此，解决科创企业的融资约束问题，首先需要发挥商业银行的作用。从国际上看，日本的经验或具有较强的借鉴意义。

（一）科创企业融资特点

科创企业主要由民营和小微企业构成。支持科创企业发展，就是在支持民营和小微企业。与一般民营和小微企业类似，科创企业面临较为突出的融资约束问题。当然，科创企业在融资约束方面有一般性民企和小微企业的普遍性问题，如内部财务管理不规范、商业计划缺失、金融沟通过少、企业主金融知识缺乏等，但也有其自身的特征：

科创企业一般会经历较为明显的发展周期，种子期、创业期（孵化期）、成长期（扩张期）、成熟期和衰退期五个阶段，不同阶段的融资需求存在差异。种子期和创业期对自筹资金较为依赖，但随着社会的发展，政府和民间

资本开始发挥作用。在成长期，风险资本是主要渠道，但其他融资方式逐步丰富。成熟期，企业融资渠道选择较为广泛，银行贷款和上市是主要渠道。相应的融资约束程度大幅降低。在衰退期，企业面临第二次创业，融资难度加大，融资主要是债务性融资，且依赖于前期的资产、信誉积累。

表1　　科创企业各阶段融资来源

	自有资金	员工持股	政府基金	天使投资	风险投资	银行贷款	资产证券化	商业信用	上市融资	存留收益
种子期	√	√	√	√						
创业期	√	√	√	√		√				
成长期					√	√	√	√		
成熟期						√	√	√	√	√
衰退期						√		√		√

科创企业技术应用前景不确定性非常大，可预期的投资回报难以衡量，融资约束程度甚至高于一般的小微企业。整体上看，科创企业对股权类融资依赖度较高。主要原因：一是科创企业多属于轻资产企业，业务累积的资产集中表现为知识产权、技术专利等无形资产，没有足够的不动产抵押物，难以满足当前银行的融资条件。科创企业的融资渠道选择会被动倾向于资本市场。

二是科创企业虽有较强的技术优势，但大部分企业规模小、市场占有率低，有的技术转化尚未完成、没有成型的产品或服务，企业不确定性大，风险偏高。各种融资方式中，只有股权类投资才能覆盖相应的风险。

三是相对于负债，股权融资承担的财务压力较小。在科创企业进入成熟期之前，盈利能力尚未兑现。尤其技术开发或应用推广支出费用较高，见效周期长。债务性融资不适合其财务特征。

对个体而言，科创企业面临的情况较为复杂，股权融资并不能完全解决融资约束难题。

一是股权融资会形成控制权转移，科创企业主必须综合平衡。科创企业主往往看重自身技术优势，对企业估值没有清晰认识或对企业控制权过于看重，无形中加大了融资难度。即使能够融资，股权分散的影响也难以衡量。苹果创始人乔布斯也曾被公司开除。阿里巴巴高管和董事合计仅持有9.5%的股份。科创企业主顾虑较大。

二是科创企业获得风险融资后的空歇期，一旦出现财务困境，融资约束更加严重。此时，寻找新一轮风投的时机还不成熟，而企业的财务状况又未实质性改变，加上投资人的一些条款约束，股权、债权融资均受限，容易出现短期财务危机。在债务结构中，科创企业短期借款特征明显。根据上市公司数据，2018年三季度末，科学研究与技术服务业短期借款是长期借款规模的2.7倍，而全部A股短期借款仅为长期借款的80%。

总体而言，科创类企业的金融需求针对性较强，融资方式、通道的多元化需求强烈。加上宏观货币政策调整和资本市场波动的影响，获取金融机构尤其商业银行实施有效服务的难度不小。

（二）商业银行金融支持困境

近年，商业银行在服务科创企业方面也进行了积极探索，如建行一些分行推出了“技术流”评价标准，产品创新、风险管控方面有所突破，但整体上仍面临不少难题：

1. 投贷联动模式不成熟

投贷联动被认为是我国商业银行支持科创企业的理想模式。硅谷银行是目前国际公认的投贷联动模式典范。相对于美国、德国等发达国家，我国商业银行的投贷联动起步较晚，当前也存在较多的问题：一是内部联动机制不清晰。我国银行内部条线分割的问题较为突出，投资与信贷条线没有明确的利益分享和风险分担机制，高效、充分的联动难以实现。尤其在需要多部门和子公司参与的情况下，联动协调成本较高。二是联动策略仍需统筹。按照前文分析，科创企业贷款需求与股权融资需求节奏并不一致。投资和贷款行动需契合科创企业的生命周期，两者之间避免盲目跟随。尤其贷款介入和退出的时机、策略需考虑周全。三是业务风险理念需转换。具体到项目上，投资和贷款两种融资方式面对的是同一个企业的经营状况，可能同时出现损失，即风险投资收益无法弥补贷款收益缺口。但这并不意味着投贷联动模式无效，而是风险管理应从个体转向群体或项目整体。

2. 专业人才缺口较大

一是具有科技背景的人才缺乏。科创企业与其他企业不同，技术含量高，且技术更新换代快。尤其细分领域较多，不同领域差异较大。银行当前的从业人员结构，难以达到相应的知识门槛要求。银行的招聘对象仍主要集中于经济金融专业，理工类员工仍然较少，且缺少拥有科创企业相关实践领域的员工。二是投行人才积累不足。我国商业银行不能直接从事投行业务。长期以来，相关的专业人才储备也就较为欠缺。即使各家大型银行成立了投资类子公司，但成立时间较短，且对母体存在依赖，能力建设逊于市场机构。人才培养和成长方面较弱。面对科创企业多样化的投行业务需求，银行专业水平无法匹配。

3. 风险管控手段匮乏

一是内部风控囿于企业“硬件”。我国商业银行习惯于服务大型企业或国有企业，而这些企业财务信息较全，盈利能力也较为稳健，风险管理对财务硬信息的依赖成为惯性思维。缓释手段也往往局限于不动产抵押。科创企业的有效信息主要集中在科研实力、科研投入、技术前景、市场应用空间等软信息，即使存在抵押物也多为无形资产。若按硬约束要求，即使是亚马逊，也将被排除在我们的目标客户外。二是外部缺乏有效风险缓释渠道。韩国成立了以科创类中小企业为担保对象的“韩国技术信用保证基金”，专门为企业技术做担保。日本通过地方性金融机构合作、互助，采用会员制模式，将科创企业吸纳为贷款会员，多途径分担风险。我国虽然也有相应的科创企业担保机构，但风险缓释方式多数为进一步要求不动产或资金流，效用发挥还需要深入挖掘。

三、我国商业银行支持科创企业的对策建议

（一）探索平台化服务模式

一是借助大数据、云计算技术为科创企业画像。以大数据为基础，获取科创企业的海量信息，包括企业背景、交易对手、交易频率、资金流量等数据，借助数据分析和挖掘模型，为科创企业描绘全景视图，增强对科创企业的全面了解和把握。二是通过互联网线上融资模式提高服务效率。加快互联网线上融资平台的建设，采取圈链平台、交易场景、线下线上等多渠道获客，实现标准化、批量化、全天候的服务模式，完善科创企业的融资模式；三是利用区块链技术拓展供应链融资应用场景。与外部区块链金融企业合作，利用区块链分布式账簿技术，挖掘核心科创企业的上下游企业，以承兑、票据、应收账款融资等产品盘活企业沉淀资金，提高融资安全性。

（二）优化投贷联动模式

一是在严控风险的前提下，鼓励商业银行成立股权投资子公司。投资子公司应摆脱母体依赖，主动探索，在客户信息挖掘和专业性判断方面，为银行信贷服务做好铺垫。目前只有国开行获得股权直投牌照，可对国开行的实际操作

经验进行有范围的复制和试点。二是发挥综合金融集团的优势。加强与境外子公司合作，由境外子公司负责股权融资，境内机构提供贷款融资，通过境内外联动方式实现投贷联动。三是加大与风投机构合作的力度。与天使基金、种子基金加强合作，在科创企业完成前几轮风投融资的基础上，选择贷款跟投，有效降低投资风险。

（三）进一步完善风险共担机制

一是重点加强与政府机构的合作。商业银行通过理财方式募集资金，与国家和地方政府成立的产业投资母基金共同组建产业发展基金，通过“优先+劣后”的制度安排，优先保证银行信贷资金的安全，增强基金的抗风险能力和可操作性。二是推广“政府+银行+保险”的风险分担机制。针对科创企业“高风险、高收益、无抵押、无担保”的典型特征，引入保险资本为科创企业融资提供保证保险产品，政府机构提供利息补贴、保费补贴等支持，最终实现风险共担。

（四）提高专业化经营水平

商业银行要在总行层面制定支持科创企业的制度框架。一是成立专门的业务部门，并实施条线化管理。在总行成立科技创新业务支持部门，在市场一线成立科技金融专营机构，配备专业人才从事行业研究、产品创新和客户营销服务工作。二是制定差异化政策。在财务资源、信贷资源的配置上给予倾斜，在业务流程和政策制定上给予差异化对待，充分调动业务人员在客户营销、业务申报、产品推广等方面的积极性。三是提高从业人员的专业素质。挑选行内业务骨干和行外专家组建科技金融人才库，定期对从业人员开展业务培训和素质拓展，弥补从业人员的知识局限和业务短板，增强风险识别能力和专业判断能力。

（五）增强制度创新的内生动力

一是发挥银行在资金结算、资本规模、信息整合等方面的优势，结合科创企业所处行业的特征，探索批量授信的产业链金融新模式，通过把握交易数据的真实性和完整性，提高风险预警能力，降低传统授信业务的经营成本。二是完善对科创企业的评价评估体系，在传统评价框架体系外，提高对技术创新能力、产品科技含量、市场前景等指标的量化评价，形成操作性强的评价体系。三是提高风险容忍度，完善员工绩效考评办法。鼓励员工更多地从支持科创企业、防范化解风险等方面下力气，完善尽职免责办法，免除员工的后顾之忧。

执笔人：程　垒　李一阳

参考文献：

[1] 李新平，丁阳光.民营中小企业融资制度比较及经验借鉴.合作经济与科技，2018（8）

[2] 许超.我国科技金融发展与国际经验借鉴——以日本、德国、以色列为例.国际金融，2017（1）

[3] 许超.我国科技金融发展与国际经验借鉴——以日本、德国、以色列为例.经济论坛，2016（10）

[4] 王媛，王营.科技金融服务体系建设的国际经验借鉴.金融时报，2018-11-05

[5] 张吉光，陈舟揖.商业银行支持科创企业存在“四大不匹配”.当代金融家，2018（6）

[6] 赵刚，林源园.金融支持科技创新的国际经验与借鉴.中国金融，2012（23）

附 录 篇

十大金融事件评述

（2018年1月至2019年3月）

一、中共中央政治局就完善金融服务、防范金融风险举行第十三次集体学习

2019年2月22日，中共中央政治局就完善金融服务、防范金融风险举行第十三次集体学习。习近平总书记在主持学习时发表重要讲话，进一步阐明了金融和经济之间共生共荣的关系，就深化金融供给侧结构性改革、增强金融服务实体经济能力、在推动高质量发展中防范化解风险提出了明确要求。习近平总书记强调，深化金融供给侧结构性改革必须贯彻落实新发展理念，强化金融服务功能，找准金融服务重点，以服务实体经济、服务人民生活为本；要以金融体系结构调整优化为重点，优化融资结构和金融机构体系、市场体系、产品体系，为实体经济发展提供更高质量、更有效率的金融服务。

此次会议是2017年7月全国金融工作会议召开后最重要的一次以金融为主题的会议，为深化金融供给侧结构性改革、推动我国金融业高质量发展提供了重

要遵循，对当前推动金融改革开放、防范金融风险和服务实体经济具有十分重要的指导意义。

二、省部级主要领导干部坚持底线思维着力防范化解重大风险专题研讨班开班

2019年1月21日，省部级主要领导干部坚持底线思维着力防范化解重大风险专题研讨班在中央党校开班。中共中央总书记、国家主席、中央军委主席习近平在开班式上发表重要讲话，对包括经济金融等领域重大风险进行了深刻分析、提出了明确要求，指出要加强市场心理分析、做好政策出台对金融市场影响的评估、善于引导预期，要加强市场监测、加强监管协调、及时消除隐患，要切实解决中小微企业融资难融资贵问题；强调防范化解重大风险要提高战略思维、历史思维、辩证思维、创新思维、法治思维、底线思维能力。

习近平总书记的重要讲话，进一步增强了坚持底线思维防范化解重大风险的意识，明确了防范化解重大风险攻坚战的方法论，部署了防范化解重大风险的具体任务，为打好防范化解重大风险攻坚战的纵深推进提供了基本遵循。

三、中央财经委第一次会议确立结构性去杠杆基本思路

2018年4月2日中央财经委员会召开第一次会议。会议首次提出结构性去杠杆的概念，强调打好防范化解金融风险攻坚战，要坚持底线思维，坚持稳中求进，抓住主要矛盾；要以结构性去杠杆为基本思路，分部门、分债务类型提出不同要求，地方政府和企业特别是国有企业要尽快把杠杆降下来，努力实现宏观杠杆率稳定和逐步下降。会议还强调，要强化打好防范化解金融风险攻坚

战的组织保障，发挥好金融稳定发展委员会重要作用；要抓紧协调建立中央和地方金融监管机制，强化地方政府属地风险处置责任。

将结构性去杠杆明确为打好防范化解金融风险攻坚战的基本思路并明确要发挥好金融稳定发展委员会的作用，为去杠杆和打好防范化解重大风险攻坚战提供了政策思路和组织保障，对推动宏观杠杆率在2018年出现回落发挥了重要作用。

四、习近平总书记在民营企业座谈会上发表讲话，强调解决民营企业融资难融资贵问题

2018年11月1日，中共中央总书记、国家主席、中央军委主席习近平1日上午主持召开民营企业座谈会并发表重要讲话，充分肯定了我国民营经济的重要地位和作用；强调正确认识当前民营经济发展遇到的困难和问题；部署了支持民营企业发展壮大的6个方面政策举措，强调要解决民营企业融资难融资贵问题，并从推动金融改革发展、纾困民营企业、更好发挥政府作用、解决三角债问题等方面就解决民营企业融资难融资贵问题提出了具体要求。

习近平总书记在民营企业座谈会上的讲话对改善民营企业融资环境，防范化解民营企业债务风险起到了立竿见影的作用，并为后续制定民营企业金融支持政策（如《关于加强金融服务民营企业的若干意见》）提供了基本遵循。

五、"资管新规"及相关细则先后出台

2018年4月，人民银行、银保监会、证监会、外汇局联合印发《关于规范金融机构资产管理业务的指导意见》（银发〔2018〕106号，以下简称"资管新

规”）。“资管新规”发布后，“资管新规”主要配套细则也在2018年基本出齐，分别是：人民银行2018年7月发布的《关于进一步明确规范金融机构资产管理业务指导意见有关事项的通知》，银保监会2018年9月和12月发布的《商业银行理财业务监督管理办法》《商业银行理财子公司管理办法》，2018年10月证监会发布的《证券期货经营机构私募资产管理业务管理办法》。

“资管新规”及主要配套细则的出台，统一了同类资产管理产品监管标准，很大程度上解决了资管业务发展中出现的发展不规范、多层嵌套、刚性兑付、规避金融监管和宏观调控等问题，有效遏制了金融机构资管业务和影子银行业务的无序膨胀。

六、人民银行创设民营企业债券融资支持工具和民营企业股权融资支持工具

2018年，民营企业债券违约风险和民营上市公司股权质押融资风险集中爆发。为防范化解相关风险，缓解民营企业融资难，人民银行分别于2018年10月和11月设立民营企业债券融资支持工具和民营企业股权融资支持工具。其中，民营企业债券融资支持工具由人民银行依法向专业机构提供初始资金支持，委托其按市场化运作、防范风险原则，为经营正常、流动性遇到暂时困难的民营企业发债提供增信支持，以市场化方式帮助缓解民营企业融资难。民营企业股权融资支持工具则由符合规定的私募基金管理人、证券公司、商业银行金融资产投资公司等机构，发起设立民营企业股权融资支持工具，由人民银行提供初始引导资金，带动金融机构、社会资本共同参与，按照市场化、法治化原则，为出现资金困难的民营企业提供阶段性的股权融资支持。

民营企业债券融资支持工具和民营企业股权融资支持工具的创设丰富了支

持民营企业融资的政策工具，也意味着货币政策在维护金融稳定方面的职能得到强化。

七、新一届国家金融稳定发展委员会成立

2018年7月2日，新一届国务院金融稳定发展委员会（以下简称金融委）成立，国务院副总理刘鹤任主任，人民银行行长易纲任副主任兼办公室主任，国务院常务副秘书长丁学东任副主任。金融委成员单位包括：人民银行及外汇局、银保监会、证监会、中央财经委员会办公室、国家发展改革委、财政部。协作成员包括：中组部、中宣部、国务院新闻办、中央网络安全和信息化领导小组、公安部、司法部、最高人民法院审判委员会。金融委定期召开全体会议，不定期召开有针对性的专题会议，统筹研究协调金融领域相关事项。

新一届金融委成立后，多次召开全体会议和防范化解金融风险专题会议，积极发挥统筹协调作用，为推进结构性去杠杆，打好防范化解金融风险攻坚战提供了组织保障。

八、金融对外开放大幅提速

2018年4月10日，国家主席习近平在博鳌亚洲论坛2018年年会开幕式的主旨演讲中提出，2017年底宣布的放宽银行、证券、保险行业外资股比限制的重大措施要确保落地，同时要加大开放力度，加快保险行业开放进程，放宽外资金融机构设立限制，扩大外资金融机构在华业务范围，拓宽中外金融市场合作领域。4月11日人民银行行长易纲宣布2018年落实和推出11项金融领域的开放措施，如取消银行和金融资产管理公司的外资持股比例限制，将证券公司、基金

管理公司、期货公司、人身险公司的外资持股比例上限放宽至51%，扩大内地与香港两地股票市场互联互通规模等。截至2019年3月末，11项具体金融开放措施绝大部分已落地，极少数尚未落地的措施法律修改程序已经到了最后阶段，相关的申请受理工作已经开始。

金融对外开放提速是推动形成全面开放新格局的重要组成部分，有利于丰富市场主体，推动市场有效竞争，提高金融业经营管理水平和竞争能力。与此同时，开放提速也对金融管理部门提升金融治理能力和治理水平提出了迫切要求。

九、习近平主席宣布将在上交所设立科创板并设点注册制

2018年11月5日，国家主席习近平在首届中国国际进口博览会开幕式的主旨演讲中宣布，将在上海证券交易所设立科创板并试点注册制，支持上海国际金融中心和科技创新中心建设，不断完善资本市场基础制度。2019年1月23日，中央全面深化改革委员会第六次会议已审议通过《在上海证券交易所设立科创板并试点注册制总体实施方案》《关于在上海证券交易所设立科创板并试点注册制的实施意见》。

设立科创板并试点注册制，有利于增强资本市场对科技创新企业的包容性，支持关键核心技术创新，提高服务实体经济能力；有利于统筹推进发行、上市、信息披露、交易、退市等基础制度改革，建立健全以信息披露为中心的股票发行上市制度。

十、股市汇市出现较大幅度波动

2018年股市汇市出现较大幅度波动并一度出现共振。上证综指、深成指、

中小板指和创业板指跌幅分别达到24.6%、34.4%、35.3%和28.6%，股指波动率也大幅上升。2018年4月至11月，人民币兑美元汇率持续贬值，一度接近7.0关口，累计贬值幅度达到10%左右。

股市汇市出现较大幅度波动与中美经贸摩擦升级等外部冲击相关，但也凸显了金融市场的脆弱性。防范金融市场异常波动和共振，需要着力解决股票市场、外汇市场的脆弱性问题。

金融政策大事记

（2018年1月至2019年3月）

中国人民银行

2018年1月4日，中国人民银行与中国银行台北分行续签《关于人民币业务的清算协议》。

2018年1月5日，中国人民银行印发《关于进一步完善人民币跨境业务政策促进贸易投资便利化的通知》（银发〔2018〕3号），明确凡依法可使用外汇结算的跨境交易，企业都可以使用人民币结算。

2018年1月5日，中国外汇交易中心发布《关于境外银行参与银行间外汇市场区域交易有关事项的公告》，同意符合条件的境外银行参与银行间外汇市场区域交易。

2018年1月11日，全国性商业银行开始陆续使用期限为30天的临时准备金动用安排（CRA）。

2018年1月19日，中国人民银行、国家海洋局、发展改革委、工业和信息化部、财政部、银监会、证监会、保监会联合印发《关于改进和加强海洋经济发展金融服务的指导意见》（银发〔2018〕7号），统筹优化金融资产，改进和加强海洋经济发展金融服务，推动海洋经济向质量效益型转变。

2018年1月25日，普惠金融定向降准全面实施。

2018年2月5日，中国人民银行印发《关于开展金融扶贫领域作风问题专项治理的通知》（银发〔2018〕30号），计划用一年左右时间，集中解决金融扶贫领域存在的各项问题，强化金融扶贫工作合力，确保金融助推脱贫攻坚取得实效。

2018年2月5日，中国人民银行印发《关于加强绿色金融债券存续期监督管理有关事宜的通知》（银发〔2018〕29号），进一步完善绿色金融债券存续期监督管理，提升信息披露透明度。

2018年2月9日，中国人民银行授权美国摩根大通银行担任美国人民币业务清算行。

2018年2月27日，印发中国人民银行公告〔2018〕第3号，规范银行业金融机构发行资本补充债券的行为，切实提高银行业金融机构资本的损失吸收能力。

2018年3月26日，人民币跨境支付系统（CIPS）二期投产试运行。

2018年3月26日，以人民币计价结算的原油期货在上海国际能源交易中心挂牌交易。

2018年3月28日，中国人民银行牵头制定的《关于规范金融机构资产管理业务的指导意见》和《关于加强非金融企业投资金融机构监管的指导意见》经中央全面深化改革委员会第一次会议审议通过。

2018年3月30日，中国人民银行发布《公开市场业务公告》〔2018〕第2号，调整完善公开市场业务一级交易商考评指标体系。

2018年3月30日，中国人民银行与澳大利亚储备银行续签规模为2000亿元人民币/400亿澳大利亚元的双边本币互换协议。

2018年4月2日，中国人民银行就打好防范化解重大风险攻坚战的思路和举措向中央财经委员会第一次会议汇报。

2018年4月3日，中国人民银行与阿尔巴尼亚中央银行续签规模为20亿元人民币/342亿阿尔巴尼亚列克的双边本币互换协议。

2018年4月11日，中国人民银行与南非中央银行续签规模为300亿元人民币/540亿南非兰特的双边本币互换协议。

2018年4月17日，中国人民银行向全国人大财经委员会汇报2018年一季度货币政策执行情况。

2018年4月18日，中国人民银行印发《关于加强宏观信贷政策指导 推动金融更好服务实体经济的意见》（银发〔2018〕93号），着力加强宏观信贷政策指导，充分发挥宏观信贷政策的结构性调控功能，引导银行业金融机构回归本源、防范风险，增强服务实体经济的能力和水平。

2018年4月20日，为进一步规范人民币合格境内机构投资者境外证券投资活动，印发《中国人民银行办公厅关于进一步明确人民币合格境内机构投资者境外证券投资管理有关事项的通知》（银办发〔2018〕81号）。

2018年4月25日，中国人民银行下调大型商业银行、股份制商业银行、城市商业银行、非县域农村商业银行和外资银行人民币存款准备金率1个百分点，以置换中期借贷便利并支持小微企业融资。

2018年4月27日，为规范金融机构资产管理业务，统一同类资产管理产品监管标准，中国人民银行、中国银行保险监督管理委员会、中国证券监督管理委员会、国家外汇管理局联合发布《关于规范金融机构资产管理业务的指导意见》（银发〔2018〕106号）。

2018年4月27日，为规范非金融企业投资金融机构行为，强化对非金融企业投资金融机构的监管，中国人民银行、中国银行保险监督管理委员会、中国证券监督管理委员会联合发布《关于加强非金融企业投资金融机构监管的指导意见》（银发〔2018〕107号）。

2018年4月27日，中国人民银行与尼日利亚中央银行签署规模为150亿元人民币/7200亿奈拉的双边本币互换协议。

2018年5月2日，人民币跨境支付系统（二期）全面投产，符合要求的直接参与者同步上线。

2018年5月4日，以人民币计价的大连商品交易所铁矿石期货正式引入境外投资者。

2018年5月9日，人民币合格境外机构投资者（RQFII）试点地区扩大至日本，投资额度为2000亿元。

2018年5月10日，中国人民银行与白俄罗斯中央银行续签规模为70亿元人民币/22.2亿白俄罗斯卢布的双边本币互换协议。

2018年5月16日，印发《中国人民银行办公厅关于进一步完善跨境资金流动管理 支持金融市场开放有关事宜的通知》（银办发〔2018〕96号），进一步完善跨境资金流动管理，推进金融市场开放。

2018年5月23日，中国人民银行与巴基斯坦中央银行续签规模为200亿元人民币/3510亿巴基斯坦卢比的双边本币互换协议。

2018年5月25日，中国人民银行与智利中央银行续签规模为220亿元人民币/22000亿智利比索的双边本币互换协议。

2018年5月28日，中国人民银行与哈萨克斯坦中央银行续签规模为70亿元人民币/3500亿哈萨克斯坦坚戈的双边本币互换协议。

2018年6月1日，中国人民银行决定适当扩大中期借贷便利（MLF）担保品范围，将不低于AA级的小微、绿色和“三农”金融债，AA+、AA级公司信用类债券、优质的小微企业贷款和绿色贷款纳入MLF担保品范围。

2018年6月10日，发布《合格境外机构投资者境内证券投资外汇管理规定》（国家外汇管理局公告2018年第1号），进一步优化QFII外汇管理，便利跨境证券投资。

2018年6月11日，为规范人民币合格境外机构投资者境内证券投资管理，发布《中国人民银行 国家外汇管理局关于人民币合格境外机构投资者境内证券投资管理有关问题的通知》（银发〔2018〕157号）。

2018年6月25日，中国人民银行、中国银行保险监督管理委员会、中国证券监督管理委员会、国家发展改革委、财政部联合印发《关于进一步深化小微企业金融服务的意见》（银发〔2018〕162号），提出8个方面、23条改进优化小微金融服务、提升小微企业融资可得性和精准度的政策措施，推动实现小微企业金融服务扩投入降成本目标。

2018年6月28日，发布《中国人民银行办公厅关于加大再贷款再贴现支持力度 引导金融机构增加小微企业信贷投放的通知》（银办发〔2018〕110号），进一步完善信贷政策支持再贷款、再贴现管理，将不低于AA级的小微、绿色和“三农”金融债，AA+、AA级公司信用类债券纳入信贷政策支持再贷款和常备借贷便利（SLF）担保品范围。同时增加再贷款和再贴现额度1500亿元，支持金融机构扩大对小微信贷投放。

2018年6月29日，中国人民银行等五部门联合召开全国深化小微企业金融服务电视电话会议，提出把做好小微企业金融服务作为服务实体经济、防范化解金融风险的重要抓手，加大政策贯彻落实力度，切实改进小微企业金融服务。

2018年7月2日，国务院金融稳定发展委员会办公室将打好防范化解重大金融风险攻坚战行动方案及配套文件提交新一届国务院金融稳定发展委员会第一次会议审议。

2018年7月5日，中国人民银行下调大型商业银行、股份制商业银行、城市商业银行、非县域农村商业银行和外资银行人民币存款准备金率0.5个百分点，以支持市场化、法治化“债转股”和小微企业融资。

2018年7月20日，发布《关于进一步明确规范金融机构资产管理业务指导意见有关事项的通知》（银办发〔2018〕129号）。

2018年8月6日，中国人民银行将远期售汇业务的外汇风险准备金率从0调整为20%，以加强宏观审慎管理，防范宏观金融风险。

2018年8月20日，中国人民银行与马来西亚国家银行续签规模为1800亿元人民币/1100亿马来西亚林吉特的双边本币互换协议。

2018年9月3日，中国外汇交易中心正式引入中国工商银行（阿拉木图）股份公司与工银标准银行公众有限公司参与银行间外汇市场人民币对坚戈区域交易，并决定延长人民币对坚戈区域交易时间，由10：30～16：30调整为10：30～19：00。

2018年9月4日，印发《关于优化扶贫再贷款管理有关事项的通知》（银办发〔2018〕172号），选择河南、云南等12个省（区、市）开展优化运用扶贫再贷款发放贷款定价机制试点。

2018年9月4日，中国人民银行、中国证券监督管理委员会联合发布〔2018〕第14号公告，加强对信用评级行业统一监管，推进债券互联互通。

2018年9月4日，中国人民银行和全国工商联联合召开民营企业和小微企业金融服务座谈会，深入了解民营企业、小微企业金融服务情况，搭建银企之间的沟通对接平台，进一步明确充分运用“几家抬”的思路，推动各部门间形成工作合力，加大民营、小微企业支持力度。

2018年9月8日，中国人民银行、财政部联合发布《全国银行间债券市场境外机构债券发行管理暂行办法》（中国人民银行 财政部公告〔2018〕第16号），进一步促进债券市场对外开放，规范境外机构债券发行，同时，废止《国际开发机构人民币债券发行管理暂行办法》（中国人民银行 财政部 国家发展和改革委员会 中国证券监督管理委员会公告〔2010〕第10号）。

2018年9月20日，中国人民银行和香港特别行政区金融管理局签署了《关于使用债务工具中央结算系统发行中国人民银行票据（以下简称"央行票据"）的合作备忘录》，旨在便利中国人民银行在香港发行央行票据，丰富香港高信用等级人民币金融产品，完善香港人民币债券收益率曲线。

2018年10月13日，中国人民银行与英格兰银行续签规模为3500亿元人民币/400亿英镑的双边本币互换协议。

2018年10月15日，中国人民银行下调大型商业银行、股份制商业银行、城市商业银行、非县域农村商业银行和外资银行人民币存款准备金率1个百分点，置换其所借央行的中期借贷便利（MLF）并支持小微企业、民营企业及创新型企业融资。

2018年10月22日，中国人民银行与日本中央银行签署了在日本建立人民币清算安排的合作备忘录；26日，授权中国银行东京分行担任日本人民币业务清算行。

2018年10月22日，经国务院批准，按照法治化、市场化原则，中国人民银行引导设立民营企业债券融资支持工具，稳定和促进民营企业债券融资。

2018年10月23日至11月9日，国务院金融稳定发展委员会办公室组织对广东、福建、安徽、浙江、江苏、辽宁、四川等7个重点省份的民营和小微企业金融服务工作开展实地督导。

2018年10月26日，中国人民银行与日本银行签署规模为2000亿元人民币/34000亿日元的双边本币互换协议。

2018年10月26日，中国人民银行印发《关于加大支小再贷款再贴现支持力度 引导金融机构增加小微企业和民营企业信贷投放的通知》（银发〔2018〕259号），增加再贷款和再贴现额度1500亿元，支持金融机构扩大对小微、民营企业的信贷投放。

2018年11月7日，中国人民银行通过香港金融管理局债务工具中央结算系统（CMU）债券投标平台，招标发行200亿元人民币中央银行票据，其中3个月和1年期品种各100亿元，中标利率分别为3.79%和4.20%。

2018年11月15日，中国人民银行、财政部、中国银行保险监督管理委员会联合印发《关于在全国银行间债券市场开展地方政府债券柜台业务的通知》（银发〔2018〕283号），丰富柜台业务债券品种，促进多层次债券市场建设。

2018年11月16日，中国人民银行与印度尼西亚中央银行续签规模为2000亿元人民币/440万亿印尼卢比的双边本币互换协议。

2018年11月20日，中国人民银行与菲律宾中央银行签署了在菲律宾建立人民币清算安排的合作备忘录。

2018年11月30日，以人民币计价的精对苯二甲酸期货正式引入境外投资者。

2018年12月4日，印发《中国人民银行办公厅关于黄金资产管理业务有关事项的通知》（银办发〔2018〕215号），规定只有金融机构才可以开展黄金资产管理业务并向人民银行备案，明确只有金融机构和经国务院、金融监管部门批准的黄金交易场所，才可以提供登记托管服务。

2018年12月10日，中国人民银行与乌克兰国家银行续签规模为150亿元人民币/620亿乌克兰格里夫纳的双边本币互换协议。

2018年12月11日，印发《中国人民银行办公厅关于印发<金融机构互联网

黄金业务管理暂行办法>的通知》（银办发〔2018〕221号）、《中国人民银行办公厅关于印发<黄金积存业务管理暂行办法>的通知》（银办发〔2018〕222号），明确了互联网黄金业务、黄金积存业务的内涵和开办主体，规定了黄金积存的最小单位，限定了销售黄金产品的互联网机构应具备的条件及禁止性事项。

2018年12月19日，中国人民银行决定，从2019年1月起增设定向中期借贷便利（Targeted Medium-term Lending Facility，TMLF）工具，鼓励商业银行等金融机构将资金更多地配置到实体经济，尤其是小微企业、民营企业等重点领域。12月21日，印发《关于设立定向中期借贷便利 支持小微企业和民营企业融资的通知》（银发〔2018〕337号）。

2018年12月25日，金融委办公室召开专题会议，研究多渠道支持商业银行补充资本有关问题，推动尽快启动永续债发行。

2019年1月2日，中国人民银行决定，自2019年起，将普惠金融定向降准小型和微型企业贷款考核标准由“单户授信小于500万元”调整为“单户授信小于1000万元”。这有利于扩大普惠金融定向降准优惠政策的覆盖面，引导金融机构更好地满足小微企业的贷款需求，使更多的小微企业受益。

2019年1月4日，为进一步支持实体经济发展，优化流动性结构，降低融资成本，中国人民银行决定下调金融机构存款准备金率1个百分点，其中，2019年1月15日和1月25日分别下调0.5个百分点。同时，2019年一季度到期的中期借贷便利（MLF）不再续做。这样安排能够基本对冲今年春节前由于现金投放造成的流动性波动，有利于金融机构继续加大对小微企业、民营企业支持力度。

2019年1月11日，人民银行召开取消企业银行账户许可动员电视电话会议，深入贯彻落实党中央、国务院支持民营企业、小微企业发展重要工作部署和

“放管服”改革要求，部署全国取消企业账户许可工作。

2019年1月24日，为提高银行永续债（含无固定期限资本债券）的流动性，支持银行发行永续债补充资本，中国人民银行决定创设央行票据互换工具（Central Bank Bills Swap，CBS），公开市场业务一级交易商可以使用持有的合格银行发行的永续债从中国人民银行换入央行票据。同时，将主体评级不低于AA级的银行永续债纳入中国人民银行中期借贷便利（MLF）、定向中期借贷便利（TMLF）、常备借贷便利（SLF）和再贷款的合格担保品范围。

2019年1月25日，中国银行在银行间债券市场成功发行400亿元无固定期限资本债券。

2019年2月11日，人民银行、银保监会、证监会、财政部、农业农村部日前联合印发《关于金融服务乡村振兴的指导意见》。该意见强调，要以习近平新时代中国特色社会主义思想为指导，紧紧围绕党的十九大关于实施乡村振兴战略的总体部署，坚持以市场化运作为导向、以机构改革为动力、以政策扶持为引导、以防控风险为底线，聚焦重点领域，深化改革创新，建立完善金融服务乡村振兴的市场体系、组织体系、产品体系，促进农村金融资源回流。

2019年2月20日中国人民银行开展了首次央行票据互换（CBS）操作，费率为0.25%，操作量为15亿元，期限1年。本次操作采用数量招标方式，面向公开市场业务一级交易商进行公开招标，中标机构既有股份制银行、政策性银行、城商行等银行类机构，也有证券公司等非银行金融机构。

2019年2月28日，中国人民银行行长易纲会见了来访的罗马尼亚央行行长伊瑟雷斯库，双方就全球经济金融形势、加强中罗金融合作等议题进行了讨论。

2019年3月8日，中国人民银行金融科技（FinTech）委员会第一次会议在北京召开。

中国银行保险监督管理委员会

2018年1月5日，银监会印发《商业银行股权管理暂行办法》，加强商业银行股权管理，规范商业银行股东行为，弥补监管短板。

2018年1月9日，银监会于近日印发了《中国银监会关于开展投资管理型村镇银行和“多县一行”制村镇银行试点工作的通知》，进一步解决中西部金融服务薄弱地区银行业金融机构网点覆盖率低、金融供给不足问题。

2018年1月12日，银监会印发《关于进一步深化整治银行业市场乱象的通知》，对2018年深化整治银行业市场乱象提出一些具体的、操作性的工作要求，明确设定评估、检查、督查和整改等环节，以评估检验质效，以检查锁定问题，以督查确保真实，以整改促进规范。

2018年1月12日，保监会印发《打赢保险业防范化解重大风险攻坚战的总体方案》，进一步加强保险业风险防控，提升风险防范能力，严守不发生系统性金融风险底线。

2018年1月24日，保监会印发《全国性保险业社团组织收费管理暂行办法》。

2018年2月11日，保监会印发《反保险欺诈指引》，保护保险消费者合法权益，防范化解保险欺诈风险，促进保险业健康可持续发展及社会诚信体系的构建。

2018年2月13日，银监会发布《中国银监会关于修改〈中国银监会外资银行行政许可事项实施办法〉的决定》，全面体现了进一步扩大开放、简政放权以及加强审慎监管的理念。

2018年2月23日，保监会印发《反保险欺诈指引》，旨在构建保险行业欺诈风险管理规范和反欺诈技术标准，进一步防范和化解保险欺诈风险。

2018年2月28日，银监会发布《商业银行股权管理暂行办法》两个配套文件，《中国银监会办公厅关于做好<商业银行股权管理暂行办法>实施相关工作的通知》和《中国银监会办公厅关于规范商业银行股东报告事项的通知》。

2018年3月2日，保监会修订发布《保险公司股权管理办法》，重点明确了保险公司股东准入、股权结构、资本真实性、穿透监管等方面的规范。

2018年3月12日，中国银监会、中国人民银行、中国证监会、中国保监会和国家外汇局联合发布《关于进一步支持商业银行资本工具创新的意见》，提出支持商业银行资本工具创新、拓宽资本工具发行渠道、增加资本工具种类、扩大投资主体范围并改进资本工具发行审批工作。进一步支持商业银行拓宽资本补充渠道，提升银行体系稳健性。

2018年3月19日，银监会印发《中国银监会办公厅关于做好2018年三农和扶贫金融服务工作的通知》，要求普惠型和扶贫贷款不低于各项贷款平均增速，并明确可制定不良贷款率尽职免责制度。指导各级监管部门和银行业金融机构做好2018年三农和扶贫金融服务工作。

2018年3月19日，银监会印发《中国银监会办公厅关于2018年推动银行业小微企业金融服务高质量发展的通知》，要求在继续监测“三个不低于”基础上，重点针对单户授信1000万元以下（含）的小微企业贷款提出“两增两控”的新目标；缓解小微企业金融服务供给不充分、结构不均衡的问题，推动银行业小微企业金融服务由高速增长转向高质量发展。

2018年3月22日中国银行保险监督管理委员会党委班子宣布成立。

2018年4月8日，中国银行保险监督管理委员会在京揭牌，标志着新组建的中国银行保险监督管理委员会正式挂牌运行。

2018年4月27日，发布《关于进一步放宽外资银行市场准入有关事项的通知》和《关于放开外资保险经纪公司经营范围的通知》。明确外商独资银行、中外合资银行可以依法开展代理发行、代理兑付、承销政府债券业务，无需获得国务院银行业监督管理机构的行政许可，应在开展业务后5个工作日内向监管机构报告。明确经国务院保险监督管理机构批准取得经营保险经纪业务许可证的外资保险经纪机构，可在中华人民共和国境内经营下列保险经纪业务。

2018年4月28日，《保险公司信息披露管理办法》公布，自7月1日起施行。

2018年5月4日，公布《商业银行大额风险暴露管理办法》（中国银行保险监督管理委员会令2018第1号），并于2018年7月1日施行。

2018年5月7日，发布《个人税收递延型商业养老保险产品开发指引》。

2018年5月14日，中国银行保险监督管理委员会召开深化整治银行业和保险业市场乱象工作推进会议，通报前一阶段乱象整治工作进展情况，总结分析经验与问题，明确下一步整治重点和要求。

2018年5月25日，发布《商业银行流动性风险管理办法》，自7月1日起施行。

2018年6月8日，发布《关于完善商业银行存款偏离度管理有关事项的通知》。主要内容包括：一是结合近年来金融市场环境、银行业务经营变化，进一步强化绩效考评、合规经营及银行自律等方面的要求。二是调整存款偏离度定量考核方法。简化计算方法，将季末月份与非季末月份采用相同的指标计算标准；将监管指标值由原来的3%调整至4%。三是进一步完善监督检查，实施差异化管理，并加大监管措施执行力度。

2018年6月29日，《金融资产投资公司管理办法（试行）》公布，自公布之日起施行。

2018年7月9日，印发《保险机构独立董事管理办法》的通知，要求原则上保险机构董事会独立董事人数应当至少为3名，并且不低于董事会成员总数的1/3。保险机构存在出资额或者持股占保险机构注册资本或股本总额50%以上控股股东的，其独立董事占董事会成员的比例必须达到1/2以上。要求各保险机构于2019年底前将独立董事人数和比例调整到位。

2018年8月8日，发布《切实加强和改进保险服务的通知》，要求加强和改进保险服务。

2018年8月18日，银保监会发布《关于进一步做好新的工作提升服务实体经济质效的通知》，旨在着力疏通货币信贷传导机制，提升金融服务实体经济质效，推动稳就业、稳金融、稳外贸、稳外资、稳投资、稳预期，实现金融与实体经济良性循环。

2018年9月28日，《商业银行理财业务监督管理办法》公布，自公布之日起施行。该办法放松了公募投资理财产品的要求，公募理财可以通过公募基金投资股票，也可以投足各类公募基金。对私募理财产品设定了不少于24小时的投资冷静期。

2018年10月25日，发布《关于保险资产管理公司设立专项产品有关事项的通知》，专项产品主要用于化解优质上市公司股票质押流动性风险。投资者主要包括保险机构、社保基金等机构投资者及金融机构资产管理产品。

2018年10月25日，国际养老金监督官组织（IOPS）年会在北京召开。此次年会主题为“完善养老金体系，应对老龄化挑战”，由中国银行保险监督管理委员会主办。

2018年12月2日，《商业银行理财子公司管理办法》发布，自公布之日起施行。对商业银行理财子公司进行规范，要求银行理财子公司名称一般为“字号+理财+组织形式”。未经国务院银行业监督管理机构批准，任何单位不得在其名称中使用“理财有限责任公司”或“理财股份有限公司”字样。

2018年12月17日，中国银行保险监督管理委员会派出机构统一举行揭牌仪式。

2019年1月4日，正式批准中国农业银行、交通银行设立理财子公司。此前已获批的中国建设银行、中国银行理财子公司正在抓紧推进正式开业的各项准备工作。

2019年1月25日，发布《关于保险资金投资银行资本补充债券有关事项的通知》。保险公司可以投资银行发行的二级资本债券和无固定期限资本债券。政策性银行发行的二级资本债券和无固定期限资本债券，比照准政府债券的规定执行。

2019年2月15日，正式批准中国工商银行设立理财子公司，并已受理多家商业银行申请，其他多家银行也拟提交申请。

2019年2月21日，《银行业金融机构反洗钱和反恐怖融资管理办法》公布，并于公布之日起施行。

2019年2月26日，发布《关于加强保险公司中介渠道业务管理的通知》，要求保险公司应当具备合法、有效、稳健的中介渠道管理制度；保险公司不得利用中介渠道主体开展违法违规活动。

2019年3月4日，中国银保监会办公厅、自然资源部办公厅发布《关于延长农村集体经营性建设用地使用权抵押贷款工作试点期限的通知》。要求延长农村集体经营性建设用地使用权抵押贷款工作试点期限，稳步推进农村集体经营性建设用地使用权抵押贷款业务。

2018年3月19日，《商业银行净稳定资金比例信息披露办法》发布。要求相关商业银行至少按照半年度频率，在财务报告中或官方网站上披露最近两个季度的净稳定资金比例信息。

2018年3月28日，中国银保监会办公厅发布《关于授权派出机构实施部分行政许可事项的通知》。

2019年3月28日，2019年处置非法集资部际联席会议（扩大会议）在京召开。会议全面总结2018年防范和处置非法集资工作，分析研判形势，研究部署下一阶段工作。

中国证券监督管理委员会

2018年1月19日，发布《证券期货业场外市场交易系统接口》金融行业系列标准。

2018年2月9日，证监会与哈萨克斯坦阿斯塔纳金融服务管理局签署《证券期货监管合作谅解备忘录》，标志着中哈证券期货监管机构的合作进入一个新的阶段。

2018年3月2日，发布《区域性股权市场信息报送指引（试行）》，落实《国务院办公厅关于规范发展区域性股权市场的通知》（国办发〔2017〕11号）要求和《区域性股权市场监督管理试行办法》（证监会令第132号）有关规定。

2018年3月2日，发布《养老目标证券投资基金指引（试行）》，支持公募基金行业服务个人投资者养老投资，在养老金市场化改革中更好发挥公募基金专业投资的作用。

2018年3月2日，就修改《关于改革完善并严格实施上市公司退市制度的若干意见》公开征求意见。

2018年3月2日，沪深交易所发布《关于开展"一带一路"债券试点的通知》。

2018年3月9日，就《外商投资证券公司管理办法》公开征求意见。

2018年3月23日，发布《关于修改〈中国证券监督管理委员会行政许可实施程序规定〉的决定》，重点解决了各证券中介服务机构暂不受理、中止审核政策不统一的问题。

2018年4月19日，发布《公开发行证券的公司信息披露编报规则第14号——非标准审计意见及其涉及事项的处理》（2018年修订），自发布之日起施行。

2018年4月24日，发布《公开发行证券的公司信息披露编报规则第19号——财务信息的更正及相关披露》（2018年修订），自发布之日起施行。

2018年5月30日，证监会与人民银行联合发布《关于进一步规范货币市场基金互联网销售、赎回相关服务的指导意见》，强调基金持牌经营，严禁基金份额违规转让，严禁用货币市场基金份额直接进行支付。

2018年6月6日，发布《公开发行证券的公司信息披露编报规则第22号——创新试点红筹企业财务报告信息特别规定（试行）》，规定红筹企业境内财务信息披露应遵循“就高不就低”原则，境外财务报告中披露的信息，境内上市财务报告中也应披露。

2018年6月6日，发布《试点创新企业境内发行股票或存托凭证并上市监管工作实施办法》，规定试点企业申请境内发行股票应当符合《证券法》、《证券法修订若干意见》规定的条件；申请在主板（中小板）上市还应当符合《首发办法》规定的发行条件；申请在创业板上市还应当符合《创业板首发办法》规定的发行条件。

2018年6月6日，《中国证监会科技创新咨询委员会工作规则（试行）》发布。

2018年7月3日，发布《关于修改<中国证券监督管理委员会上市公司并购重组审核委员会工作规程>的决定》，对上市公司并购重组委工作规程进行完善和修改。

2018年7月10日，发布《〈中国证券监督管理委员会行政许可实施程序规定〉第十五条、第二十二条有关规定的适用意见——证券期货法律适用意见第

13号》，自发布之日起施行。

2018年9月30日，发布《上市公司治理准则》。

2018年10月12日，发布《关于上海证券交易所与伦敦证券交易所互联互通存托凭证业务的监管规定（试行）》，自实施之日起施行。

2018年10月22日，发布《证券期货经营机构私募资产管理计划运作管理规定》，对证券期货经营机构资产管理计划进行规范；设置了过渡期，为实施之日起至2020年12月。

2018年10月28日，发布《〈非上市公众公司重大资产重组管理办法〉第十八条、第十九条有关规定的适用意见——证券期货法律适用意见第14号》，规定对非上市公众公司发行股份购买资产的，发行对象不受35人限制。

2018年11月6日，发布《关于完善上市公司股票停复牌制度的指导意见》，旨在规范上市公司股票停复牌程序，压缩重大事项停牌期限，明确上市公司重大事项停牌的差异化安排。

2018年11月9日，发布《关于支持上市公司回购股份的意见》，支持符合条件的上市公司实施股权激励及员工持股计划，通过优先股、可转债等方式为股份回购提供部分融资支持。

2018年11月28日，发布《证券公司大集合资产管理业务适用<关于规范金融机构资产管理业务的指导意见>操作指引》，对存量证券公司大集合资产管理业务，比照公募基金管理要求，进行调整和规范。

2019年1月15日，发布《公开募集证券投资基金投资信用衍生品指引》，规定基金投资信用衍生品的，应当按照风险管理的原则，以风险对冲为目的，并遵守证券交易所或银行间市场的相关规定，中国证监会认定的特殊基金品种除外；货币市场基金不得投资信用衍生品。

2019年1月28日，发布《关于在上海证券交易所设立科创板并试点注册制的实施意见》，明确在上交所设立科创板，坚持面向世界科技前沿、棉线经济主战场、面向国家重大需求，主要服务于符合国家战略、突破关键核心技术、市场认可度高的科技创新企业。

2019年2月15日，发布《关于修改〈期货公司分类监管规定〉的决定》，对期货公司服务实体经济能力、竞争力评价等进行了调整和修改。

2019年3月1日，发布《公开发行证券的公司信息披露内容与格式准则第41号——科创板公司招股说明书》，对科创板拟上市公司招股书格式和规范进行说明。

主要金融数据

宏观杠杆率和企业资产负债率

单位：%

	宏观杠杆率（债务余额/GDP）				规模以上工业企业资产负债率	国有企业资产负债率
	总杠杆率	政府部门杠杆率	企业部门杠杆率	居民部门杠杆率		
2015-03	232.20	40.60	155.30	36.40	57.20	65.01
2015-06	234.80	40.90	156.60	37.30	57.20	65.08
2015-09	236.30	41.30	156.70	38.20	56.80	66.33
2015-12	238.20	41.70	157.70	38.80	56.20	66.33
2016-03	244.40	42.50	161.80	40.00	56.90	66.28
2016-06	245.80	43.30	160.80	41.70	56.60	66.33
2016-09	247.00	43.90	159.80	43.30	56.30	66.28
2016-12	248.60	44.40	159.80	44.40	55.80	66.08
2017-03	252.00	44.90	161.50	45.60	56.20	65.93
2017-06	252.00	45.40	159.80	46.90	55.90	65.61
2017-09	252.40	45.80	158.60	48.00	55.70	66.12
2017-12	251.40	46.20	156.90	48.40	55.50	65.73
2018-03	253.40	46.90	157.10	49.30	56.40	64.95
2018-06	253.10	47.60	155.10	50.30	56.60	64.94
2018-09	252.70	48.30	152.90	51.50	56.70	65.01
2018-12	—	—	—	—	56.50	64.70

资料来源：国际清算银行（BIS），国家统计局、财政部。

货币数据 单位：万亿元

	流通中货币M0	狭义货币M1		广义货币M2		基础货币	货币乘数（倍）	央行资产规模
		余额	同比增速（%）	余额	同比增速（%）			
2016-01	7.25	41.27	18.60	141.63	14.00	29.04	4.88	33.70
2016-02	6.94	39.25	17.40	142.46	13.30	29.05	4.90	33.58
2016-03	6.47	41.16	22.10	144.62	13.40	28.34	5.10	32.62
2016-04	6.44	41.35	22.90	144.52	12.80	27.95	5.17	32.91
2016-05	6.28	42.43	23.70	146.17	11.80	27.92	5.24	33.03
2016-06	6.28	44.36	24.60	149.05	11.80	28.91	5.16	33.81
2016-07	6.33	44.29	25.40	149.16	10.20	28.41	5.25	33.53
2016-08	6.35	45.45	25.30	151.10	11.40	28.52	5.30	33.39
2016-09	6.51	45.43	24.70	151.64	11.50	29.07	5.22	33.50
2016-10	6.42	46.54	23.90	151.95	11.60	29.01	5.24	34.21
2016-11	6.49	47.54	22.70	153.04	11.40	29.19	5.24	33.97
2016-12	6.83	48.66	21.40	155.01	11.30	30.90	5.02	34.37
2017-01	8.66	47.25	14.50	157.59	10.70	30.78	5.12	34.83
2017-02	7.17	47.65	21.40	158.29	10.40	30.27	5.23	34.55
2017-03	6.86	48.88	18.80	159.96	10.10	30.24	5.29	33.74
2017-04	6.84	49.02	18.50	159.63	9.80	29.95	5.33	34.13
2017-05	6.73	49.64	17.00	160.14	9.10	29.96	5.35	34.25
2017-06	6.70	51.02	15.00	163.13	9.10	30.38	5.37	34.50
2017-07	6.71	51.05	15.30	162.90	8.90	29.91	5.45	35.06
2017-08	6.76	51.81	14.00	164.52	8.60	30.19	5.45	34.71
2017-09	6.97	51.79	14.00	165.57	9.00	30.60	5.41	35.00
2017-10	6.82	52.60	13.00	165.34	8.90	30.53	5.42	35.89
2017-11	6.86	53.56	12.70	167.00	9.10	30.71	5.44	36.25
2017-12	7.06	54.38	11.80	167.68	8.10	32.19	5.21	36.29
2018-01	7.46	54.32	15.00	172.08	8.60	30.75	5.60	35.78
2018-02	8.14	51.70	8.50	172.91	8.80	31.83	5.43	36.25
2018-03	7.27	52.35	7.10	173.99	8.20	32.14	5.41	35.96
2018-04	7.15	52.54	7.20	173.77	8.30	30.73	5.65	35.32
2018-05	6.98	52.63	6.00	174.31	8.30	30.45	5.72	35.61
2018-06	6.96	54.39	6.60	177.02	8.00	31.85	5.56	36.27
2018-07	6.95	53.66	5.10	177.62	8.50	31.19	5.70	36.33
2018-08	6.98	53.83	3.90	178.87	8.20	31.11	5.75	36.26
2018-09	7.13	53.86	4.00	180.17	8.30	31.79	5.67	36.62
2018-10	7.01	54.01	2.70	179.56	8.00	29.82	6.02	35.83
2018-11	7.06	54.35	1.50	181.32	8.00	30.58	5.93	35.91
2018-12	7.32	55.17	1.50	182.67	8.10	33.10	5.52	37.25

资料来源：中国人民银行。

信贷数据（本外币）

单位：万亿元

	贷款余额	非金融企业贷款余额	居民贷款余额	非银行业金融机构余额	中长期贷款余额	短期贷款余额	个人住房贷款余额
2016-01	101.86	70.55	27.65	0.82	55.22	36.45	15.28
2016-02	102.53	71.30	27.64	0.75	55.89	36.56	15.46
2016-03	103.79	71.94	28.28	0.79	56.79	36.86	15.87
2016-04	104.27	72.01	28.71	0.78	57.15	36.72	16.29
2016-05	105.23	72.37	29.28	0.82	57.86	36.75	16.78
2016-06	106.69	72.97	29.99	0.88	58.82	37.09	17.29
2016-07	107.14	72.94	30.44	0.89	59.43	36.85	17.74
2016-08	108.32	73.08	31.12	1.03	59.94	36.91	18.23
2016-09	109.49	73.64	31.76	0.97	60.95	36.95	18.74
2016-10	110.18	73.81	32.20	1.00	61.52	36.83	19.21
2016-11	111.09	73.99	32.88	0.91	62.30	36.99	19.73
2016-12	112.06	74.47	33.37	0.96	63.42	37.13	20.12
2017-01	114.19	76.01	34.13	0.68	65.61	37.63	20.66
2017-02	115.51	76.78	34.43	0.81	66.58	37.94	21.03
2017-03	116.60	77.18	35.23	0.68	67.59	38.50	21.41
2017-04	117.65	77.66	35.80	0.69	68.53	38.78	21.81
2017-05	118.66	78.21	36.41	0.63	69.41	39.19	22.19
2017-06	120.21	78.88	37.16	0.71	70.46	39.70	22.59
2017-07	121.04	79.19	37.72	0.63	71.33	39.86	22.99
2017-08	121.99	79.59	38.38	0.58	72.13	40.08	23.37
2017-09	123.18	80.04	39.11	0.67	73.08	40.30	23.78
2017-10	123.89	80.25	39.56	0.67	73.68	40.37	24.11
2017-11	125.05	80.78	40.18	0.65	74.52	40.61	24.46
2017-12	125.61	81.02	40.52	0.64	75.01	40.55	24.72
2018-01	128.63	82.75	41.43	0.83	76.88	41.23	25.21
2018-02	129.52	83.50	41.71	0.65	77.86	41.34	25.50
2018-03	130.45	84.07	42.28	0.63	78.67	41.64	25.82
2018-04	131.70	84.66	42.81	0.69	79.49	41.90	26.13
2018-05	132.89	85.19	43.43	0.71	80.27	42.08	26.46
2018-06	134.81	86.20	44.13	0.88	81.15	42.60	26.84
2018-07	136.35	86.85	44.77	1.03	82.10	42.66	27.25
2018-08	137.59	87.43	45.47	0.99	82.87	42.73	27.63
2018-09	138.90	88.07	46.22	0.93	83.68	43.11	27.99
2018-10	139.70	88.17	46.78	0.91	84.19	43.13	28.34
2018-11	140.80	88.66	47.44	0.94	84.94	43.27	28.72
2018-12	141.75	89.03	47.90	1.08	85.42	43.28	28.99

资料来源：中国人民银行。

信贷数据（人民币） 单位：万亿元

	贷款余额	非金融企业贷款余额	居民贷款余额	非银行业金融机构贷款余额	中长期贷款余额	短期贷款余额
2016–01	96.46	67.69	27.64	0.81	54.05	34.85
2016–02	97.19	68.50	27.63	0.74	54.74	34.99
2016–03	98.56	69.17	28.28	0.79	55.68	35.28
2016–04	99.12	69.31	28.70	0.78	56.06	35.19
2016–05	100.10	69.67	29.27	0.82	56.77	35.22
2016–06	101.49	70.28	29.98	0.88	57.75	35.56
2016–07	101.95	70.28	30.43	0.88	58.38	35.34
2016–08	102.90	70.40	31.11	1.03	58.90	35.37
2016–09	104.11	71.02	31.75	0.97	59.92	35.44
2016–10	104.77	71.19	32.19	1.00	60.49	35.34
2016–11	105.56	71.35	32.87	0.90	61.26	35.49
2016–12	106.60	71.85	33.36	0.95	62.38	35.64
2017–01	108.64	73.40	34.12	0.67	64.59	36.14
2017–02	109.80	74.14	34.42	0.81	65.57	36.39
2017–03	110.83	74.50	35.22	0.67	66.57	36.93
2017–04	111.92	75.01	35.79	0.69	67.53	37.21
2017–05	113.04	75.57	36.40	0.62	68.40	37.64
2017–06	114.57	76.27	37.15	0.71	69.47	38.17
2017–07	115.40	76.63	37.71	0.62	70.35	38.34
2017–08	116.49	77.11	38.37	0.57	71.17	38.63
2017–09	117.76	77.57	39.10	0.66	72.14	38.83
2017–10	118.42	77.78	39.55	0.66	72.75	38.90
2017–11	119.55	78.30	40.17	0.64	73.60	39.12
2017–12	120.13	78.55	40.50	0.64	74.12	39.04
2018–01	123.03	80.30	41.42	0.82	76.02	39.74
2018–02	123.86	81.05	41.70	0.64	77.00	39.83
2018–03	124.98	81.62	42.27	0.62	77.83	40.12
2018–04	126.16	82.19	42.80	0.69	78.65	40.37
2018–05	127.31	82.71	43.42	0.70	79.45	40.53
2018–06	129.15	83.69	44.12	0.87	80.31	41.03
2018–07	130.61	84.34	44.76	1.03	81.26	41.10
2018–08	131.88	84.95	45.46	0.98	82.04	41.19
2018–09	133.27	85.64	46.21	0.92	82.86	41.61
2018–10	133.96	85.79	46.77	0.90	83.38	41.69
2018–11	135.21	86.36	47.42	0.92	84.15	41.89
2018–12	136.30	86.83	47.88	1.08	84.65	41.96

资料来源：中国人民银行。

社会融资规模（存量）

单位：万亿元

	社会融资规模		人民币贷款	外币贷款	委托贷款	信托贷款	未贴现银行承兑汇票	企业债券	非金融企业境内股票
	余额	增速（%）							
2016–01	141.57	13.1	95.29	2.87	11.23	5.51	5.99	14.97	4.67
2016–02	142.52	12.7	96.1	2.81	11.39	5.54	5.62	15.26	4.75
2016–03	144.75	13.4	97.42	2.78	11.56	5.61	5.63	15.89	4.81
2016–04	145.59	13.1	97.98	2.7	11.73	5.64	5.36	16.24	4.9
2016–05	146.33	12.6	98.92	2.7	11.88	5.65	4.85	16.27	5.01
2016–06	147.99	12.4	100.23	2.7	12.06	5.73	4.58	16.49	5.13
2016–07	148.37	12.2	100.69	2.66	12.23	5.78	4.07	16.63	5.25
2016–08	149.81	12.3	101.48	2.69	12.38	5.83	4.03	16.98	5.35
2016–09	151.51	12.5	102.75	2.63	12.52	5.93	3.8	17.31	5.49
2016–10	152.43	12.8	103.35	2.63	12.59	5.99	3.62	17.57	5.6
2016–11	154.35	13.3	104.19	2.65	12.79	6.15	3.74	18.05	5.69
2016–12	155.99	12.8	105.19	2.63	13.2	6.31	3.9	17.92	5.77
2017–01	164.83	14.80	107.50	2.61	13.51	6.59	4.52	17.90	5.89
2017–02	165.93	14.80	108.53	2.66	13.63	6.70	4.34	17.81	5.95
2017–03	168.31	14.40	109.69	2.69	13.83	7.01	4.58	17.86	6.07
2017–04	169.83	14.50	110.77	2.66	13.82	7.16	4.62	17.90	6.11
2017–05	171.11	14.60	111.95	2.64	13.80	7.34	4.49	17.67	6.15
2017–06	173.15	14.20	113.40	2.62	13.79	7.59	4.47	17.67	6.24
2017–07	174.54	14.80	114.31	2.58	13.81	7.71	4.27	17.89	6.26
2017–08	176.21	14.50	115.46	2.49	13.80	7.82	4.29	18.02	6.32
2017–09	178.40	14.40	116.65	2.48	13.88	8.06	4.37	18.21	6.43
2017–10	179.53	14.40	117.31	2.48	13.88	8.16	4.37	18.30	6.43
2017–11	181.38	13.90	118.45	2.49	13.91	8.31	4.37	18.34	6.57
2017–12	182.87	13.40	119.03	2.48	13.97	8.53	4.44	18.37	6.65
2018–01	185.77	12.71	121.70	2.46	13.89	8.59	4.58	18.51	6.70
2018–02	186.92	12.65	122.72	2.46	13.82	8.65	4.59	18.58	6.74
2018–03	188.37	11.92	123.86	2.46	13.63	8.62	4.56	18.87	6.78
2018–04	190.02	11.89	124.96	2.48	13.49	8.61	4.71	19.18	6.83
2018–05	190.94	11.59	126.10	2.49	13.33	8.52	4.53	19.14	6.87
2018–06	192.37	11.10	127.78	2.53	13.17	8.35	4.17	19.19	6.90
2018–07	193.46	10.84	129.07	2.52	13.07	8.23	3.89	19.26	6.92
2018–08	195.24	10.80	130.38	2.49	12.95	8.17	3.82	19.51	6.93
2018–09	197.27	10.58	131.81	2.45	12.81	8.08	3.76	19.45	6.96
2018–10	197.89	10.22	132.53	2.40	12.71	7.95	3.72	19.50	6.98
2018–11	199.29	9.87	133.76	2.31	12.58	7.90	3.70	19.78	7.00
2018–12	200.75	9.78	134.69	2.21	12.36	7.85	3.81	20.13	7.01

资料来源：中国人民银行。

银行业数据（存款类金融机构信贷收支表，本外币） 单位：万亿元

	存款余额	住户存款	非金融企业存款	政府部门存款	金融债券	贷款余额	债券投资	股权及其他投资
2016-01	141.99	56.14	46.26	24.94	1.79	101.86	19.76	16.05
2016-02	142.89	58.15	44.82	24.52	1.72	102.53	19.71	16.94
2016-03	145.42	58.74	47.15	25.06	1.81	103.79	20.37	17.74
2016-04	146.26	57.81	47.37	26.22	2.13	104.27	21.41	18.34
2016-05	148.11	57.87	47.90	26.97	2.28	105.23	21.96	19.00
2016-06	150.59	58.84	49.16	27.26	2.63	106.69	22.82	19.48
2016-07	151.04	58.63	48.77	27.92	2.65	107.14	23.20	20.28
2016-08	152.85	59.04	50.15	28.10	2.80	108.32	23.84	20.85
2016-09	152.96	60.00	50.64	27.83	2.98	109.49	24.34	21.05
2016-10	154.35	59.59	50.94	28.80	3.00	110.18	24.70	21.46
2016-11	155.26	59.97	51.89	28.71	3.12	111.09	25.28	21.84
2016-12	155.52	60.65	53.09	27.11	3.29	112.06	25.36	22.40
2017-01	157.05	63.79	51.26	27.07	3.88	114.19	25.47	23.36
2017-02	159.56	63.88	52.10	27.88	3.97	115.51	25.50	23.51
2017-03	160.98	64.62	53.51	27.82	4.02	116.60	25.84	23.39
2017-04	161.27	63.39	53.59	28.67	4.00	117.65	26.28	23.52
2017-05	162.37	63.51	53.67	29.53	4.09	118.66	26.73	22.76
2017-06	165.04	64.56	54.73	29.58	4.21	120.21	27.22	22.52
2017-07	165.83	63.81	54.32	30.90	4.20	121.04	27.96	22.92
2017-08	167.04	64.03	54.81	30.96	4.36	121.99	28.31	22.90
2017-09	167.42	65.07	55.08	30.86	4.54	123.18	28.92	22.40
2017-10	168.50	64.27	55.11	32.23	4.57	123.89	29.37	22.59
2017-11	170.08	64.41	55.85	32.50	4.73	125.05	29.99	22.53
2017-12	169.27	65.20	57.16	30.56	5.05	125.61	30.30	22.08
2018-01	174.26	66.07	57.06	31.96	6.31	128.00	30.72	23.20
2018-02	173.89	68.96	54.61	30.89	6.36	128.89	30.75	23.12
2018-03	175.24	69.50	55.71	31.11	6.38	129.82	30.93	22.26
2018-04	175.64	68.18	56.16	32.06	6.27	131.07	31.36	22.38
2018-05	176.81	68.40	56.12	32.76	6.46	132.28	31.57	21.82
2018-06	178.98	69.52	57.14	32.76	6.64	134.29	32.28	20.90
2018-07	180.01	69.24	56.45	33.87	6.64	135.81	32.95	20.60
2018-08	181.05	69.58	57.07	34.20	6.78	137.04	33.76	20.40
2018-09	181.82	70.90	57.34	34.34	6.96	138.39	34.51	19.76
2018-10	182.18	70.57	56.73	35.05	7.15	139.21	34.79	19.86
2018-11	183.13	71.30	57.44	34.33	7.33	140.37	34.88	19.78
2018-12	183.13	72.44	58.80	32.63	7.42	141.32	35.30	19.47

资料来源：中国人民银行。

银行业金融机构资产情况 单位：万亿元

	银行业金融机构		商业银行		大型商业银行	股份制银行	城市商业银行	农村商业银行	其他类金融机构
	余额	增速（%）	余额	增速（%）					
2016-01	198.06	16.70	154.51	16.70	75.17	37.63	23.13	26.55	35.58
2016-02	200.72	17.50	155.34	16.50	75.46	37.64	23.28	27.00	37.34
2016-03	203.34	16.60	157.21	15.30	75.98	38.14	23.82	27.23	38.17
2016-04	204.26	15.90	157.75	14.20	75.78	38.22	24.12	27.60	38.55
2016-05	206.96	14.70	159.76	12.60	76.54	38.67	24.48	28.01	39.27
2016-06	212.31	15.60	164.19	13.70	78.46	39.89	25.20	28.33	40.43
2016-07	212.72	14.50	164.35	12.40	77.88	39.98	25.33	28.73	40.80
2016-08	215.49	14.70	166.67	13.00	78.79	40.45	25.87	29.00	41.38
2016-09	217.32	15.70	168.33	14.60	79.53	40.69	26.28	29.09	41.74
2016-10	219.61	16.50	170.17	16.00	80.32	41.18	26.56	29.44	42.11
2016-11	222.25	16.30	172.45	15.90	80.75	41.71	27.36	29.79	42.64
2016-12	226.26	15.80	175.94	16.60	81.43	42.89	28.24	29.90	43.80
2017-01	228.02	14.40	177.92	15.20	82.18	43.32	28.47	30.84	43.22
2017-02	229.99	14.60	179.75	15.70	83.10	43.12	28.90	31.19	43.69
2017-03	231.93	14.10	181.32	15.30	84.05	43.17	29.26	31.40	44.04
2017-04	231.95	13.60	180.79	14.60	83.28	43.36	29.26	31.38	44.68
2017-05	232.89	12.50	181.32	13.50	83.93	43.12	29.31	31.45	45.09
2017-06	236.54	11.40	183.85	12.00	85.40	43.25	29.73	31.84	46.32
2017-07	236.66	11.30	183.50	11.70	84.85	42.96	30.01	32.00	46.84
2017-08	238.95	10.90	185.28	11.20	85.26	43.51	30.50	32.21	47.47
2017-09	240.40	10.60	186.65	10.90	86.29	43.40	30.54	32.37	47.79
2017-10	241.58	10.00	187.38	10.10	86.12	46.36	30.98	32.55	48.27
2017-11	244.44	10.00	189.45	9.90	86.50	44.38	31.44	33.12	49.00
2017-12	245.78	8.60	190.42	8.20	87.17	44.23	31.72	32.83	49.82
2018-01	247.95	8.70	192.00	7.90	87.77	44.79	31.89	33.22	50.28
2018-02	248.34	8.00	192.37	7.00	87.82	44.80	31.84	33.57	50.31
2018-03	249.63	7.60	193.85	6.90	89.67	44.51	31.58	33.65	50.22
2018-04	248.65	7.20	192.39	6.40	88.11	44.73	31.65	33.44	50.72
2018-05	249.66	7.20	193.02	6.50	88.49	44.73	31.83	33.39	51.22
2018-06	253.44	7.10	195.65	6.90	90.57	45.15	32.33	33.70	51.69
2018-07	254.31	7.50	196.85	7.30	90.41	45.28	32.54	33.81	52.27
2018-08	255.49	6.90	197.90	6.80	90.88	45.29	32.91	33.94	52.47
2018-09	257.29	7.00	199.76	7.00	92.52	44.98	33.09	34.11	52.59
2018-10	257.62	6.60	200.04	6.80	91.93	45.36	33.44	34.27	52.63
2018-11	259.91	6.30	202.03	6.60	92.46	45.89	33.88	34.62	53.06
2018-12	261.41	6.40	203.41	6.80	92.69	46.13	34.35	34.58	53.66

资料来源：中国银监会。

商业银行监管指标情况

	不良贷款率（%）	关注类贷款占比（%）	拨备覆盖率（%）	净利润（累计，万亿元）	净息差（%）	成本收入比（%）	核心一级资本充足率（%）	资本充足率（%）
2015-03	1.39	3.52	211.98	4436	2.53	26.67	10.66	13.13
2015-06	1.5	3.64	198.39	8715	2.51	27.21	10.48	12.95
2015-09	1.59	3.77	190.79	12925	2.53	27.88	10.66	13.15
2015-12	1.67	3.79	181.18	15926	2.54	30.59	10.91	13.45
2016-03	1.75	4.01	175.03	4716	2.35	25.3	10.96	13.37
2016-06	1.75	4.03	175.96	8991	2.27	26.68	10.69	13.11
2016-09	1.76	4.1	175.52	13290	2.24	28.03	10.83	13.31
2016-12	1.74	3.87	176.4	16490	2.22	31.11	10.75	13.28
2017-03	1.74	3.77	178.76	4933	2.03	26.76	10.79	13.26
2017-06	1.74	3.64	177.18	9703	2.05	27.6	10.64	13.16
2017-09	1.74	3.56	180.39	14274	2.07	28.63	10.72	13.32
2017-12	1.74	3.49	181.42	17477	2.1	31.58	10.75	13.65
2018-03	1.75	3.42	191.28	5222	2.08	27.34	10.72	13.64
2018-06	1.86	3.26	178.70	10322	2.12	27.42	10.65	13.57
2018-09	1.87	3.25	180.73	15118	2.15	28.02	10.80	13.81
2018-12	1.83	3.13	186.31	18302	2.18	30.84	11.03	14.20

资料来源：中国银监会。

股票市场 单位：万亿元

	A股上市公司数	上市公司市值	融资融券余额	上证综指	深成指	创业板指	A股市盈率
2016-01	2828	40.38	0.91	2737.60	9418.20	1994.07	20.76
2016-02	2835	39.70	0.85	2687.98	9097.36	1880.15	19.75
2016-03	2851	45.42	0.88	3003.92	10455.37	2238.29	20.28
2016-04	2862	44.79	0.86	2938.32	10141.54	2138.74	21.31
2016-05	2874	44.86	0.83	2916.62	10159.93	2159.80	19.20
2016-06	2887	46.29	0.85	2929.61	10489.99	2227.79	19.83
2016-07	2900	46.65	0.87	2979.34	10329.44	2122.41	20.79
2016-08	2930	49.16	0.90	3085.49	10757.88	2191.76	20.93
2016-09	2952	48.50	0.87	3004.70	10567.58	2149.90	21.04
2016-10	2974	50.49	0.91	3100.49	10704.30	2159.76	21.57
2016-11	3008	53.07	0.98	3250.03	11012.19	2183.05	22.30
2016-12	3052	50.77	0.94	3103.64	10177.14	1962.06	21.80
2017-01	3105	51.72	0.87	3159.17	10052.05	1886.23	21.48
2017-02	3137	53.82	0.91	3241.73	10391.34	1927.16	22.08
2017-03	3185	53.96	0.92	3222.51	10428.72	1907.34	22.59
2017-04	3223	52.75	0.91	3154.66	10234.65	1850.73	22.34
2017-05	3261	51.36	0.87	3117.18	9864.85	1763.73	21.05
2017-06	3297	53.43	0.88	3192.43	10529.61	1818.07	21.37
2017-07	3326	54.22	0.90	3273.03	10505.04	1736.30	21.78
2017-08	3362	56.20	0.95	3360.81	10816.64	1849.38	22.22
2017-09	3399	56.93	0.97	3348.94	11087.19	1866.98	23.03
2017-10	3426	57.91	1.00	3393.34	11367.62	1869.79	23.37
2017-11	3462	56.40	1.03	3317.19	10944.10	1770.30	23.35
2017-12	3485	56.71	1.03	3307.17	11040.45	1752.65	22.62
2018-01	3500	58.56	1.08	3480.83	11159.68	1735.06	23.51
2018-02	3512	56.16	1.00	3259.41	10828.73	1753.63	22.20
2018-03	3522	55.95	1.00	3168.90	10868.65	1900.48	22.59
2018-04	3531	54.25	0.98	3082.23	10324.47	1805.60	21.95
2018-05	3539	54.42	0.99	3095.47	10295.73	1743.74	18.89
2018-06	3547	50.42	0.92	2847.42	9379.47	1606.71	17.80
2018-07	3551	50.62	0.89	2876.40	9178.78	1561.26	16.89
2018-08	3557	47.57	0.86	2725.25	8465.47	1435.20	16.21
2018-09	3568	48.66	0.82	2821.35	8401.09	1411.34	15.90
2018-10	3573	44.65	0.77	2602.78	7482.83	1275.57	14.96
2018-11	3581	45.36	0.77	2588.19	7681.75	1329.39	15.34
2018-12	3584	43.49	0.76	2493.90	7239.79	1250.53	15.00

数据来源：上海证券交易所、深圳证券交易所，Wind资讯。

保险业

单位：万亿元

	原保险保费收入	产险公司保费收入	寿险公司保费收入	赔款和给付支出	产险业务赔款	保险资产余额	资金运用余额
2016-01	0.64	0.09	0.50	0.10	0.04	12.63	11.36
2016-02	0.91	0.14	0.68	0.19	0.07	12.93	11.54
2016-03	1.20	0.22	0.85	0.29	0.11	13.85	11.99
2016-04	1.41	0.29	0.94	0.37	0.14	13.80	11.97
2016-05	1.61	0.35	1.03	0.45	0.18	13.98	12.11
2016-06	1.88	0.43	1.18	0.53	0.22	14.27	12.56
2016-07	2.08	0.50	1.27	0.61	0.25	14.33	12.56
2016-08	2.30	0.56	1.37	0.69	0.29	14.48	12.74
2016-09	2.52	0.64	1.48	0.78	0.33	14.63	12.83
2016-10	2.70	0.70	1.57	0.85	0.37	14.80	12.91
2016-11	2.89	0.78	1.66	0.95	0.41	14.96	13.12
2016-12	3.10	0.87	1.74	1.05	0.47	15.12	13.39
2017-01	0.86	0.10	0.69	0.13	0.04	15.77	13.88
2017-02	1.19	0.15	0.92	0.22	0.07	15.96	13.85
2017-03	1.59	0.24	1.16	0.33	0.11	16.18	14.07
2017-04	1.80	0.32	1.26	0.41	0.15	15.99	14.15
2017-05	2.03	0.40	1.37	0.49	0.19	16.06	14.24
2017-06	2.31	0.49	1.52	0.58	0.23	16.43	14.50
2017-07	2.53	0.56	1.62	0.66	0.27	16.32	14.43
2017-08	2.77	0.64	1.75	0.74	0.31	16.36	14.46
2017-09	3.05	0.72	1.89	0.83	0.36	16.58	14.65
2017-10	3.24	0.80	1.98	0.91	0.39	16.62	14.70
2017-11	3.44	0.88	2.06	1.01	0.45	16.64	14.70
2017-12	3.66	0.98	2.15	1.12	0.51	16.75	14.92
2018-01	0.69	0.11	0.51	0.13	0.05	16.91	15.02
2018-02	0.97	0.18	0.69	0.23	0.08	16.89	15.00
2018-03	1.41	0.28	0.95	0.33	0.13	17.22	15.26
2018-04	1.66	0.36	1.06	0.41	0.17	17.34	15.40
2018-05	1.91	0.45	1.17	0.50	0.22	17.50	15.55
2018-06	2.24	0.54	1.34	0.60	0.26	17.64	15.69
2018-07	2.47	0.63	1.44	0.69	0.31	17.65	15.70
2018-08	2.74	0.71	1.58	0.80	0.36	17.66	15.71
2018-09	3.07	0.80	1.75	0.91	0.41	17.88	15.87
2018-10	3.30	0.88	1.86	1.00	0.46	17.78	15.79
2018-11	3.54	0.97	1.97	1.11	0.52	18.01	16.03
2018-12	3.80	1.08	2.07	1.23	0.59	18.33	16.41

注：保费收入和赔付均为累计值。

数据来源：中国银保监会。

债券市场 单位：万亿元

	债券托管余额	国债	地方政府债	公司信用类债券	违约债券		中债指数
					数量（只）	余额（亿元）	
2016-01	48.8	10.2	4.8	14.6	1	18	102.6770
2016-02	49.7	10.1	5	14.8	10	76.5	102.6078
2016-03	51.9	10.1	5.7	15.4	7	32.8	102.8451
2016-04	53.5	10.3	6.7	15.8	5	44	101.7582
2016-05	54.7	10.5	7.2	15.9	7	42.5	101.8304
2016-06	57	10.7	8.3	16.2	7	13.31	102.1805
2016-07	58	10.8	8.6	16.4	3	13.2	102.7183
2016-08	59.5	10.9	9.4	16.7	3	14.8	102.8453
2016-09	60.9	11.2	9.7	17.1	4	12.2	102.9259
2016-10	61.6	11.2	10.1	17.4	3	2.82	102.9918
2016-11	62.9	11.4	10.5	17.9	7	64.6	101.7698
2016-12	63.7	–	–	–	21	58.5	100.2346
2017-01	64	11.5	10.6	16.6	2	18	99.5782
2017-02	64.8	11.5	10.6	16.4	5	33	99.1811
2017-03	65.9	11.5	11	16.5	4	39.9	98.7775
2017-04	66.9	11.6	11.4	16.5	3	18.8	97.9359
2017-05	67.1	11.7	12	16.3	6	48	96.9857
2017-06	68.2	11.9	12.4	16.3	3	29	97.8413
2017-07	69.9	12.1	13.2	16.4	3	30.7	97.7929
2017-08	70.9	12.2	13.5	16.6	4	17.8	97.3712
2017-09	71.9	12.4	13.9	16.8	4	8.2	97.5065
2017-10	72.4	12.6	14.2	16.8	2	11.6	96.7956
2017-11	73.5	12.8	14.6	16.9	11	115.9	96.2326
2017-12	74	–	–	–	2	22	96.0767
2018-01	75.10	12.90	14.70	17.00	7	61.59	96.0625
2018-02	75.56	12.90	14.76	17.09	2	12.55	96.5271
2018-03	76.70	12.90	15.00	17.40	4	41.5	96.9381
2018-04	77.70	13.10	15.30	17.60	5	48.39	97.7848
2018-05	78.60	13.10	15.50	17.60	5	45.48	97.5655
2018-06	79.40	13.30	16.00	17.60	5	74	97.8577
2018-07	80.50	13.50	16.60	17.60	20	177.56	98.5972
2018-08	81.90	13.60	17.30	17.80	16	147.04	98.3109
2018-09	83.00	13.80	18.00	17.80	19	198.9	98.3048
2018-10	83.80	14.00	18.10	17.90	29	233.8	98.8536
2018-11	85.00	14.10	18.00	18.20	26	230.36	99.4859
2018-12	86.40	–	–	–	22	201.07	99.9518

注：公司信用类债券包括非金融企业债务融资工具、企业债券以及公司债、可转债等。

数据来源：中国人民银行、Wind。

资管市场 单位：万亿元

	银行理财	信托资产余额	公募基金	券商资管	基金公司专户	基金子公司专户
2016-03	24.5	16.58	7.77	13.73	4.50	9.84
2016-06	26.28	17.29	7.95	15.00	5.41	11.06
2016-09	28.63	18.17	8.83	15.77	6.24	11.15
2016-12	29.05	20.22	9.16	17.58	6.38	10.50
2017-03	29.15	21.97	9.30	18.77	6.44	9.91
2017-06	28.38	23.14	10.07	18.10	6.34	8.59
2017-09	29.8	24.41	11.14	17.37	6.42	7.96
2017-12	29.54	26.25	11.60	16.88	6.43	7.31
2018-03	21.18	25.61	12.37	16.46	6.25	6.82
2018-06	20.88	24.27	12.70	15.28	6.21	6.12
2018-09	21.77	23.14	13.36	14.18	6.09	5.63
2018-12	22.04	22.70	13.03	13.36	6.04	5.25

数据来源：银行业理财登记托管中心、中国信托业协会、中国证券投资基金业协会。

利率汇率（1） 单位：%

	金融机构人民币贷款加权平均利率	其中：一般贷款利率	票据融资	个人住房贷款	美元贷款利率（1年）	10年期国债利率	10年期国开债利率	5年期AAA企业债利率
2016-03	5.30	5.67	3.62	3.62	2.28	2.8419	3.2436	3.2477
2016-06	5.26	5.58	3.43	3.43	2.29	2.8411	3.1883	3.3669
2016-09	5.22	5.65	3.05	3.05	2.03	2.7258	3.0554	3.1436
2016-12	5.27	5.44	3.90	3.90	2.46	3.0115	3.6805	3.9571
2017-03	5.53	5.63	4.77	4.77	2.38	3.2828	4.0598	4.4163
2017-06	5.67	5.71	5.39	5.39	2.46	3.5683	4.1987	4.5919
2017-09	5.76	5.86	4.98	4.98	3.07	3.6136	4.1856	4.7265
2017-12	5.74	5.80	5.23	5.23	3.27	3.8807	4.8214	5.4238
2018-03	5.96	6.01	5.58	5.42	3.73	3.9140	4.6443	6.1400
2018-06	5.97	6.08	5.11	5.60	3.67	3.7407	4.2595	6.8000
2018-09	5.94	6.19	4.22	5.72	3.82	3.6103	4.2089	6.8000
2018-12	5.63	5.91	3.84	5.75	3.93	3.2265	3.6454	5.8400

数据来源：中国人民银行，中国债券信息网。

利率汇率（2）

单位：%

	Shibor7	DR007	银行间同业拆借加权平均利率	银行间质押式回购加权平均利率	余额宝	银行理财预期年收益率（1周）	人民币兑美元汇率（中间价）
2016-01	2.3300	2.2682	2.11	2.10	2.67	3.23	6.5516
2016-02	2.3350	2.3374	2.09	2.10	2.57	3.36	6.5452
2016-03	2.3250	2.3443	2.09	2.10	2.50	3.32	6.4612
2016-04	2.3860	2.4042	2.11	2.11	2.46	3.37	6.4589
2016-05	2.3380	2.2976	2.10	2.07	2.43	3.25	6.5790
2016-06	2.3850	2.3760	2.14	2.10	2.44	3.29	6.6312
2016-07	2.3480	2.3646	2.12	2.09	2.37	3.19	6.6511
2016-08	2.3690	2.2995	2.13	2.12	2.32	2.94	6.6908
2016-09	2.4770	2.5792	2.25	2.28	2.36	3.03	6.6778
2016-10	2.4180	2.6891	2.30	2.35	2.40	3.07	6.7641
2016-11	2.4960	2.6791	2.33	2.38	2.52	3.05	6.8865
2016-12	2.5430	2.5948	2.44	2.56	3.26	3.24	6.9370
2017-01	2.6910	2.6385	2.36	2.48	3.61	3.48	6.8588
2017-02	2.7280	2.7330	2.47	2.61	3.65	3.53	6.8750
2017-03	2.8500	3.1749	2.62	2.84	3.93	3.69	6.8993
2017-04	2.8699	3.1818	2.65	2.80	3.97	3.51	6.8931
2017-05	2.8560	2.8405	2.88	2.92	4.06	3.59	6.8633
2017-06	2.8455	2.8936	2.94	3.03	4.16	3.73	6.7744
2017-07	2.8820	2.8025	2.82	2.90	4.04	3.81	6.7283
2017-08	2.8879	2.9303	2.96	3.09	4.05	3.89	6.6010
2017-09	2.9671	3.1622	2.92	3.07	3.92	3.75	6.6369
2017-10	2.8940	2.8344	2.82	2.91	3.89	3.85	6.6397
2017-11	2.8980	2.9471	2.92	3.00	3.98	3.99	6.6034
2017-12	2.9540	3.0912	2.91	3.11	4.33	4.40	6.5342
2018-01	2.8298	2.7655	2.78	2.88	3.91	4.04	6.3339
2018-02	2.9060	2.7250	2.73	2.87	4.13	4.07	6.3294
2018-03	2.9166	2.8904	2.74	2.90	4.18	3.89	6.2881
2018-04	2.9720	2.7706	2.81	3.10	3.98	4.23	6.3393
2018-05	2.8980	2.9455	2.72	2.82	3.73	4.04	6.4144
2018-06	2.8620	2.9415	2.73	2.89	3.74	4.21	6.6166
2018-07	2.6480	2.6884	2.47	2.43	3.44	3.90	6.8165
2018-08	2.6330	2.5675	2.29	2.25	3.20	3.87	6.8246
2018-09	2.7660	2.5761	2.59	2.60	2.82	3.41	6.8792
2018-10	2.7150	2.6338	2.42	2.39	2.60	3.78	6.9646
2018-11	2.6690	2.6449	2.49	2.46	2.54	3.76	6.9357
2018-12	2.9030	2.5885	2.57	2.68	2.62	4.28	6.8632

数据来源：中国人民银行。

国际收支

单位：亿美元

	外汇储备		黄金储备（万盎司）	银行结售汇差额（当月值）	银行代客结售汇差额（当月值）	银行代客货物和贸易结售汇差额（当月值）	银行代客资本和金融账户结售汇差额（当月值）	银行代客期远未到期结售汇差额
	亿美元	亿SDR						
2016-01	32308.93	23403.85	5718	-544.42	-693.99	38.77	-406.85	-1117.00
2016-02	32023.21	23183.14	5750	-339.39	-349.90	-13.29	-131.99	-1127.94
2016-03	32125.79	22803.34	5779	-363.90	-336.13	132.34	-223.72	-1134.88
2016-04	32196.68	22716.43	5814	-236.91	-231.72	144.50	-168.92	-1055.56
2016-05	31917.36	22751.33	5814	-125.09	-103.63	249.26	-152.17	-967.51
2016-06	32051.62	22912.93	5862	-128.43	-176.23	234.79	-174.51	-915.05
2016-07	32010.57	22973.31	5879	-316.59	-197.52	140.51	-78.96	-964.43
2016-08	31851.67	22843.50	5895	-95.32	-32.65	289.58	-90.43	-977.40
2016-09	31663.82	22684.85	5911	-284.38	-268.71	134.02	-114.56	-1041.63
2016-10	31206.55	22714.69	5924	-145.90	-101.53	195.59	-40.66	-1053.59
2016-11	30515.98	22541.61	5924	-334.04	-272.22	122.14	-71.52	-1137.82
2016-12	30105.17	22394.15	5924	-463.02	-431.21	107.33	-105.22	-1245.26
2017-01	29982.04	22064.63	5924	-191.75	-156.28	193.18	-81.51	-1279.38
2017-02	30051.24	22196.18	5924	-100.98	-100.74	115.35	-14.91	-1198.00
2017-03	30090.88	22177.04	5924	-116.01	-70.13	204.58	-1.91	-1141.97
2017-04	30295.33	22096.87	5924	-148.98	-127.99	161.81	-70.13	-1041.57
2017-05	30535.67	22058.24	5924	-171.09	-123.80	184.21	-42.44	-957.54
2017-06	30567.89	21969.36	5924	-209.45	-135.76	316.94	-106.82	-874.97
2017-07	30807.20	21884.02	5924	-155.03	-63.27	204.82	-19.01	-812.00
2017-08	30915.27	21873.14	5924	-38.33	-41.40	257.15	-19.64	-739.28
2017-09	31085.10	21994.76	5924	2.94	33.20	359.88	-15.11	-796.90
2017-10	31092.13	22134.58	5924	27.69	75.79	277.00	-43.59	-855.90
2017-11	31192.77	22037.85	5924	-75.15	-47.19	157.43	-8.71	-878.18
2017-12	31399.49	22048.12	5924	59.84	67.42	255.18	17.75	-1021.76
2018-01	31614.57	21696.57	5924	-8.75	23.12	187.01	42.35	-1078.73
2018-02	31344.82	21678.61	5924	-82.19	-15.82	170.50	31.76	-1097.08
2018-03	31428.20	21617.01	5924	-91.68	-26.11	165.82	40.69	-1065.40
2018-04	31248.52	21729.59	5924	106.30	146.76	305.54	23.41	-954.32
2018-05	31106.23	21957.58	5924	193.63	224.72	403.20	41.90	-925.75
2018-06	31121.29	22125.62	5924	20.36	73.31	283.30	50.65	-1039.40
2018-07	31179.46	22193.89	5924	-93.94	-4.28	191.21	21.46	-1120.12
2018-08	31097.16	22190.25	5924	-148.60	-92.51	150.51	18.30	-1139.09
2018-09	30870.25	22125.23	5924	-175.65	-161.09	72.71	-9.07	-1069.29
2018-10	30530.98	22089.86	5924	-29.28	-34.78	99.34	17.75	-992.02
2018-11	30616.97	22134.48	5924	-178.92	-200.97	47.94	-71.61	-879.81
2018-12	30727.12	22093.26	5956	-70.87	-81.28	143.60	-34.82	-759.95

数据来源：国家外汇管理局。

对外开放

单位：亿元

	外资银行规模：总资产	QFII投资额度（亿美元）	RQFII投资额度	境外机构和个人持有境内人民币金融资产			
				股票	债券	贷款	存款
2016-03	26191.00	809.52	4714.25	5709.51	6799.50	7782.72	12744.50
2016-06	27308.00	811.81	5079.68	6012.05	7639.82	7474.17	12529.38
2016-09	27515.00	817.38	5113.38	6562.34	8059.58	7081.93	11307.15
2016-12	31669.70	873.10	5284.75	6491.85	8526.24	6164.35	9154.73
2017-03	35836.00	902.64	5414.04	7768.23	8301.62	6995.50	9242.47
2017-06	38160.00	927.74	5431.04	8680.40	8920.99	8176.64	11809.68
2017-09	40230.00	944.94	5894.56	10210.27	11041.92	7806.87	11338.44
2017-12	42483.00	971.59	6050.62	11746.70	11988.32	7390.00	11734.72
2018-03	42800.00	993.59	6153.62	12016.33	12975.30	7779.71	11426.83
2018-06	42972.00	1004.59	6220.72	12752.38	13610.08	8417.73	11377.85
2018-09	43840.00	1001.59	6401.72	12784.87	17450.35	9242.54	10363.62
2018-12	44177.00	1010.56	6466.72	11517.35	17115.94	9246.53	10591.55

数据来源：中国人民银行。

主要经济数据

单位：万亿元

	GDP增速（%）		CPI（%）	PPI（%）	城镇新增就业人数（万人）	固定资产投资	社会消费品零售总额	净出口
	当季	累计						
2016-03	6.70	6.70	2.30	−4.30	318	8.58	7.80	0.81
2016-06	6.70	6.70	1.88	−2.60	717	25.84	15.61	1.67
2016-09	6.70	6.70	1.92	0.10	1067	42.69	23.85	2.59
2016-12	6.80	6.70	2.08	5.50	1314	59.65	33.23	3.35
2017-03	6.90	6.90	0.90	7.60	334	9.38	8.58	0.45
2017-06	6.90	6.90	1.50	5.50	735	28.06	17.24	1.28
2017-09	6.80	6.90	1.60	6.90	1097	45.85	26.32	2.03
2017-12	6.80	6.90	1.80	4.90	1351	63.17	36.63	2.87
2018-03	6.8	6.8	1.47	4.30	330	10.08	6.11	0.04
2018-06	6.8	6.7	2.06	3.10	752	29.73	9.03	0.14
2018-09	6.5	6.7	2.50	3.60	1107	48.34	27.43	0.22
2018-12	6.4	6.6	1.86	0.90	1361	63.56	38.10	0.35

注：城镇新增就业人数、固定资产投资完成额、社会消费品零售总额、净出口为累计值。

数据来源：国家统计局、人力资源和社会保障部、海关总署。

后 记

Postscript

2019年，伴随中国经济高质量发展向纵深推进，金融供给侧结构性改革提上了议程。这凸显了金融高质量发展在经济高质量发展中的关键性地位。与此同时，打好防范化解重大风险攻坚战面临的形势和任务更加严峻。增速下行加大了经济金融风险暴露的压力，降低了政府应对和处置风险的财力。贸易保护主义、贸易霸凌主义和单边主义在全球加速蔓延，系统性地提高了国内外的经济金融风险。推动我国高质量发展与风险防范以前所未有的紧密程度关联在一起。因此，我们将“中国金融展望”系列丛书第二期主题确定为“在推动高质量发展中防范化解风险”。其理念在于，虽然风险显著增大，但我们更需坚定推动高质量发展，并以此来化解内外部风险。四十多年改革开放历史显示，克服内外困难、化解重大风险往往是推动经济成熟、制度完善的精彩篇章。与第一期相同，2019年的报告，仍是在国务院发展研究中心金融研究所和中国建设银行研究院的专家共同努力下完成的。希望本书能为读者提供新观点新思路。当然，书中错谬之所也请不吝指出。

《中国金融展望2019》编写组

2019年5月20日